Àngels Campà
Université Autonome de Barcelone

Claude Mestreit
Université Autonome de Bar

Julio Murillo
Université Autonome de Barcelone
Membre du Conseil scientifique du CIPA
(Centre international de phonétique appliquée)

Manuel Tost
Université Autonome de Barcelone
Expert auprès du Conseil de l'Europe

FORUM
MÉTHODE DE FRANÇAIS 2

HACHETTE
Français langue étrangère
http://www.fle.hachette-livre.fr

CRÉDITS PHOTOGRAPHIQUES

Corbis Sygma/P. Caron : 43./D. Issermann : 175b./P. Lahalle : 100a./M. Pelletier : 82./P. Robert : 137. **Diaf**/P. Dannic : 119b, 146./G. Gsell : 171, 174./IT Stock : 146b./A. Le Bot : 25a./R. Mazin : 27b./Moirenc : 114a./J.-Ch. Pratt : 139a./Régent : 100b./J. D. Sudres : 119a. **Editing**/J-P. Bajard : 157b./J.-M. Huron : 153b./Schuller : 157a./A. Van der Stegen : 153a. **Explorer**/S. Mercier : 41. **Hoa-Qui**/P. Plisson : 15, 114b. **Jerrican**/Transglobe/K. Sommer : 25c./Zintmeyer : 25d. **Jean-Michel Le Visage** : 99a, 99b. **Gilles Michalet** : 107a, 107 b. **Rapho**/F. Bibal : 155b./E. Philippotin : 40. **RMN**/Théodore Géricault, *Le Radeau de la méduse* : 143a. William Turner, *Paysage avec une rivière et une baie dans le lointain* : 143b./C. Jean, Bruegel l'Ancien, *Les Mendiants* 142a. **Roger-Viollet**/Lipnitzki : 175a. **Lucas Schifres** : 12, 30, 48, 58, 68, 104, 120, 142, 160, 170. **Stills Press Agency**/31b./S. Arnal : 125./Arnal-Catarina-Géral : 31d./S. Arnal-C. Géral : 31a./MPA/Cabrol : 31c. **Urba Images**/F. Adchou : 27a, 139b, 155a, 173b./M. Castro : 175d./P. E. Charon : 101./P. Guignard : 115./G. Orion : 34./J. C. Pattacini : 25b, 173a./J. Pesendorfer : 175c.

Photos de couverture : © Amarante – Photo-Disc.

Avec les remerciements de l'éditeur à :
Le Pays malouin : 15 ; *Le Monde* : 40 ; éditions Zulma : 40 ; Banlieues bleues : 44 ; la mairie de Paris : 44 ; *Ouest France* : 62, 138 ; *Le Parisien/Aujourd'hui en France* : 104 ; la mairie de Villeurbanne : 108 ; le Muséum national d'histoire naturelle : 117 ; *Les Temps modernes* : 117 ; *Le Journal de l'animation* : 128 ; CINEV : 134 ; Arte : 157 ; les Ateliers d'artistes de Belleville : 156.

Et à Patrick Guédon et Laurence Lascroux pour leur participation au projet.

Pour parler de **FORUM**, découvrir nos nouveautés, consulter notre catalogue en ligne, contacter nos diffuseurs ou nous écrire, rendez-vous sur Internet :
www.fle.hachette-livre.fr et www.club-forum.com

Intervenants :
Couverture : Amarante
Conception graphique : Amarante
Réalisation : O'Leary
Secrétariat d'édition : Claire Dupuis
Illustrations : Alexandra Brijatoff (pages *Forum*), Emmanuel Cerisier (pages *Agir-réagir*), Jean-Pierre Joblin (autres pages)
Recherche iconographique : Any-Claude Médioni
Cartographie : Hachette Éducation
Photogravure : Nord Compo

ISBN : 2 01 1551 32 3

© HACHETTE LIVRE 2001, 43 quai de Grenelle, 75905 PARIS Cedex 15.
Tous les droits de traduction, de reproduction et d'adaptation réservés pour tous pays.

AVANT-PROPOS

Forum est la première méthode de français qui intègre les éléments de réflexion préconisés dans le « cadre européen commun de référence ». Sa méthodologie et sa démarche s'appuient sur quelques principes simples, aujourd'hui bien établis :

- Les langues sont d'abord des **sons**, des **musiques**, des **rythmes** qu'on perçoit et qu'on met en mémoire.
- Parler, c'est réaliser un **acte global** : la situation, la relation entre les personnes qui parlent, les comportements et les connaissances culturelles jouent un rôle aussi important que les mots. De plus, la parole est toujours associée au geste : c'est l'être tout entier qui agit.
- Communiquer, ce n'est pas seulement parler pour donner des informations ; c'est avant tout « être ensemble » et agir les uns sur les autres : **l'affectivité** joue un rôle capital.
- Développer l'autonomie de l'apprenant et prendre en compte les différents modes d'apprentissage sont les conditions indispensables pour que l'apprentissage d'une langue soit efficace.
- Connaître une langue, c'est être capable d'*agir et réagir* dans une situation de communication. Cette capacité s'acquiert par la pratique et ce n'est qu'à partir de cette pratique que l'on arrive à *connaître et reconnaître* les règles de prononciation ou de grammaire, les mots et les associations de mots possibles, qui vont permettre de *s'exprimer*.

Destinée à un public d'adultes et de grands adolescents, la méthode couvre trois niveaux.
Forum 2 s'adresse à des étudiants qui ont déjà fait une centaine d'heures de français. Ce niveau 2 mène l'apprenant d'une compétence de survie au début du niveau « seuil » tel qu'il est défini par le cadre commun de référence.

Structure de Forum 2

- Trois modules, de trois unités chacun, correspondent à **trois univers de communication** : six jeunes montent une troupe de spectacle de rue *entre copains* et font une tournée en Bretagne (module 1), deux stagiaires découvrent *en direct* l'univers des médias à Villeurbanne (module 2), les membres d'une association *au cœur de la cité* parisienne se battent pour sauvegarder leur patrimoine (module 3).
- Chaque unité est suivie et complétée d'une partie *Pour aller plus loin* composée d'une *Pause-jeux*, d'un dossier d'*Interculturel* et d'un *Point-DELF*.
- En fin d'ouvrage, se trouvent les *Transcriptions* des enregistrements, un *Mémento grammatical* et des *Tableaux de conjugaison*.
- Enfin, un *Carnet de route* personnel détachable, glissé dans la couverture, permet à l'apprenant de constituer et de construire au fur et à mesure sa grammaire et son vocabulaire. Il propose également à l'apprenant un *Portfolio* qui lui permet d'évaluer ses connaissances.

Organisation de l'apprentissage

L'itinéraire d'apprentissage suggéré pour chaque unité s'articule en deux parties :

1 Un parcours fondamental en quatre volets : *Forum, Agir-réagir, Connaître et reconnaître, S'exprimer.*

- Le **Forum** sert de reprise des acquis précédents en réactivant les connaissances de l'apprenant et de mise en train pour susciter les besoins langagiers auxquels les contenus linguistiques et culturels de l'unité vont répondre.
- Puis, l'apprenant est amené à **Agir-réagir** à partir de documents – dialogues, textes, documents authentiques – qui contiennent, *en situation et en contexte*, des éléments de vocabulaire et de grammaire systématisés par la suite. Les activités proposées sont destinées principalement à la *compréhension globale* et amènent l'apprenant à réfléchir sur certains points particuliers, soit de langue, soit culturels.

- **Connaître et reconnaître** permet d'observer le système de fonctionnement de la langue française en s'appuyant sur des énoncés découverts dans *Agir-réagir* et en présentant de nouveaux exemples. À partir d'observations et de tableaux explicatifs, l'apprenant est amené à compléter les fiches de grammaire du livre et du **Carnet de route** et à se constituer ainsi son propre fichier grammatical, puis à systématiser ses acquis en réalisant les exercices d'application proposés.
- **S'exprimer** – comme son nom l'indique – invite l'apprenant à parler « lui-même » et « de lui-même ». *S'exprimer* présente les principales règles de formation des mots et des *Outils* pour réaliser des actes de parole, propose un travail de *Phonétique* et des tâches de *Production orale*. L'*Écrit* occupe deux pages au niveau 2 de manière à travailler sur *la réception et la production écrites*.

2 Un parcours complémentaire

- L'**Interculturel** regroupe de manière innovante une approche factuelle avec la rubrique *Cadres de vie* qui présente des aspects du patrimoine culturel français et une approche comportementale avec la rubrique *Comportements* qui décrit les habitudes de vie des Français. Cette double approche interculturelle permet à l'apprenant de mieux comprendre l'autre, sans nécessairement tout accepter, et de communiquer avec lui tout en gardant sa personnalité.
- La **Pause-jeux** reprend, de manière ludique, certains points traités dans l'unité.
- Le **Point-DELF** permet de se familiariser avec les types d'activités du DELF et de préparer l'examen.

La connaissance de la langue française, des comportements et du cadre de vie français devrait, au terme de ce manuel, permettre la communication courante en français et, pour ajouter aux classiques savoirs et savoir-faire, apporter à l'apprenant de vraies notions de **savoir-être** et de **savoir-apprendre**.

TABLEAU DES CONTENUS

Module 1   Entre copains

	Objectifs communicatifs	Structures grammaticales	Formation des mots	Phonétique	Écrit	Interculturel
Unité 1 RETROUVAILLES	• raconter un événement dans le passé • présenter quelqu'un et se présenter (révision) • faire connaissance • demander des précisions • exprimer son intérêt • ne pas répondre à une question • reprendre la conversation	• l'interrogation directe (révision) • révision des temps du passé • le plus-que-parfait • les indicateurs de temps, de durée	• les préfixes *-re* et *-in*	• interrogation ou étonnement • les consonnes finales	• un site Internet • un programme	• les rythmes de l'année • l'éducation en France
Unité 2 EN TOURNÉE	• dire ce qui plaît, ce qui déplaît • reprocher quelque chose à quelqu'un • exprimer son enthousiasme, sa déception • exprimer un résultat, une conséquence • donner une réponse neutre • changer de sujet de conversation	• l'expression des sentiments avec le subjonctif (affectivité) • les pronoms relatifs (révision) • *ce qui, ce que* • la mise en relief avec *c'est... qui, c'est... que* • les comparatifs et superlatifs	• les adverbes en *-ment* • les suffixes *-ible* et *-able*	• l'exclamation : enthousiasme ou déception • les sons [ʃ] et [ʒ]	• critiques	• les Français sont-ils individualistes ? • les festivals en France
Unité 3 PARLONS D'AVENIR	• formuler des hypothèses • exprimer des besoins, des désirs • faire des projets • exprimer des probabilités • exprimer des craintes • exprimer la condition • exprimer la certitude et l'incertitude • changer et relancer une conversation • mettre fin à une conversation	• l'expression du doute et de la possibilité avec le subjonctif (révision) • le conditionnel présent (révision) • le conditionnel passé • la condition et l'hypothèse avec *si* + présent, futur et *si* + imparfait, conditionnel	• le féminin des noms de profession	• l'hypothèse • les voyelles nasales	• CV et lettre de motivation	• les abréviations • le monde du travail

TABLEAU DES CONTENUS

Module 2   En direct

	Objectifs communicatifs	Structures grammaticales	Formation des mots	Phonétique	Écrit	Interculturel
Unité 4 INTERVIEWS	• annoncer un fait • exprimer son accord, approuver • structurer le discours	• le passif • les adjectifs et les pronoms indéfinis • les indéfinis et la négation • la phrase nominale	• la nominalisation : les suffixes *-age*, *-(t/x/...)ion*, *-ment*	• le vocatif • les oppositions [i], [y] et [u]	• lecture de la presse	• les médias dans la journée d'un Français • les médias en France
Unité 5 ENQUÊTES ET REPORTAGES	• exprimer son opinion, son appréciation • faire une hypothèse • s'informer • exposer un fait	• les pronoms *en* et *y* (révision) • la place des pronoms compléments dans la phrase • le participe présent • le gérondif	• la nominalisation : le suffixe *-eur/-euse*	• exercice de style • les oppositions [e], [ø] et [o]	• le courrier des lecteurs	• les collectionneurs • les loisirs des Français
Unité 6 ÉMISSIONS PUBLIQUES	• rapporter les paroles de quelqu'un • évaluer les paroles de quelqu'un, des informations • aller dans le sens de quelqu'un	• le discours rapporté • la concordance des temps • les changements d'indication de temps • le passé simple (en reconnaissance)	• la nominalisation : les suffixes *-té*, *-eur* et *-esse* • la nominalisation : les suffixes *-isme* et *-iste*	• exprimer une invitation • les oppositions [ɔ̃], [ɑ̃], [ɛ̃], [œ̃]	• lecture d'un article de presse • résumé d'un article de presse	• l'écologie • l'environnement

TABLEAU DES CONTENUS

Module 3 — Au cœur de la cité

	Objectifs communicatifs	Structures grammaticales	Formation des mots	Phonétique	Écrit	Interculturel
Unité 7 PROJETS	• proposer de faire quelque chose • exprimer le but ou l'intention • exposer, formuler ou préciser une idée, un argument • exprimer la restriction	• les pronoms possessifs • les constructions impersonnelles • les constructions avec l'infinitif • l'expression du but	• les noms et les adjectifs composés	• interrogations directe et indirecte • styles direct et indirect	• prospectus et pétition	• la solidarité • la vie associative en France
Unité 8 DÉBATS	• exprimer la cause et la conséquence • s'opposer • répondre à un argument • justifier sa position • formuler des interdictions • exprimer son approbation, sa désapprobation	• l'expression de la cause et de la conséquence • l'ordre et l'interdiction (révision) • l'expression de l'opposition	• les préfixes négatifs	• la phrase déclarative simple • la phrase complexe (1) : les propositions relatives	• lettre de protestation • forum	• logement • les Français et l'art
Unité 9 PROMESSES	• démontrer • persuader, essayer de convaincre • nuancer, relativiser • se donner du temps pour réfléchir • interrompre quelqu'un • ne pas laisser la parole à quelqu'un	• les pronoms relatifs composés • le futur antérieur • l'infinitif passé • les mots qui structurent le discours	• la formation des verbes : les suffixes -er et -ir	• la phrase complexe (2) : coordination et relations logiques • exercice de style	• témoignages • le compte rendu	• références et symboles • les institutions politiques • la France : une terre d'immigration

LA FRANCE ADMINISTRATIVE

Module **3**
Au cœur de la cité

Module **1**
Entre copains

Module **2**
En direct

ROYAUME-UNI

BELGIQUE

RÉGION ÎLE-DE-FRANCE

Cergy-Pontoise 95
VAL-D'OISE
Versailles 92 93 Paris 75 SEINE-ET-MARNE
YVELINES 94 77
78 Évry
ESSONNE Melun
91

50 km

Manche

NORD-PAS-DE-CALAIS
62 PAS-DE-CALAIS
Lille
Arras NORD 59
80
SOMME Amiens Charleville-Mézières
PICARDIE AISNE ARDENNES
HAUTE-SEINE-MARITIME Beauvais Laon 02 08 MEURTHE-ET- Metz
Rouen 76 OISE 60 CHAMPAGNE- MEUSE MOSELLE
MANCHE NORMANDIE MARNE 51 Bar- MOSELLE 57 BAS-RHIN
50 Caen 14 Évreux ÎLE-DE- Paris Châlons- le-Duc Nancy Strasbourg
St-Lô CALVADOS BASSE- EURE 27 FRANCE SEINE- en-Champagne 55 LORRAINE 54 67 ALSACE
NORMANDIE 78 ET-MARNE ARDENNE HAUTE- VOSGES 88
FINISTÈRE St-Brieuc 22 ORNE 61 Alençon Chartres 91 Melun 77 10 Troyes MARNE Épinal Colmar
29 CÔTES-D'ARMOR ILLE- EURE-ET-LOIR AUBE Chaumont 52 HAUTE- HAUT-RHIN
Quimper BRETAGNE ET- MAYENNE 28 Orléans Auxerre 89 CÔTE-D'OR SAÔNE Belfort 68
VILAINE Le Mans 41 LOIRET YONNE 21 Vesoul 70 TERRITOIRE
MORBIHAN Rennes Laval 53 SARTHE LOIR- Blois 45 Dijon FRANCHE- Besançon DE BELFORT
56 35 72 ET- CENTRE NIÈVRE BOURGOGNE 39 COMTÉ 90
Vannes LOIRE- PAYS Angers INDRE- CHER 58 Nevers DOUBS SUISSE
ATLANTIQUE 44 MAINE-ET-LOIRE ET- Tours Bourges SAÔNE-ET-LOIRE JURA 25
Nantes DE LA 49 LOIRE 37 INDRE 71 Lons-
85 LOIRE DEUX- VIENNE Châteauroux 18 Moulins Mâcon le-Saunier
La Roche-sur-Yon 79 SÈVRES 86 36 ALLIER 03 AIN HAUTE-
VENDÉE Niort Poitiers AUVERGNE 69 01 SAVOIE
La Rochelle POITOU- Guéret Clermont- LOIRE Bourg- Annecy 74
CHARENTES HAUTE- CREUSE Ferrand 42 Lyon en-Bresse Chambéry
CHARENTE- CHARENTE VIENNE 23 PUY-DE-DÔME RHÔNE 38 SAVOIE
MARITIME 87 Limoges 63 St-Étienne RHÔNE-ALPES 73 ITALIE
océan 17 Angoulême LIMOUSIN HAUTE-LOIRE Grenoble 05
16 Périgueux CORRÈZE CANTAL 43 07 Valence ISÈRE HAUTES-
Atlantique Tulle 19 15 Le Puy- Privas ALPES
Bordeaux DORDOGNE Aurillac en-Velay DRÔME Gap
33 24 LOT 46 Mende 48 26 PROVENCE-
GIRONDE Cahors Rodez LOZÈRE ALPES-DE-
LOT- TARN-ET- MIDI- AVEYRON GARD 30 HAUTE-PROVENCE 04 ALPES-
AQUITAINE ET-GARONNE GARONNE 12 Nîmes Avignon MARITIMES
LANDES Agen 47 Montauban Albi HÉRAULT VAUCLUSE 84 ALPES 06 Nice
Mont-de-Marsan 82 GERS PYRÉNÉES TARN Montpellier 34 BOUCHES- 13
40 Auch Toulouse 81 LANGUEDOC- DU-RHÔNE VAR CÔTE D'AZUR
PYRÉNÉES- 32 HAUTE- AUDE Carcassonne ROUSSILLON Marseille 83
ATLANTIQUES Pau GARONNE 11 Toulon Bastia
64 Tarbes 31 Foix Perpignan 2B
HAUTES- 09 ARIÈGE PYRÉNÉES-ORIENTALES mer HAUTE-
PYRÉNÉES CORSE
65 CORSE

ESPAGNE

100 km

ITALIE

SUISSE

Ajaccio CORSE-DU-SUD 2A

Méditerranée

—— limite de région
—— limite de département
⊠ capitale régionale
• préfecture de département

Module **1**
Entre copains

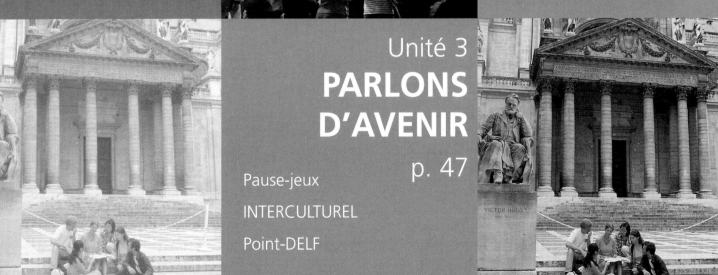

Entre copains

Hacène va avoir vingt-cinq ans. Il prépare une thèse sur Averroès. Il n'a pas beaucoup d'argent et ses parents l'aident un peu. Quand il le peut, il travaille dans le magasin familial de fruits et légumes. Ses parents sont nés en Algérie, mais lui est né en France.

Philippe est le plus âgé de la troupe *À propos* : il a vingt-six ans. Il est breton, de Vannes. C'est le seul professionnel : il est comédien, mais il est obligé de faire des petits boulots pour vivre car il n'est pas encore assez connu.

Jérôme est le musicien du groupe. Il est grenoblois, il a vingt-trois ans et il prend des cours de violon au Conservatoire de Paris, où il a rencontré Nina.

Nina a vingt ans. Elle est bruxelloise, mais vit à Paris depuis plus d'un an. Elle étudie le violon au Conservatoire.

Sophie a vingt-quatre ans. Elle a toujours habité Paris et elle travaille depuis l'âge de dix-huit ans. C'est une grande amie de Julie. En ce moment, elle est intérimaire dans une agence de voyages. Elle a beaucoup d'humour et elle adore écrire.

Julie est une Parisienne de vingt-deux ans. Ses études d'économie ne l'intéressent pas beaucoup, elle préfère sortir ou aider ses amis du groupe *À propos*. C'est elle qui organise tout. Elle a de la chance, ses parents lui paient ses études...

Les situations

Cet été, le groupe *À propos* quitte Paris pour jouer un spectacle de rue en Bretagne. Il faut mettre au point l'itinéraire et le spectacle, réfléchir au rôle de chacun. Dans chaque ville, il faut penser à l'hébergement, aux conditions du spectacle. Et les artistes amateurs ne doivent pas oublier la vraie vie : ils ont besoin d'argent, ils doivent aussi penser à leurs études... Mais l'amitié et l'esprit de solidarité finissent toujours par l'emporter.

Unité 1

RETROUVAILLES

Contrat d'apprentissage

■ communicatif

– raconter un événement dans le passé

– présenter quelqu'un et se présenter (révision)

– faire connaissance

– demander des précisions

– exprimer son intérêt

– ne pas répondre à une question

– reprendre la conversation

■ linguistique

– l'interrogation directe (révision)

– révision des temps du passé

– le plus-que-parfait

– les indicateurs de temps, de durée

– les préfixes *-re* et *-in*

■ interculturel

– les rythmes de l'année

– l'éducation en France

Les cinq amis du groupe *À propos* se retrouvent pour préparer leur prochaine tournée d'été en Bretagne, la région de Philippe. L'amie de Jérôme, la jeune violoniste Nina, se joint à eux : c'est donc à six qu'ils iront présenter leurs sketches et leur musique cette année.

RETROUVAILLES
FORUM

C'est une photo de Paris. Qu'est-ce qu'elle représente ?
Vous connaissez ce bâtiment ?
Comme devant les cathédrales, il y a une grande place :
le parvis. De nombreux Parisiens mais aussi des provinciaux et
des étrangers de passage à Paris s'y donnent rendez-vous.
Regardez les gens. Où est-ce qu'ils sont ? Qu'est-ce qu'ils font ?
Faites-les parler. Les répliques ci-contre peuvent vous aider.

– *Regarde là-bas ! On va voir ?*
– *Mais ils chantent très bien !*
– *Si on allait prendre un pot ?*
– *Bonjour, Djamel… Comment vas-tu ?*
– *Moi, j'aimerais bien savoir faire ça.*
– *Salut Bernard, Myriam ne vient pas ?*

Le centre national d'Art et de Culture Georges-Pompidou, inauguré en 1977.

Unité 1

1

● Ah les voilà !
Ils arrivent
ensemble
tous les trois.
● Oh ! Oh !
Nous sommes
là. Agnès !
David !

▶ Ah ! Vous êtes là ? Salut !
■ Bonjour.
● Bonjour, David.
▶ Et les autres ?
■ On est tous là-bas, près
de la fontaine.

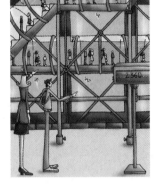

2

■ Je trouve ça amusant de
voir tous ces gens qui
montent et qui descendent
par l'escalator. On se
croirait devant un manège !
● Et ces nombres qui changent constamment, qu'est-ce que
c'est ?
■ C'est le nombre de visiteurs qu'il y a à l'intérieur.
● C'est pour les statistiques ?
■ Oui, certainement, mais, surtout, c'est qu'il ne doit
jamais y avoir plus de 10 000 personnes dans les étages.

3

■ C'est vraiment un lieu de rencontres !
Tous ces jeunes sont venus du
monde entier… Je les trouve un
peu bruyants quand même…
● Ah ! moi, j'aime bien cette
ambiance ! Ils ont l'air de bien
s'entendre !
■ Il y a quand même trop de bruit !
● Ah ça ! Ce n'est pas ici qu'il faut
venir chercher le silence !
Mais moi, je trouve ça
sympathique. Et puis, c'est
seulement dehors ; à l'intérieur,
c'était calme.

**❶ Regardez les dessins.
Où ont lieu les dialogues ?**

❷ Écoutez les quatre dialogues.
1 Est-ce que tous les personnages qui
parlent se trouvent à l'extérieur ?
Comment le sait-on ?
2 Deux dialogues se passent au
moment où les personnes se
rencontrent. Quelle est la formule
employée pour se saluer ?
3 Quels sont les dialogues où
interviennent des personnes qui vont
au centre Pompidou pour la première
fois ?

❸ Réécoutez le dialogue 2.
1 Comment est-ce qu'on monte aux
étages du centre Pompidou ?
2 Pourquoi est-ce que les nombres
affichés changent constamment ?
3 Pourquoi est-ce qu'on contrôle le
nombre de personnes qui montent et
qui descendent par l'escalator ?

❹ Réécoutez le dialogue 3.
1 Dans le public qui est sur le parvis,
est-ce qu'il y a surtout des personnes
âgées, des jeunes ou des enfants ?
2 Est-ce qu'ils sont tous parisiens ?

**❺ Lisez le dialogue 3 pour vérifier
vos réponses.**
Relevez les formes verbales que vous
connaissez. Donnez l'infinitif. À quel
temps est-ce que le verbe est conjugué ?

❻ Réécoutez le dernier dialogue.
1 Comment s'appelle l'ami de Patrick ?
Est-ce que Patricia et Séverine le
connaissaient ?
2 Est-ce que Patrick et son ami sont
arrivés à l'heure au rendez-vous ?
Pourquoi ?
3 Que faisaient Patricia et Séverine
quand Patrick et son ami sont arrivés ?
4 Est-ce que l'ami de Patrick est à
Paris depuis longtemps ?

treize

A Nous serons donc six cette année !

1 Regardez l'illustration, identifiez les personnages, puis écoutez le dialogue. Combien de personnes parlent ? Qui ne parle pas ? ....

2 Écoutez à nouveau le dialogue et dites si les affirmations suivantes sont vraies ou fausses. Corrigez les affirmations fausses. ....

1 L'année dernière, il y avait six personnes dans le groupe.
2 Nina est belge et musicienne.
3 Julie n'est pas curieuse.
4 Nina voulait aller à Paris pour apprendre le violon.
5 Nina va souvent en Belgique.
6 Julie propose à Nina de faire partie du groupe.
7 Jérôme a parlé de la tournée de l'été à Nina.

3 Lisez le texte et complétez les informations sur Nina.

4 Retrouvez comment Philippe montre son intérêt pour Nina. Que dit-il pour qu'elle parle d'elle ?

JULIE : Alors, on est tous d'accord pour reprendre la route cet été ?

JÉRÔME : Euh... Pour moi, ça dépend de Nina. Nina, qu'est-ce que tu en penses ?

NINA : Tu le sais bien, je n'ai rien contre...

JULIE : Ah bon ! Vous en avez déjà parlé ? Pourquoi est-ce que tu ne nous as rien dit, Jérôme ?

JÉRÔME : Ben... C'est que... Euh...

JULIE : Comment est-ce que vous vous êtes connus ?

JÉRÔME : Mais enfin, Julie ! Je ne vais pas te raconter ma vie.

JULIE : Excuse-moi, Jérôme, tu as raison. Je ne voulais pas être indiscrète...

PHILIPPE : Julie est insupportable, d'accord, mais quand même, nous sommes tous un peu curieux... Nina, que fais-tu dans la vie ? Parle-nous un peu de toi.

NINA : Oh, il n'y a pas grand-chose à dire. J'ai vingt ans, je suis bruxelloise, je prends des cours au Conservatoire, à Paris, je fais du violon, je connais Jérôme depuis Noël. Voilà. Tu sais tout maintenant.

PHILIPPE : Et moi qui voulais des détails... Mais pourquoi es-tu venue à Paris ?

NINA : C'était mon rêve depuis toujours. Il y a deux ans, après l'athénée, j'ai passé l'examen de maturité...

JÉRÔME : Je traduis : après le lycée, Nina a passé le bac.

NINA : C'est ça. Et, un beau jour, je suis arrivée à la gare du Nord. Je devais passer une semaine chez une amie de ma mère et, finalement, je suis restée chez elle toute une année. Et, maintenant, je ne retourne que très rarement en Belgique. Je n'ai pas revu mes parents depuis plusieurs mois... Bon, entre-temps, je me suis inscrite au Conservatoire où j'ai fait la connaissance de Jérôme...

JULIE : Tu pourrais jouer avec Jérôme... Ce serait bien, deux musiciens. Tu as envie de faire partie de notre groupe ?

NINA : Évidemment que j'en ai envie !

PHILIPPE : Parfait. Avec toi, nous serons donc six. Eh bien, il faut fêter ça ! À ta santé, Nina, bienvenue dans le groupe !

NINA : Merci. À nous et au succès de la troupe !

⑤ Relevez et classez les différentes manières de poser des questions dans le texte.

1 Intonation montante	2 Est-ce que...	3 Inversion du sujet
On est tous d'accord... ?	... ...	Que fais-tu... ? ...

B Les artistes d'Intra-Muros

① Avant de lire l'article suivant, regardez la photo. Qu'est-ce qu'elle représente ?

② Parcourez l'article. À quoi correspondent les passages en italique ?

③ Classez les informations données dans le texte.

1 Critères de choix de la mairie	2 Obligations des candidats
...	...

⑥ Quelles questions aimeriez-vous poser aux membres de la troupe ? Jouez la scène à deux : choisissez un personnage, formulez les questions que vous voudriez lui poser et imaginez ses réponses. ....

Une des attractions principales de Saint-Malo Intra-Muros[1] l'été est très certainement la présence des artistes qui donnent à la vieille ville, l'espace d'un été, l'ambiance d'un petit Montmartre[2].

Sunshine vient à Saint-Malo pour la quatorzième fois. Elle est née à Hongkong et habite à Saint-Brieuc. Sunshine pratique un art original : elle découpe le profil des touristes. *« J'ai commencé lorsque j'étais étudiante, maintenant je suis devenue saisonnière… »*

Jean-Paul et Françoise viennent depuis dix ans. Originaires de Picardie, ils sont aquarellistes. *« Nous faisons notre demande à la municipalité dès janvier. Chaque lundi, on nous désigne un emplacement. Nous payons 45 euros par semaine. Saint-Malo est une ville formidable. »* Mais les places sont chères. Chaque année, la municipalité reçoit une grande quantité de demandes, et cela dès le mois de janvier. *« Nous sommes obligés d'en refuser chaque fois une cinquantaine,* indique l'adjoint au maire, *il y a ceux qui font leur demande trop tard, et ceux qui n'entrent pas dans les critères. »*

Des critères qui sont très précis. Les vendeurs doivent proposer des œuvres de leur propre production, des originaux en matière de sculpture, peinture ou photo. Terminé, donc, les vendeurs d'oiseaux en plastique, de bracelets fluorescents et autres gadgets.

« Avant de prendre une décision, nous prenons des informations sur la qualité de l'artiste. Nous privilégions les fidèles, ceux qui viennent depuis plusieurs années. Nous privilégions également les personnes de la région malouine. Chaque année, trois à cinq artistes nouveaux sont acceptés. »

1. Intra-Muros : le centre-ville, la partie ancienne, historique de la ville.
2. Un quartier de Paris très touristique, où il y a des peintres.

Le Pays malouin, 7 août 1998.

C La Maison des associations 📼

1 Écoutez la conversation téléphonique de Julie avec la Maison des associations de Saint-Malo. Qu'apprend-on de nouveau sur le groupe ? .. 📼

2 Comparez les informations de l'article et ce que vous savez sur le groupe. Faites des hypothèses. Pensez-vous que le groupe a des chances de passer à Saint-Malo ? Pourquoi ?

D Que fait-on cette année ? 📼

1 Écoutez le dialogue. Associez les étapes et les lieux et retrouvez l'itinéraire de la troupe entre le 21 juin et le 14 juillet. .... 📼

Étapes
1 Nous allons faire un tour de…
2 On commence par…
3 Ensuite, nous animerons une fête dans…
4 Et puis nous resterons quelques jours à…

Lieux
a Rennes.
b Un village du Cotentin.
c Saint-Malo.
d La Bretagne.

2 Imaginez ce que la troupe fera après.

3 Lisez le texte. Relevez les deux phrases qui montrent que Julie a bien préparé la tournée : qu'est-ce qu'elle a fait avant que le groupe décide de partir ?

4 Classez les formes verbales d'après les indications de temps qu'elles donnent.

1 Passé	2 Présent	3 Futur
…	…	…

5 Réfléchissez. Dans le texte, repérez les formes *je m'étais renseignée* et *j'avais déjà tout préparé*. Est-ce que ces actions ont eu lieu avant ou après le moment indiqué par la proposition *Quand on a décidé de partir en tournée* ?

JULIE : Finalement, on fonctionne comme l'année dernière. Philippe, Hacène et Sophie jouent les sketches, Jérôme fait l'accompagnement musical, avec Nina... Et je m'occupe du reste !

PHILIPPE : Nous ne sommes pas encore prêts. Nous n'avons même pas tous les textes.

JULIE : Sophie, tu nous avais promis de les terminer pour Pâques. La semaine prochaine, nous serons déjà en juin, ce n'est pas sérieux !

SOPHIE : Je suis désolée. Je voulais tenir compte de l'actualité... et je n'ai pas eu assez de temps, mais j'ai presque fini. Nous pourrons en discuter dans la semaine.

HACÈNE : On a déjà fixé l'itinéraire ?

JULIE : Heureusement pour nous, Hacène ! Les villes bouclent le programme de la saison vers Pâques. Après, c'est trop tard. Mais rassure-toi. Je m'étais renseignée sur les fêtes locales et les festivals les plus intéressants en février. Quand on a décidé de partir en tournée, j'avais déjà tout préparé...

SOPHIE : Bon, alors, dis-nous où nous allons !

JULIE : Nous allons faire un tour de la Bretagne, et même aller jusqu'à La Rochelle et dans la vallée de la Loire. On commence par Rennes, pour le festival d'été, les Tombées de la nuit.

HACÈNE : C'est quand, les Tombées de la nuit ?

JULIE : La première semaine de juillet.

HACÈNE : Super ! Comme ça, on pourra encore jouer à Paris pour la fête de la Musique le 21 juin.

JULIE : Ensuite, nous animerons une fête dans un petit village du Cotentin. Et puis nous resterons quelques jours à Saint-Malo.

PHILIPPE : On va participer à l'animation de la vieille ville pendant toute une semaine.

JULIE : Et le 14 juillet, repos, sauf pour Jérôme et Nina qui feront danser les touristes le soir.

PHILIPPE : Et après, je vous fais visiter mon pays !

CONNAÎTRE ET RECONNAÎTRE

Grammaire

L'interrogation directe

1 Complétez le tableau avec les différentes manières de poser des questions.

Intonation	*Est-ce que*...	Inversion	
– Vous êtes belge ?	– Est-ce que vous êtes belge ?	– Êtes-vous belge ?	– Oui.
– Vous partez quand ?	– Quand est-ce que... ?	– Quand partez-vous ?	– Demain.
– Vos amis viennent ... ?	– Comment est-ce que... ?	– ... viennent-ils ?	– En voiture.
– ... ?	– ... ?	– Votre frère est-il là ?	– Non, pas encore.
– ... quand ?	– ... ?	– Quand arrive-t-il ?	– Je ne sais pas.

G2

Mémento : § A4

L'interrogation directe

Quand la réponse est *oui* ou *non* :

L'intonation monte quand on pose la question.	On ajoute est-ce que devant la phrase.	On inverse l'ordre des mots : le pronom sujet vient après le verbe.
Tu as un livre ?	*Est-ce que tu as un livre ?*	*As-tu un livre ?*

Quand la réponse est une information :

Le mot interrogatif est accentué s'il est à la fin de la question.	On ajoute est-ce que au mot interrogatif.	La question commence par le mot interrogatif, suivi du verbe, suivi du sujet.
Quel livre tu as ?	*Quel livre est-ce que tu as ?*	*Quel livre as-tu ?*

Remarques sur l'interrogation par inversion

• Il y a toujours un trait d'union entre le verbe et le pronom : *Est-il là ?*
• Quand la troisième personne du singulier du verbe se termine par une voyelle, on ajoute un t :
Fera-t-il beau demain ?   *Aime-t-elle la musique bretonne ?*
• Quand le sujet est un nom, il garde sa place et on ajoute le pronom correspondant après le verbe :
Les jeunes chanteurs iront-ils à Saint-Malo ?

Mémento : § A4

2 Complétez, dans la fiche **G2**, la partie sur l'interrogation directe.

3 Retrouvez les questions de ces dialogues. Plusieurs solutions sont possibles.

1 Au retour des vacances.

– ...
– Nous sommes partis trois semaines en Grèce.
– ...
– Nous sommes restés cinq jours à Athènes, puis nous avons été à la mer pendant deux semaines pour faire des sports nautiques.
– ...
– Surtout de la plongée et du ski nautique.

2 Un rendez-vous.

– ...
– Rien de spécial.
– ...
– Oui, mais je ne sais pas ce qui passe.
– ...
– Plutôt les comédies et les films d'action.

3 Les nouveaux voisins.

– ...
– Si. Je les ai croisés dans l'escalier ce matin.
– ...
– Plutôt sympathiques.
– ...
– D'Italie. Mais ils parlent très bien français.

dix-sept

Grammaire

Le passé composé et l'imparfait (révision)

❹ Répondez aux questions en donnant deux explications : l'une à l'imparfait et l'autre au passé composé.

Pourquoi n'êtes-vous pas allé au vernissage de sa dernière exposition ?

▶ ***Parce que je n'avais pas d'invitation.***
Parce que je n'ai pas eu le temps.

1 Pourquoi êtes-vous arrivé en retard ?

2 Pourquoi n'avez-vous pas téléphoné ?

3 Pourquoi êtes-vous partis avant la fin du film ?

4 Pourquoi n'avez-vous pas répondu à l'invitation ?

❺ Complétez la règle.

EMPLOI

Pour faire un récit au passé, on emploie le **passé composé** et l'**imparfait**.

On utilise le passé composé pour … et l'imparfait pour … .

FORMATION

■ On forme le **passé composé** avec le présent de l'indicatif de l'auxiliaire … ou de l'auxiliaire … et le participe passé du verbe. On emploie le plus souvent l'auxiliaire …, mais les verbes suivants forment le passé composé avec … :

– les verbes pronominaux : *Vous vous **êtes** connus comment ?*

– les verbes qui indiquent un changement de lieu ou d'état et certains verbes intransitifs : *Je **suis** parti très tôt.*

– les trois verbes *naître, mourir, rester* : *Où **êtes**-vous né ?*

■ L'**imparfait** se forme sur la première personne du pluriel du présent de l'indicatif avec les terminaisons :

‾…, ‾…, ‾…, ‾…, ‾…, ‾… .

| **manger** | nous … | ➔ imparfait : je … |
| **finir** | nous … | ➔ imparfait : je … |

❻ Mettez les verbes entre parenthèses au passé composé ou à l'imparfait. Justifiez votre choix. Plusieurs réponses sont parfois possibles.

Nous (vivre) deux ans en France. Je (rejoindre) mon mari mi-juillet 1997 pour m'occuper de l'appartement. Nous (déménager) pendant l'été car la rentrée scolaire (avoir lieu) début septembre. À la maison, nous (avoir) une jeune fille au pair qui (s'appeler) Jeanne. Elle (s'occuper) des enfants et me (aider) pour les tâches ménagères. Nous (habiter) une grande maison à Nantes dans un quartier très central qui nous (plaire) beaucoup. Le soir, nous (aller) parfois au restaurant et, le week-end, nous (visiter) la Bretagne. Nous (passer) plusieurs week-ends au bord de la mer. Ça (être) une merveilleuse expérience.

Le plus-que-parfait

Complétez la règle.

*Quand on a décidé de partir en tournée, j'**avais** déjà tout **préparé**…*

EMPLOI

Pour exprimer qu'une action a eu lieu avant une autre action passée, on utilise le **plus-que-parfait**.

FORMATION

On forme le plus-que-parfait avec l'… de l'auxiliaire … ou de l'auxiliaire … et le participe passé du verbe.

❼ Passé composé ou plus-que-parfait ? Complétez. Quel moment du passé marque la limite entre l'emploi du passé composé et du plus-que-parfait ?

Hier soir, je (sortir) très tard du bureau et je (rentrer) à la maison à pied. Le dernier métro (passer).

▶ ***Je suis sorti – je suis rentré – le dernier métro était passé.***
*Moment du passé : **l'heure de sortie du bureau.***

1 Je (aller) à l'arrêt d'autobus, mais quand je (arriver), le bus déjà (passer).

2 Je (attendre) pendant quinze minutes, puis je (regarder) la fiche horaire : je (manquer) le passage du dernier bus de la journée.

3 Je (devoir) rentrer à pied, je (marcher) trente minutes. Je (ne pas ressentir) une telle fatigue depuis bien longtemps.

4 Je (se coucher) très tard. Ce matin, quand je (se réveiller), le réveil (sonner) déjà depuis longtemps. Je (arriver) en retard à mon rendez-vous.

8 **Mettez les verbes au temps qui convient (imparfait, passé composé ou plus-que-parfait).**

Quand ils (se rencontrer), Martine (prendre) des cours de théâtre, Jacques (s'inscrire) au Conservatoire, mais (ne jamais aller) au cours, Pierre (rêver) de devenir un acteur connu, Sophie (ne pas savoir) ce qu'elle (vouloir) faire de sa vie. Ils (discuter) pendant des heures et (décider) finalement de monter une troupe. Ils (ne jamais faire) cette expérience avant. Ils (travailler) beaucoup. Ils (écrire), (faire lire) leurs textes aux autres tous les jours et (s'encourager). Au début, ils (ne pas avoir) de succès mais, au bout de deux ans, ils (pouvoir) jouer dans une salle. Six mois plus tard, le groupe (devenir) célèbre.

9 **Complétez la partie 1 de la fiche** `G1` **.**

Les indicateurs de temps

10 **Relevez dans le document D d'*Agir-réagir* les indicateurs de temps et complétez le tableau. Quels autres indicateurs de temps connaissez-vous ?**

Les indicateurs de temps		`G1`
Une durée (une période)	**Un point fixe (une date)**	**Une succession**
pendant une semaine	*le 21 juin*	*ensuite*
…	…	…
		Mémento : § G1 et G2

11 **Complétez la partie 2 de la fiche** `G1` **.**

12 **Complétez le texte suivant avec des indicateurs de temps.**

Cher Marco,

Comme tu sais, j'ai retrouvé Claire à Saint-Malo pour la fête de la Musique qui a lieu … chaque année. Elle existe … 1982 : musiciens amateurs et professionnels descendent jouer dans les rues, les jardins publics, les cafés … quelques heures. Ça finit en général tard, … 2 ou 3 heures du matin. Comme prévu, nous nous sommes retrouvées … 7 heures pour dîner. … on a écouté des groupes africains dans le port, beaucoup de gens dansaient. … on est allées sur la plage où il y avait un grand concert de rap. On y est restées … plus d'une heure. … on est allées prendre un verre dans le centre-ville. … on s'est promenées, il y avait partout des spectacles de rue. Dans l'église, un orchestre jouait un concert de musique baroque qui a fini … minuit. On est retournées vers le port où on s'est installées à une terrasse et … on est rentrées se coucher … 3 heures du matin.

Il faut absolument que tu viennes l'année prochaine !

Bien à toi,

Laurence.

S'EXPRIMER

Les préfixes

Avec un préfixe, on peut former, à partir d'un mot connu, un nouveau mot de sens différent.

Le préfixe re- (r-, ré-)

Vous connaissez déjà : **lisez**, **relisez** et **écoutez**, **réécoutez**.

① **Quelle est la signification de *re-* ou *ré-* dans ces deux exemples ? Citez d'autres verbes qui commencent par *re-* ou *ré-*.**

② **Expliquez le sens des verbes *reprendre* et *revoir* (*Agir-réagir*, document A).**

③ **Complétez avec le verbe qui convient.**

Commencer ▶ recommencer.
1 ... ▷ revenir.
2 Prendre ▷ ...
3 Partir ▷ ...

④ **Complétez la fiche** .

Formation des mots

Le préfixe *in-* (*ir-* devant *r*, *il-* devant *l*, *im-* devant *m, b, p*)

Vous connaissez déjà : **défini**, **indéfini** ; **poli**, **impoli** ; **juste**, **injuste**.

⑤ **Quel changement de sens est-ce que le préfixe *in-* apporte dans les exemples ci-dessus ?**

⑥ **Quel est le sens des adjectifs suivants ? Vérifiez dans un dictionnaire.**
1 Inconnu.
3 Indiscret.
2 Intelligent.
4 Insupportable.

⑦ **Donnez le contraire des adjectifs suivants.**
1 Utile.
2 Possible.
3 Régulier.

⑧ **Complétez la partie 1 de la fiche** **V2**.

Phonétique

Interrogation ou étonnement

① **Écoutez l'enregistrement. Répétez les deux phrases et suivez du doigt la courbe intonative.**
Selon l'intonation avec laquelle on le prononce, un même énoncé peut être soit une interrogation simple (*courbe a*), soit une demande de confirmation qui exprime l'étonnement (*courbe b*).

a Question 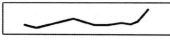   **b Étonnement**

1 a Pourquoi est-ce que tu étudies le français ?   b Pourquoi est-ce que tu étudies le français ? !
2 a Tes amis viendront comment ?   b Tes amis viendront comment ? !
3 a Nous partons en tournée pour combien de temps ?   b Nous partons en tournée pour combien de temps ? !

② **Écoutez l'enregistrement et dites si la phrase est une question ou si elle exprime de l'étonnement.**
1 Vous en aviez déjà parlé ?   3 Pourquoi est-ce que tu vas rarement en Belgique ?
2 Tu n'habites plus chez tes parents ?   4 Vous êtes violoniste ?

Les consonnes finales

③ **Écoutez et répétez. Respectez bien l'intonation.**
1 Nina a passé le bac. ➔ [pap], [pak], [bak], [selbak], [ak], [apaselbak].
2 Bienvenue dans la troupe. ➔ [up], [tʀutʀu], [tʀup], [dãlatʀup], [vəni], [vəny], [vəny dãlatʀup].
3 Au succès de la troupe ! ➔ [kʀup], [tʀup], [sɛdlatʀup], [syksyk], [osyksɛ], [syksɛdlatʀup].
4 Nina est la copine de Jérôme. ➔ [kʀom], [ʀom], [eʀom], [duʒe], [dəʒeʀom], [lakɔpin dəʒeʀom].

S'EXPRIMER

Unité 1

vingt

20

Production orale

① Comment est-ce que Jérôme réagit à la question de Julie (*Agir-réagir*, document A) ? Lisez les *Outils*. Qu'est-ce que vous feriez à sa place ? Jouez à deux la scène entre Julie et vous. .... 🎭

ne pas répondre à une question

OUTILS POUR…

– C'est difficile à dire…/Vous ne pouvez pas comprendre.
– Cela nous entraînerait trop loin…/C'est trop long à expliquer.
– Ça n'intéresse personne.
– C'est vraiment trop personnel…
– Je n'ai pas beaucoup de temps…/On pourra en parler demain…

Ça m'intéresse !

répondre à une question par une question

POUR…

– Mais, toi-même, dis-moi…
– Est-il vrai que… ?
– Au fait, et vous-même, il paraît que…

exprimer son intérêt

OUTILS POUR…

– Ça m'intéresse.
– Je suis/Je serais curieux/curieuse de voir/connaître…
– J'aimerais bien voir/apprendre/savoir…
– Ah oui, en effet…

reprendre la conversation quand on a été maladroit

OUTILS POUR…

– Excusez-moi, je ne voulais pas être indiscret.
– Oubliez ma question et pardonnez-moi.
– Excusez-moi, ce que je voulais dire, c'est que…

② **Imaginez la scène et jouez-la à deux. Utilisez les expressions de la rubrique *Outils*.** ..... 🎭

1 Un(e) comédien(ne) a eu un trou de mémoire pendant la représentation. Un(e) ami(e) qui n'a pas assisté à la pièce l'attend à la sortie du théâtre. Il/Elle lui demande : *Alors, comment ça a marché ce soir ?*

2 Pierre a abîmé sa voiture neuve pendant les vacances. Un soir, il retrouve des amis au restaurant et quelqu'un lui demande : *Pierre, est-ce que tu es content de ta nouvelle voiture ? Tu pourrais me la montrer ?*

③ **Formez des groupes de trois. Imaginez la situation, choisissez votre rôle, préparez les dialogues, puis jouez la scène.** .... 🎭
Vous passez des vacances en France. Vous découvrez une troupe qui présente un spectacle de rue. Vous avez envie de participer à leur spectacle.

S'EXPRIMER
Écrit

① **Observez la présentation du site de Benoît Tars.**

  1 Qu'est-ce que suggère le dessin ?

  2 Le texte est divisé en trois parties. Quel est l'objectif de chaque partie ?

  3 Qu'est-ce que Benoît Tars souhaite obtenir ?

  4 Dans quel ordre différent est-ce qu'on pourrait lire les paragraphes ? Quels seraient les objectifs du site dans ce cas ?

  5 Qu'est-ce qui vous plaît/vous dérange dans cette page ?

② **Vous envoyez un petit message à Benoît Tars.**

  — Soit vous lui dites que sa proposition vous intéresse.

  — Soit vous avez juste envie de l'encourager.

Message - Dest. : btars@hotmail.com

Fichier Editer Visualiser Opérations Outils Fenêtre Aide

Exp. : Jacques Dupuis   CC :

Dest. : btars@hotmail.com

Objet : Ça m'intéresse

Message :

Bonjour Benoît,
J'ai découvert ton site sur Internet et je suis très intéressé par ta proposition…

Envoyer

Annuler

Adresse

Message - Dest. : btars@hotmail.com

Fichier Editer Visualiser Opérations Outils Fenêtre Aide

Exp. : Alice Noël   CC :

Dest. : btars@hotmail.com   CM :

Objet : Bravo

Message :

Cher Benoît,
Malheureusement, je ne suis pas une artiste et je ne peux pas t'aider, mais j'ai trouvé ton site intéressant.

Annuler

Adresse

Benoît Tars
dans
@ *De quoi je me mêle*

Vous avez peut-être vu le spectacle que je présente depuis deux mois dans différentes villes de province ? Sinon, c'est le moment ou jamais !
Je joue à Rennes le 21/2, à Nantes le 22 et le 23/2, à Tours le 25/2.

J'ai beaucoup d'idées que je ne peux malheureusement pas réaliser tout seul.
C'est pourquoi je suis à la recherche de comédiennes ou de comédiens qui travaillent dans le même esprit pour réfléchir à une réalisation commune à la rentrée.

À 32 ans, j'ai l'expérience du spectacle de rue et des petites salles de banlieue. J'ai joué au théâtre des Blancs-Manteaux à Paris et j'ai fait beaucoup de radio. Je dirais que je suis plus un auteur comique qui interprète ses propres sketches qu'un acteur ou un comédien.

CONTACTEZ-MOI !
Benoît Tars – 13, rue des Petites-Écuries – 75010 Paris
btars@hotmail.com

se présenter

– Je suis (le/la) responsable de…/Je m'occupe de…
– Je suis le mari/la femme/l'ami(e)/le copain/la copine/un(e) collègue de…
– Je suis votre nouveau guide/conseiller/conseillère…
– Je viens de…
– J'ai fait mes études à…/J'ai longtemps travaillé à…
– Avant de…, j'étais/j'avais déjà…
– Nous allons travailler ensemble…

③ **Présentez-vous à votre tour et imaginez votre page d'accueil à partir d'une de ces trois situations (ou d'une autre).**

1 Vous voulez enrichir vos loisirs grâce à Internet.

2 Vous voulez discuter avec des francophones grâce à Internet.

3 Vous présentez votre activité professionnelle.

• Réfléchissez :

— D'après vos objectifs, qu'est-ce que vous voulez dire de vous ? (Qui êtes-vous ? Qu'avez-vous déjà fait ? Que faites-vous en ce moment ? Que voulez-vous faire ?)

— Qu'est-ce que vous attendez des gens qui liront cette page ?

• Rédigez rapidement le texte de votre page.

• Avec votre voisin(e), échangez vos textes et critiquez-les.

• Rédigez la version définitive et faites-la lire aux autres participants.

④ **Regardez cette affiche.**

1 Sur quoi l'affiche veut-elle attirer l'attention : sur le spectacle ou sur les artistes ?

2 À votre avis, à qui s'adresse-t-elle ? Dans quel but ?

⑤ **Un groupe de musiciens amateurs de votre pays participe à la fête de la Musique dans une petite ville française. Présentez le groupe en vous inspirant du site ou de l'affiche.**

❶ Récréation

➡ Votre voisin(e) vous interroge, répondez sans employer les mots *oui* ou *non*. Vous ne pouvez pas non plus utiliser deux fois la même formule pour répondre.

— *Est-ce que vous parlez très bien le français ?*

▶ — *Enfin... Pas trop mal.*

— *Vous voulez un peu de café ?*

▶ — *Volontiers, merci.*

— *Vous êtes satisfait(e) de votre travail ?*

▶ — *Tout à fait/Pas du tout.*

— *Vous avez une voiture rouge ?*

▶ — *Pas exactement, grenat.*

— *Vous aimez l'opéra, n'est-ce pas ?*

▶ — *Comment l'avez-vous su ?*

— *Votre mère s'appelle Marie ?*

▶ — *En effet, et elle aime beaucoup son prénom.*

Imaginez d'autres questions et répondez. Dès que vous ne pouvez plus répondre ou que vous avez dit *oui* ou un *non*, échangez les rôles.

❷ Apprendre à apprendre

➡ Chassez les intrus. Dans les séries suivantes, dites si la première syllabe de chaque mot est un préfixe ou non. S'il s'agit d'un préfixe, retrouvez le verbe (série 1) ou l'adjectif (série 2) de départ.

1 Recommencer — ressortir — redescendre — reprendre — repérer — réécouter — réaliser — redire — redemander — relire.

2 Incompatible — inconnu — irrespirable — immoral — innocent — incompréhensible — irréel — imperméable — inefficace.

❸ En toute logique

➡ Sandra et Amandine recherchent des musiciennes pour former un groupe. Quatre amis leur proposent une candidate chacun. Sandra a pris des notes pendant les entretiens avec les quatre candidates, mais elle les a mélangées. Retrouvez-les à partir des informations suivantes.

Elles s'appellent :
Marie, Joëlle, Gaëlle, Jessica.

Elles sont d'origine :
belge, suisse, canadienne, martiniquaise.

Elles jouent :
du piano, du violon, de la guitare, de la basse.

Elles sont amies de :
Alain, Nicolas, Guillaume, Emmanuel.

Elles étudient :
la philosophie, l'histoire de l'art, la médecine, le droit.

1 La pianiste est canadienne, elle n'est pas l'amie d'Emmanuel et elle ne s'appelle pas Jessica.

2 L'amie de Nicolas s'appelle Gaëlle, elle joue de la basse et elle n'est pas suisse.

3 Celle qui fait des études de droit est suisse et elle ne s'appelle pas Joëlle.

4 L'étudiante en philosophie est martiniquaise et elle s'appelle Marie.

5 Jessica ne joue pas du violon et Marie ne joue pas de la guitare.

6 L'amie de Guillaume est violoniste et celle d'Alain est étudiante en médecine.

7 Emmanuel ne connaît pas Joëlle.

	Marie	Joëlle	Gaëlle	Jessica
Elle est d'origine				
Elle joue				
Elle est amie de				
Elle étudie				

❹ Projet

➡ Vous organisez des activités culturelles : projections de films, conférences, concerts, etc.

1 Par groupes de quatre ou cinq, définissez le projet : activités, calendrier, lieu, etc.

2 Mettez en commun les propositions des différents groupes et faites le programme définitif. Puis, faites la liste des démarches nécessaires pour réaliser le projet (recherche de salle, location des films, diffusion, documentation, etc.)

3 À nouveau par petits groupes, distribuez-vous les rôles. Imaginez une courte scène (entretien téléphonique, visite, négociation de l'affiche, etc.) et présentez-la ensuite à toute la classe.

❺ Noir sur blanc

➡ Mots enchaînés : à l'oral, la dernière syllabe de chaque mot se prononce comme la première syllabe du mot suivant. Complétez les séries.

▶ *Monter — télépho**nez** — **né**cessaire**ment** — **men**tait — **thé**âtre...*

1 Man**gez** — ...ant — ...foncer — ...libataire — ...minons — ...breux — ...ton — ...ber — ...bé — ...tise.

2 Heureuse**ment** — ...teau — ...lérant — ...dez-vous — ...lu — ...tter — ...nor — ...mandie — ...ner — ...ger.

Comportements
Les rythmes de l'année

L'année scolaire commence la première semaine de septembre. Elle est divisée en trois trimestres (périodes de trois mois) et les grandes vacances durent de la fin juin au début du mois de septembre. Ce rythme scolaire influence la vie des Français. Ils prennent en général la plus grande partie de leurs congés payés en été et beaucoup d'entreprises ferment deux ou trois semaines en août. Septembre est donc le mois de la rentrée pour tous les Français et pas seulement pour les élèves. C'est la rentrée scolaire et la rentrée professionnelle.

C'est à la rentrée de septembre que les Français s'inscrivent aux clubs de sport, de danse, de musique, et que commence la saison culturelle (sorties de films, lancements de pièces de théâtre ou de comédies musicales). C'est aussi la rentrée pour la télévision qui propose de nouvelles émissions (jeux, séries, variétés) et installe sa grille des programmes jusqu'à l'été suivant.

L'ANNÉE EN QUATRE SAISONS

■ En **automne**, c'est la rentrée scolaire, mais aussi professionnelle, théâtrale, culturelle. On remet des prix littéraires en novembre (prix Goncourt, Femina, etc.).

■ Au **printemps**, les gens reprennent leurs activités de plein air, les habitants des villes qui le peuvent partent en week-end à la campagne, à la mer.

■ En **hiver**, c'est la saison « morte » : les gens vont au cinéma, restent au chaud chez eux. L'activité principale du mois de décembre est la préparation des fêtes de fin d'année (Noël et le réveillon du jour de l'an). En février, un Français sur dix part à la montagne, dans une station de sports d'hiver.

■ En **été**, ont lieu les grandes compétitions sportives, il y a des festivals un peu partout et c'est la période des grandes vacances.

1 Les écoliers français ont seize semaines de vacances par an. Pensez-vous que c'est trop, pas assez, ce qu'il faut ? Combien de semaines de vacances y a-t-il dans votre pays ?

🌐 Est-ce qu'il y a, chez vous, un moment dans l'année où tout le monde fait sa rentrée (écoliers, étudiants, travailleurs, médias…) ?

Si oui, à quelle date et pourquoi (raisons politiques, économiques, culturelles, climatiques, traditionnelles…) ?

2 Le fait que toute la France fasse une pause l'été vous paraît-il normal, surprenant, illogique ?
Justifiez votre réponse.

Cadres de vie
L'éducation en France

L'organisation et le fonctionnement de l'enseignement en France répondent à quatre grands principes :

– **liberté de l'enseignement** : il y a un service public d'enseignement et des établissements privés qui fonctionnent en parallèle à tous les degrés ;

– **gratuité** : dans les écoles et établissements publics, l'enseignement est gratuit. Dans les écoles primaires et les collèges, les manuels scolaires sont prêtés aux élèves ;

– **laïcité** : l'enseignement ne prend pas position sur les questions de religion, de philosophie et de politique ;

– **obligation scolaire** : l'école est obligatoire pour tous les enfants qui habitent en France, de six à seize ans.

> Une école est un établissement d'enseignement élémentaire alors qu'une école supérieure ou une grande école est réservée aux étudiants, après le bac.

> En juin 2000, 644 128 personnes étaient candidates au baccalauréat :
> – 53,6 % pour le bac général ;
> – 29,4 % pour le bac technologique ;
> – 17 % pour le bac professionnel.
> 79 % des candidats ont obtenu leur diplôme.

Les écoliers

Presque tous les enfants vont à la maternelle. Il y a cours du lundi au vendredi et parfois le samedi, mais en général pas le mercredi.
L'école commence à 8 h 30 et se termine à 16 h 30. Beaucoup d'enfants mangent à la cantine (le restaurant scolaire) le midi, les autres rentrent déjeuner chez eux.

Les collégiens et les lycéens

Au collège et au lycée, il y a cours du lundi au vendredi et parfois le samedi. La journée d'école peut finir à 18 heures. Après, il faut continuer à étudier à la maison et faire ses devoirs. Jusqu'à la cinquième, l'enseignement est généraliste, il est le même pour tous.

enseignement primaire

ÂGE*	CLASSES
3-6	Maternelle
	École primaire
6-7	CP (Cours préparatoire)
7-8	CE1 (Cours élémentaire 1)
8-9	CE2 (Cours élémentaire 2)
9-10	CM1 (Cours moyen 1)
10-11	CM2 (Cours moyen 2)

enseignement secondaire

	Collège (premier cycle)	**ou**	**Collège professionnel**
11-12	Sixième		
12-13	Cinquième		
13-14	Quatrième		ou préparation au CAP
14-15	Troisième		*(Certificat d'aptitude*
	Examen : *Brevet des collèges*		*professionnelle)*
	Lycée (second cycle)	**ou**	**Lycée professionnel**
15-16	Seconde		ou préparation au BEP
16-17	Première		*(Brevet d'études*
	Épreuve de français du baccalauréat		*professionnelles)*
17-18	Terminale		
	Examen : le *Baccalauréat* (bac)		*Bac professionnel*

enseignement supérieur

	Lycée	**Université**	**IUT****	**Lycée**	**Écoles supérieures spécialisées**	
18-20	BTS***	DEUG***	DUT***	Classes préparatoires aux concours des grandes écoles	Écoles professionnelles	Écoles spécialisées (commerce, ingénieur…)
20-21		Licence		**Grandes écoles**		
21-22		Maîtrise				
22-23		DEA ou DESS***				
		Doctorat				

* Pour une scolarité sans redoublement. (Redoubler, c'est recommencer la même classe quand les résultats ne sont pas assez bons.)
** IUT : institut universitaire de technologie.
***BTS : brevet de technicien supérieur. DEUG : diplôme d'enseignement universitaire général. DUT : diplôme universitaire de technologie. DEA = diplôme d'études approfondies. DESS = diplôme d'études supérieures spécialisées.

1 Observez le schéma ci-dessus. Présentez votre système éducatif et comparez-le avec le système éducatif français. Est-ce qu'ils se ressemblent ? Quelles sont les différences principales ?

🌐 Est-ce que, dans votre pays, le système éducatif donne une formation plutôt spécialisée ou plutôt généraliste ?

Cadres de vie

1

INTERCULTUREL

L'éducation en France

L'Université Léonard-de-Vinci à la Défense.

L'université de la Sorbonne à Paris.

Les étudiants

Un bachelier possède le diplôme du baccalauréat. Tous les bacheliers peuvent suivre des études à l'université.
Il y a en France plus de 2 150 000 étudiants, répartis dans soixante-dix-sept universités (treize en région parisienne), quelques grandes écoles et des écoles d'enseignement supérieur privées.

Les grandes écoles

Ces écoles forment les futurs cadres supérieurs (dirigeants administratifs, commerciaux ou scientifiques). On dit des étudiants des grandes écoles qu'ils font parti de l'élite[1]. Ils trouvent facilement du travail après leurs études. Les candidats à ces écoles préparent les concours de sélection pendant deux ans dans des classes préparatoires au lycée.

1. Ensemble formé par les meilleurs éléments d'une communauté.

Les écoles privées (écoles supérieures)

Ce sont en général des écoles de commerce ou de relations internationales. Il y a souvent un concours à l'entrée.

Les grandes écoles les plus célèbres

• Pour les ingénieurs : l'École polytechnique, l'École des mines, l'École des ponts et chaussées, l'École centrale.
• Pour l'administration : l'École nationale d'administration (ENA).
• Pour le commerce : l'École des hautes études commerciales (HEC), l'École supérieure des sciences économiques et commerciales (ESSEC).
• Autres spécialités : les instituts d'études politiques (dont « Sciences-Po », à Paris), l'École normale supérieure (« Normale sup », lettres et sciences).

50 % des Français estiment que les grandes écoles sont nécessaires pour former l'élite de la France.

Les universités et les grandes écoles sont publiques : les droits d'inscription sont assez faibles (entre 300 et 550 euros par an), alors que les écoles supérieures sont privées et parfois très chères (entre 7 500 et 15 500 euros par an).

🌐 Comparez le coût des études en France et dans votre pays. Pensez-vous que les droits d'inscription à l'université doivent être peu élevés ? Justifiez votre réponse.

1 En France, l'accès aux grandes écoles est contrôlé et limité. L'accès à l'université est, lui, ouvert à tous. Est-ce qu'il y a aussi un système sélectif qui forme l'élite dans votre pays ?
À votre avis, un tel système est-il une bonne chose ? Pourquoi ?

2 Pour le ministère de l'Éducation nationale, *former les jeunes à l'école, c'est former les futurs citoyens. Former les esprits, c'est être sûr que le futur citoyen saura prendre les bonnes décisions, dans le respect de la démocratie et des droits de l'homme.* Qu'en pensez-vous ?

27

Point·DELF

Pour aller plus loin... 1 *(side tab)*

DELF unité A1 – Oral 1
Questionnaire de compréhension orale

 1 Écoutez l'enregistrement et répondez aux questions suivantes. ....
  1 Où se trouve la personne qui parle ?
  2 À quelle heure et comment la personne qui parle est arrivée à cet endroit ?
  3 Qui est Martine ?
  4 D'après le texte, qu'est-ce que Martine n'aime pas ?
  5 Est-ce que Martine a toujours été en bonne santé ?
  6 Est-ce que Martine attend un enfant ?

DELF unité A1 – Oral 2
Simulation de dialogue

Lisez la situation et imaginez le dialogue.
Vous téléphonez à un(e) ami(e) pour lui raconter que vous avez trouvé l'homme/la femme de votre vie. Vous lui expliquez comment il/elle est. Votre ami(e) vous demande où, quand et dans quelles circonstances vous l'avez rencontré(e). Vous lui expliquez.

Pour préparer l'épreuve
Avant de jouer la scène :
 1 Imaginez les questions de votre ami(e).
 2 Faites le portrait physique et moral de l'homme/la femme de votre vie.
 3 Préparez le récit de la rencontre, n'oubliez pas de parler de l'endroit où vous étiez, ce que vous faisiez, etc.
 ! Faites attention aux temps verbaux que vous devez utiliser pour faire le portrait et pour faire le récit (présent, imparfait, passé composé).
 4 Jouez le dialogue avec votre voisin(e).

Delf unité A1 – Écrit
Rédaction d'une lettre amicale

Marie a reçu le mél ci-dessous de son amie Nathalie. Malheureusement, elle n'est pas libre le 11 novembre. Elle propose une autre date. Imaginez que vous êtes Marie, répondez au mél.

Pour préparer l'épreuve
Avant d'écrire le mél :
 1 Lisez la lettre de Nathalie. Qu'est-ce qu'elle propose à Marie ? Pourquoi ?
 2 Observez les images. Qu'est-ce que Marie a fait pendant l'été ?
 3 Écrivez une phrase pour chaque image.
 4 Réfléchissez. Quelles sont les formules utilisées pour accepter et/ou refuser une invitation ?
 5 Est-ce que Marie va accepter ou refuser l'invitation de Nathalie ? Faut-il donner une explication quand on refuse ?
 6 N'oubliez pas les formules de salutation au début et à la fin du mél.

Exp:	nath@yahoo.fr	CC:	
Dest.:	marieF@club-internet.fr	CM:	
Objet:	week-end à Toulouse		

Message:
Ma chère Marie,
Je suis rentrée de Finlande il y a un mois. Je t'ai appelée plusieurs fois mais tu n'étais jamais chez toi. Comment vas-tu ? Qu'est-ce que tu deviens ? Finalement qu'est-ce que tu as fait cet été ? Pour le pont du 11 novembre, je vais chez ma tante Léonie à Toulouse. Si on y allait ensemble… Tante Léonie me demande toujours de tes nouvelles, elle serait ravie de te revoir. Tu me raconterais tes vacances et moi je t'expliquerais comment s'est passé mon séjour en Finlande. J'ai des photos extraordinaires !
Allez, dis-moi que tu vas venir…
Gros bisous
Nathalie

Unité 2

EN TOURNÉE

Contrat d'apprentissage

■ communicatif

– dire ce qui plaît, ce qui déplaît

– reprocher quelque chose à quelqu'un

– exprimer son enthousiasme, sa déception

– exprimer un résultat, une conséquence

– donner une réponse neutre

– changer de sujet de conversation

■ linguistique

– l'expression des sentiments avec le subjonctif (affectivité)

– les pronoms relatifs (révision)

– *ce qui*, *ce que*

– la mise en relief avec *c'est... qui*, *c'est... que*

– les comparatifs et superlatifs

– les adverbes en *-ment*

– les suffixes *-ible* et *-able*

■ interculturel

– les Français sont-ils individualistes ?

– les festivals en France

On ne trouve pas toujours tout de suite un endroit pour dormir, même avec l'aide de la ville. Le public aime ou n'aime pas le spectacle... La vie d'artiste en tournée n'est pas facile tous les jours, mais elle a aussi ses bons côtés.

À l'entrée d'un cinéma, le public fait la queue. Les personnes qui attendent regardent les affiches. Elles parlent des films, de ce qui leur a plu ou déplu, elles discutent du profil des acteurs, etc. Imaginez ce qu'elles disent.

– Ah oui ! dans… ! Quel acteur ! Le rôle lui allait vraiment bien…

– Des actrices comme Brigitte Bardot ? Mais il n'y en a plus ! Elle était à la fois…

– La semaine dernière, je suis allé(e) voir…

– Je trouve qu'au cinéma Depardieu est bien meilleur/moins bon qu'au théâtre.

– J'avais lu le roman, et le film m'a semblé…

– J'espère qu'on ne sera pas trop près de l'écran.

– Ah, il faut absolument que vous voyiez ce film !

trente

Unité 2

TEST :
QUEL TYPE D'ACTEUR ÊTES-VOUS ?

1 On vous propose un rôle d'acteur.
Vous acceptez si c'est :
a ❑ un film policier
b ❑ un film de science-fiction
c ❑ une comédie
d ❑ un drame

2 Vous vous sentirez à l'aise si l'action a lieu :
a ❑ dans la nature, par exemple dans une forêt ou au bord d'un lac
b ❑ dans un bureau ou une bibliothèque
c ❑ dans un aéroport
d ❑ sur une scène de music-hall

3 Dans quel rôle pensez-vous pouvoir être meilleur acteur ?
a ❑ un détective
b ❑ un marin
c ❑ un artiste peintre
d ❑ un clown

4 Vous pensez que le rôle vous conviendra surtout si vous devez :
a ❑ faire rire
b ❑ sauter d'un train en marche
c ❑ argumenter comme un avocat
d ❑ faire rêver

5 Dans un film, sur le fond sonore qui accompagne vos scènes préférées, vous aimez reconnaître :
a ❑ le violon
b ❑ la trompette
c ❑ le tambour
d ❑ le triangle

❶ Regardez les quatre photos. Connaissez-vous les acteurs ou actrices ? Les avez-vous vus jouer dans un film ?

❷ Écoutez l'enregistrement. À quel acteur correspond chaque présentation ?

	J. Reno	A. Jaoui	J. Binoche	J.-P. Belmondo
Enregistrement				

❸ Les acteurs peuvent jouer des rôles très différents, mais on peut distinguer quatre types principaux, selon que leur profil est plutôt :
1 comique et fantaisiste ;
2 casse-cou et aventurier ;
3 cérébral et raisonneur ;
4 romantique et passionné.
Trouvez le type de profil des acteurs/actrices ci-dessus.

❹ Et vous, quel type d'acteur ou d'actrice pensez-vous être ? Pour préciser votre profil, **réalisez** le test ci-contre (une réponse par question).

❺ Comptez le nombre de réponses par colonne. Est-ce que le résultat correspond à ce que vous imaginiez ?
Comparez avec votre voisin(e).

Question	Romantique passionné	Cérébral raisonneur	Casse-cou aventurier	Comique fantaisiste
1	d	b	a	c
2	a	b	c	d
3	c	a	b	d
4	d	c	b	a
5	a	d	c	b
Nombre de réponses	…	…	…	…

trente et un

A J'ai bien peur que vous ne trouviez rien...

1. **Faites des hypothèses avant d'écouter le dialogue.**
   Le groupe *À propos* vient d'arriver à Saint-Malo.
   Julie va tout de suite à la Maison des associations.
   1. Pourquoi Julie va-t-elle à la Maison des associations ?
   2. Lisez les réponses de l'employé. Imaginez les répliques de Julie.

2. **Écoutez le dialogue. Comparez les questions de Julie avec celles que vous avez imaginées.** ....

3. **L'employé a téléphoné au foyer et au centre de vacances. Imaginez les deux dialogues, puis jouez-les devant la classe.** ....

4. **Réfléchissez.**
   1. Repérez les phrases avec un verbe au subjonctif.
   2. Relevez les expressions qui précèdent ces verbes. Qu'est-ce qu'elles expriment ?

B Qu'est-ce qu'ils jouent bien !

1. **Écoutez l'enregistrement réalisé pendant le spectacle. Retrouvez les réactions des gens. Comment est-ce qu'ils les expriment ?** ....

2. **Réécoutez l'enregistrement. Prenez des notes et classez les réactions du public en deux catégories : enthousiasme et déception.** ....

3.

JULIE : _____

L'EMPLOYÉ : Oui, c'est pour quoi ?

JULIE : _____

L'EMPLOYÉ : Ah oui, asseyez-vous. Je prends votre dossier... Voilà. Voyons, tout semble complet.

JULIE : _____

L'EMPLOYÉ : C'est réglé : il est prévu que vous logiez au foyer des jeunes travailleurs. Cinq personnes, pendant une semaine.

JULIE : _____

L'EMPLOYÉ : Est-ce que vous nous avez communiqué ce changement ?

JULIE : _____

L'EMPLOYÉ : Je m'étonne qu'il n'y ait rien dans votre dossier. De toute façon, la subvention ne change pas.

JULIE : _____

L'EMPLOYÉ : Ah ça, c'est un autre problème. Je crains qu'il n'y ait plus de places au foyer, et j'ai peur que vous ne trouviez rien d'autre.

JULIE : _____

L'EMPLOYÉ : Attendez. D'abord, je vais téléphoner au foyer. Avec un peu de chance, peut-être que quelqu'un n'a pas pu venir et qu'il reste une place. Je reviens tout de suite...

JULIE : _____

L'EMPLOYÉ : Désolé, le foyer est complet, mais vous avez quand même de la chance. Il y a une chambre libre au centre de vacances. Je regrette que vous ne soyez pas ensemble...

JULIE : _____

L'EMPLOYÉ : Non, non, c'est juste en face.

JULIE : _____

- C'était formidable. Je suis vraiment contente de ma soirée.
- Sincèrement, je n'en sais rien, c'est encore trop tôt. Mais je crois que ça m'a plu. Oui, finalement, ça m'a bien plu.
- Ennuyeux, c'était franchement ennuyeux.
- C'est à vous dégoûter de la musique classique : jouer Mozart dans la rue, est-ce que c'est vraiment souhaitable ?
- Difficile à dire : ce que j'ai bien aimé, c'est la musique.
- Ils étaient tous aussi mauvais les uns que les autres.
- C'était quelconque, sauf la fille qui jouait du violon.

- Bof ! Qu'est-ce qu'on peut dire d'une troupe que personne ne connaît, dont personne ne parle ?
- Les sketches sont ridicules, et je déteste la musique classique, alors... !
- Ce qui m'a plu... profondément touché, c'est la musique. Surtout la violoniste. C'est une excellente musicienne !
- J'ai trouvé ça extraordinaire !
- Je suis déçu, je m'attendais à autre chose.
- C'est incroyable ! De la musique classique dans la rue !

Unité 2

❸ Lisez et écoutez les impressions du public qui répond à un journaliste. Quelles expressions de l'enregistrement précédent retrouvez-vous ici ? Complétez vos deux listes. ....

❹ Relisez le texte. Décrivez le spectacle à partir des impressions du public. Travaillez par groupes de deux, puis comparez.

❺ Repérez les pronoms relatifs et retrouvez le nom qu'ils remplacent.
Réfléchissez. Quelle construction utilise-t-on quand ils ne remplacent pas un nom précis ?

⬛C On ne va pas se disputer pour ça !

❶ Écoutez l'enregistrement et répondez. ....
 1 Combien de personnes parlent ?
 2 Toutes les personnes sont-elles arrivées à l'heure ?
 3 Qui est arrivé en dernier ?
 4 Pourquoi la place à côté de l'homme est-elle libre ?
 5 De quel type de spectacle s'agit-il ? Justifiez votre réponse.

❷ Lisez le texte. Donnez le nom de la personne qui parle pour chaque réplique. Puis réécoutez l'enregistrement. Est-ce que vous trouvez le comportement de Valérie et de Simon correct ou incorrect ? Pourquoi ? ....

❸ Choisissez dans la liste suivante les trois adjectifs qui caractérisent le mieux chacune des quatre personnes. Expliquez votre choix.

Affectueux.	Aimable.	Gentil.	Râleur.
Conciliant.	Passif.	Poli.	Violent.
Optimiste.	Timide.	Coléreux.	Tolérant.
Sympathique.	Calme.	Obéissant.	Dynamique.

❹ Réfléchissez. À quoi servent les expressions *c'est toi que, c'est toi qui, c'est moi qui* dans ces répliques ? Comment s'accorde le verbe qui suit ?
 1 Simon ! C'est toi que je cherchais.
 2 Et, en plus, c'est moi qui ai mauvais caractère !
 3 C'est bien toi qui me critiques !

— Valérie ! hé ! Valérie !
— Ah ! Simon ! C'est toi que je cherchais, ça va ?
— Oui, et toi ?
— Ça va. Monsieur... cette place est libre ?
— Oui, oui.
— Vous pourriez vous décaler d'une place, s'il vous plaît ?
— Avec la personne qui est devant, je ne vais rien voir. Mais, regardez, il y a encore des places devant.
— C'est bon... On va bien trouver deux places. Tu viens, Simon ?
Simon se lève et suit Valérie.
— Il y a quand même des gens sans gêne !
— C'est vrai, mais on n'a pas été très gentils. Je pouvais laisser la place pour qu'ils soient ensemble.
— Et puis quoi encore ! Je ne vais pas m'asseoir derrière quelqu'un qui me cache la moitié de l'écran parce que cette petite arrive au dernier moment !
— Calme-toi. Je ne te reproche rien.
— Il ne manquerait plus que ça ! Tu ne vas pas la défendre, non ?
— Tu exagères !... Qu'est-ce que tu peux être susceptible !
— C'est ça, en plus, c'est moi qui ai mauvais caractère !
— Tu sais très bien ce que je veux dire !
— Mais c'est bien toi qui me critiques !
— Jacques, s'il te plaît, ne te fâche pas, cette histoire de place est vraiment trop bête.
— Tu as raison, Agnès. On ne va pas se disputer pour ça. Excuse-moi, mais je suis un peu nerveux en ce moment.
— Regarde, ça commence. Ça va te changer les idées...

❺ Imaginez la situation et jouez la scène à deux.
Dans un parking, un automobiliste prend la place que vous vouliez. Imaginez le dialogue entre vous et la personne qui vous accompagne. ....

AGIR - RÉAGIR

D Les enfants de Molière

1 Avant de commencer, notez dix mots ou expressions que vous associez au domaine des spectacles et du théâtre en particulier.

2 Regardez le document. Expliquez ce qui permet d'affirmer qu'il s'agit d'un article de presse (la présentation, les contenus, etc.).

3 Relevez dans l'article les mots et expressions que vous avez notés dans l'exercice 1 pour les spectacles et le théâtre. Comparez avec les propositions des autres étudiants.
Créez un lexique du domaine du théâtre : distinguez les noms, les adjectifs et les verbes. Travaillez en groupes.

4 Souvent les articles de presse commencent par un petit texte d'introduction, le chapeau, qui doit résumer l'article et donner envie de le lire.
Lisez le chapeau de cet article. Est-ce qu'il répond à ces deux demandes ? Justifiez votre réponse.

5 Le chapeau parle des membres de la troupe, de l'itinéraire de leur tournée et d'*une France qu'ils n'imaginaient pas*. Relevez dans l'article les informations qui correspondent à ces trois points.

6 Relevez dans le texte les éléments qui justifient son titre. Proposez un autre titre.

7 Retrouvez (ou imaginez) les questions que le journaliste a posées aux *enfants de Molière* pour écrire son article.

Quand les enfants de Molière battent la campagne...

Ils sont jeunes, ils aiment l'aventure, le théâtre est leur passion. Une tournée de trois mois les a conduits des Flandres à la Camargue pour leur faire découvrir une France qu'ils n'imaginaient pas.

Leur aventure a commencé le 10 septembre à Dunkerque. Depuis, ils ont fait plus de 1 400 kilomètres à pied, traversé 9 régions et 14 départements, ils ont joué leur spectacle 55 fois, le plus souvent dans des villages où ils ont rencontré une France qu'ils n'imaginaient pas.

Ils avaient fait leur première expérience de théâtre nomade il y a trois ans. À la recherche du théâtre de proximité, ils avaient eu l'idée de voyager à pied, comme à l'époque du grand Molière. C'est pour cela qu'ils avaient choisi l'itinéraire d'un pèlerin de Saint-Jacques-de-Compostelle. Depuis ce premier voyage, ils rêvaient de repartir, de rencontrer des gens qui ne connaissent pas le théâtre et les festivals et de jouer pour eux, loin des critiques et des médias.

C'est ainsi qu'ils ont découvert des paysages, des villages, et surtout des gens dont ils ne savaient rien : l'envers du décor, le contraire de la ville, la civilisation de l'échange et de la générosité simple et vraie.

Les anecdotes ne manquent pas. Ils n'oublieront pas ce gamin du Pas-de-Calais qui les a suivis pendant leur parade dans les rues du village, qui a bu leurs paroles pendant une représentation à l'école et qui s'est enthousiasmé au moment du spectacle : il sera comédien ! Ou cette vieille dame des Ardennes qui voyait une pièce de théâtre pour la première fois de sa vie. Ou encore, cet instituteur qui leur a envoyé des poèmes en poste restante aux différentes étapes de leur tournée et qui est venu les rejoindre pour quelques jours en Auvergne ! Ils se souviendront de tous ceux qui les ont aidés ou séduits, comme ce fou de théâtre qui avait aménagé une salle de 100 places dans un village de 60 habitants...

D'après L'Événement du jeudi, 2-8 décembre 1999.

Unité 2

Grammaire

Le subjonctif

1 **Souvenez-vous !**

1 Donnez la conjugaison des verbes *être* et *avoir* au subjonctif.

2 Quelles sont les terminaisons de tous les autres verbes au subjonctif ?

3 Sur quel radical se conjugue généralement le subjonctif ?

4 Le subjonctif est obligatoire après certaines expressions. Citez-en deux.

2 **Complétez la partie 1a de la fiche** `G5` **.**

3 **Choisissez la forme verbale qui convient.**

Il y a trois raisons qui m'ont poussé à donner des concerts dans le sud de la France cette année. D'abord, je suis heureux (de pouvoir – que je puisse) fêter l'an 2000. Ensuite, mes fans regrettaient (de ne plus me produire – que je ne me produise plus) lors de grands concerts comme je le faisais au début. Et, enfin, je n'ai pas envie (d'arrêter – que j'arrête) de chanter. Mais je voudrais aussi (faire – que je fasse) autre chose ; et, justement, le réalisateur Luc Besson m'a demandé de jouer dans son prochain film. Je suis surpris (de me choisir – qu'il me choisisse) et je suis content (de pouvoir – que je puisse) faire du cinéma.

Les emplois du subjonctif (1)

Après la plupart des verbes qui expriment une appréciation, un jugement subjectif ou un sentiment, le verbe de la subordonnée se met soit à l'infinitif, soit au subjonctif. C'est le cas après les expressions et les verbes suivants :

être content de/que	*s'étonner de/que*	*craindre de/que*	*avoir peur de/que*
avoir honte de/que	*avoir envie de/que*	*ne pas supporter de/que*	*trouver* + adjectif *de/que*

Je m'étonne qu'il n'y ait rien dans votre dossier.
Je m'étonne de ne pas trouver votre lettre dans votre dossier.
L'emploi de l'infinitif est obligatoire quand les deux propositions ont le même sujet.

Mémento : § F2d

Les pronoms relatifs

4 **Remplacez les expressions suivantes par des propositions relatives du document B de la partie *Agir-réagir.***

Une troupe inintéressante.

▶ *Une troupe dont personne ne parle.*

1 La fille violoniste.

2 Une troupe inconnue.

5 **Dans la proposition relative, quelle est la forme du pronom relatif :**

1 sujet du verbe ;

2 complément d'objet direct (COD) du verbe ;

3 complément du verbe ou du nom (normalement introduit par *de*) ;

4 complément de lieu ou de temps.

Grammaire

Ce qui, ce que

6 Observez les exemples et complétez la règle.

1 La partie du spectacle qui m'a plu, c'est la musique.

▶ *Ce qui* m'a plu, c'est la musique.

2 La partie du spectacle que j'ai préférée, c'est la musique.

▶ *Ce que* j'ai préféré, c'est la musique.

> **Ce qui, ce que**   **G3**
>
> Quand le pronom relatif ne remplace pas un nom précis, on emploie les formules … et … .
> Qui est … du verbe de la relative, que est … du verbe de la relative.
>
> *Mémento : § E6b*

La mise en relief avec *c'est… qui, c'est… que*

9 Comparez les trois énoncés. Lequel est le plus neutre ? Quel est l'élément mis en relief dans chacun des deux autres ?

1 C'est toi que je cherchais.

2 Je te cherchais.

3 C'est moi qui te cherchais.

10 Lisez les énoncés suivants et retrouvez l'expression neutre.

C'est Julie qui est allée à la Maison des associations.

▶ **Julie est allée à la Maison des associations.**

1 C'est lui qui a réservé ces deux places.

2 C'est à vous que je voudrais parler.

3 C'est à Saint-Malo que nous serons le 14 juillet.

11 Complétez la règle.

> **La mise en relief avec**   **G4**
> **c'est… qui, c'est… que**
>
> Pour mettre le sujet d'une phrase en relief, on peut utiliser la construction … . Dans ce cas, le verbe s'accorde avec le nom ou le … mis en relief.
> Pour mettre un autre élément de la phrase en relief, on peut utiliser la construction … .
>
> *Mémento : § A1*

---

7 Complétez les deux premières parties de la fiche **G3** .

8 Complétez avec les pronoms relatifs *qui, que, dont, où, ce qui* ou *ce que*.

1 C'est une pièce … les critiques ont parlé mais … a reçu un mauvais accueil de la part du public, … ne m'étonne pas.

2 Je suis allée à Cannes, au moment … le festival avait lieu. Le jury a récompensé des œuvres … sont originales et … les réalisateurs n'étaient pas très connus.

3 … nous retiendrons de ce film, ce sont les paysages merveilleux et ce peuple si courageux, … vit au milieu des montagnes, dans un lieu … le climat est si difficile.

> **Remarques sur *c'est… qui, c'est… que***
>
> Dans la mise en relief avec *c'est… qui/que*, les pronoms toniques remplacent les pronoms sujets ou les pronoms objets.
> *Je le verrai pendant l'entracte.*
> ▶ *C'est lui que je verrai pendant l'entracte.*
> Si c'est un COI, le pronom est précédé de à ou de.
> *Je te téléphone après la séance.*
> ▶ *C'est à toi que je téléphone après la séance.*
>
> *Mémento : § A1*

---

12 Complétez la fiche **G4** .

13 Transformez les énoncés suivants pour mettre en relief les expressions soulignées.

1 <u>Hier</u>, Julie est allée à la Maison des associations.

2 Hier, <u>Julie</u> est allée à la Maison des associations.

3 Hier, Julie est allée <u>à la Maison des associations</u>.

4 Elle voulait <u>nous</u> parler après le spectacle.

La comparaison

On distingue le **comparatif** (quand on compare deux éléments) et le **superlatif** (quand on choisit un élément dans un ensemble).
La comparaison peut concerner des noms, des verbes, des adjectifs et des adverbes.

14 **Complétez les exemples suivants avec les formes *aussi, autant, moins, plus, le/la moins, le/la plus, mieux, meilleur*.**

LE COMPARATIF

(= égalité, + supériorité, - infériorité)

■ de l'adjectif

= *Ils sont … mauvais les uns que les autres.*

+ *C'était … drôle que ce qu'on voit habituellement.*

- *Les comédiens étaient … bons que les musiciens.*

■ du nom

= *Les enfants de Molière ont gagné … d'argent que la troupe de Nina.*

+ *Ils ont fait … de répétitions.*

- *Ils ont présenté … de spectacles.*

■ du verbe

= *Les comédiens travaillent … pendant les vacances que pendant l'année.*

+ *Jérôme et Nina travaillent … que Hacène,*

- *mais … que Julie et Philippe.*

■ de l'adverbe

= *Hacène et Philippe jouent … bien l'un que l'autre.*

+ *Julie joue … que Jérôme,*

- *mais … bien que Nina.*

! Au comparatif de supériorité, *bon* donne *meilleur*, *bien* donne *mieux*.

Le superlatif
Pour former le superlatif, on place l'article défini le, la, les devant la forme correspondante du comparatif :
Nina est plus jeune que Julie.
➡ *C'est elle la plus jeune de la troupe.*

LE SUPERLATIF

■ de l'adjectif

+ *Nina est la … jeune musicienne de la troupe. C'est aussi la … (adjectif bon).*

- *Philippe est le comédien le … bon de la troupe.*

■ du nom

+ *C'est pendant l'été que Nina a gagné … d'argent.*

- *C'est à Rennes qu'elle a eu … de succès.*

■ du verbe

+ *C'est Julie qui travaille le … .*

- *Mais c'est elle qui gagne le … .*

■ de l'adverbe

+ *Ils ont joué … longtemps à Avignon.*

- *C'est à pied qu'on voyage … vite.*

! Au superlatif positif, *bon* donne *le meilleur*, *bien* donne *le mieux*.

15 **Complétez le texte avec les comparatifs et les superlatifs qui conviennent.**

Cette année, je suis restée … (–) longtemps à Avignon et j'ai pu voir … (–) pièces … d'habitude mais c'était quand même formidable ! La pièce de Molière était … (+) intéressante … prévu mais les acteurs étaient … (–) bons … je ne pensais. Ce qui m'a plu … (+), c'est les spectacles de rue. Chaque année, je trouve qu'ils sont … (+ bons) et … (+) nombreux. La … (+ bonne) pièce était jouée au palais des Papes comme toujours et il y avait … (=) monde chaque soir. Finalement, les pièces classiques ne sont pas toujours celles qui marchent … (–) !

S'EXPRIMER

Les adverbes en *-ment*

Pour former des adverbes qui expriment la manière ou l'opinion, on ajoute le suffixe *-ment* au féminin de l'adjectif.

① Retrouvez, dans le document B d'*Agir-réagir* les adverbes correspondant à ces adjectifs.
Sûrement ▶ sûre (sûr).
1 Sincère. 2 Final. 3 Franc. 4 Profond.

② Complétez la partie 1 de la fiche **V3** .

③ Transformez les adjectifs entre parenthèses en adverbes.
La fête de la Musique est devenue un événement non (seul) européen mais (égal) international. Elle est (actuel) présente dans plus de cent pays. Les spectateurs peuvent assister (gratuit) aux manifestations.

Formation des mots

Les suffixes *-ible* et *-able*

Les suffixes *-ible* et *-able* servent à former des adjectifs à partir d'un verbe. Ils donnent à l'adjectif le sens de *qui peut être* + participe passé du verbe :
jouer ▶ *jouable* = qui peut être joué.

④ Sur quels verbes sont formés les adjectifs suivants (document B d'*Agir-réagir*) ? Quel est le sens de ces adjectifs ?
1 Souhaitable. 2 Incroyable.

⑤ Complétez la partie 2 de la fiche **V3** .

⑥ Trouvez un adjectif en *-able* ou en *-ible* pour définir :
1 une situation qu'on ne peut pas éviter ;
2 un projet qui peut être réalisé ;
3 un bruit qu'on ne peut pas supporter ;
4 une écriture qu'on ne peut pas lire.

Phonétique

L'exclamation : enthousiasme ou déception

① Écoutez sans répéter et suivez du doigt la courbe intonative.

a Enthousiasme 　　b Déception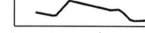

1 a Quel spectacle alors !　　　　　b Quel spectacle alors !
2 a Absolument magnifique !　　　　b Absolument nul !
3 a C'était vraiment extraordinaire !　b C'était vraiment nul !

Réécoutez et répétez phrase par phrase (faites le geste).

② Dites si les phrases enregistrées expriment l'enthousiasme *(intonation a)* ou la déception *(intonation b)*.
1 Quelle soirée, alors !　　　　　　　4 Quel spectacle, alors !
2 Il y a quand même des gens sympathiques !　5 Des sketches incroyables !
3 Et les gens ont applaudi !　　　　　6 De la musique classique en plein air !

Les sons [ʃ] et [ʒ]

③ Écoutez et répétez. Respectez bien l'intonation de chaque modèle.
1 Qu'est-ce qu'elle joue bien ! ➜ [usu], [uʃu], [ʃuʃu], [ɛlʒu], [pjɛn], [bjɛ̃], [kɛskɛlʒu].
2 Il y a des gens sans gêne ! ➜ [uʒu], [ʒɑ̃ʒɑ̃], [ɑ̃ʃɛn], [sɑ̃ʒɛn], [deʒɑ̃], [teʃɑ̃], [deʒɑ̃sɑ̃ʒɛn].
3 Toi alors, tu ne changeras jamais ! ➜ [aʃa], [aʒa], [aʒamɛ], [aʃɑ̃], [tynʃɑ̃], [ʃɑ̃ʒʁa], [tynʃɑ̃ʒʁa], etc.
4 J'ai beaucoup aimé les sketches. ➜ [ɛtʃu], [kɛtʃ], [eskɛt], [leskɛtʃ], [uʒe], [ʒebo], [ʒebokueme], [leskɛtʃ].

Production orale

① À Brest, Philippe s'occupe de l'hébergement. La Maison des associations a aussi oublié Nina. Imaginez la situation. L'employée est nouvelle et ne connaît pas le dossier. Philippe se met en colère.

1 Relisez le document A de la partie *Agir-réagir*.
2 Lisez et complétez les *Outils pour exprimer une conséquence ou un résultat*.
3 À deux, imaginez la scène. Pensez aux gestes correspondants.
4 Jouez la scène. ....

OUTILS POUR...

exprimer une conséquence ou un résultat

– Il pleuvait. Par conséquent, je ne suis pas allé(e) voir le spectacle.
– J'étais en retard, c'est pour cela que je ne t'ai pas attendu(e).
– Les musiciens jouaient très mal, nous sommes donc partis à l'entracte.

POUR...

changer de sujet de conversation

– Ça me fait penser à/que…
– Ça me rappelle…
– Mais dites-moi/Est-il vrai que…/Au fait, …
– J'allais oublier de vous dire que…

② Complétez les *Outils* suivants avec des expressions que vous connaissez déjà.

OUTILS POUR...

exprimer son enthousiasme et sa déception

– J'ai beaucoup d'admiration pour ce musicien.
– Quel talent ! Quelle voix !
– C'est encore mieux/plus beau que je (ne) pensais.
– J'ai trouvé ça très décevant.
– Ça ne m'a pas tellement plu.

OUTILS POUR...

donner une réponse neutre pour ne pas dire ce qu'on pense vraiment

– C'est très délicat./C'est (très) difficile à dire.
– Je suis très partagé(e).
– C'est original/curieux/intéressant…
– Ce serait trop long à vous expliquer.
– Que voulez-vous que je vous dise ?

③ Vous rencontrez des amis qui vont au cinéma. Vous connaissez le film et ils vous demandent votre avis. Vous le donnez (favorable ou défavorable) ou vous ne vous prononcez pas. Imaginez la scène et jouez-la. ....

④ Vous dînez avec des amis. Quelqu'un dit son enthousiasme pour un livre, une autre personne le trouve scandaleux. Pour éviter un conflit, vous intervenez et changez le sujet de la discussion. Imaginez la situation. Utilisez les *Outils pour changer de sujet de conversation*.

1 Formez un groupe de trois. Choisissez un livre (ou un film) que vous connaissez bien.
2 Faites la liste des arguments pour et contre.
3 Jouez une première fois la scène entre vous, puis rejouez-la devant la classe. ....

S'EXPRIMER
Écrit

Critiques

① **Lisez les trois critiques suivantes. Sont-elles positives ou négatives ? Relevez des éléments qui justifient votre réponse.**

② **Dans quelle mesure est-ce que les critiques sur le roman policier et le documentaire vous donnent (ou ne vous donnent pas) envie de lire le livre ou de regarder l'émission ?**

③ **Pour chaque texte, distinguez :**
  1 les informations objectives ;
  2 ce que pense l'auteur.

④ **Choisissez l'un des trois textes. Transformez ou remplacez deux phrases pour lui faire dire le contraire.**

La grande hérésie

C'est Mozart qu'on assassine, Vivaldi livré aux cochons, la fanfare qui prend la place de la symphonie… Tous les grands musiciens vous le diront : la fête de la Musique est une hérésie ! Et pourtant… Et pourtant, dans la cacophonie des mouvements de foules qui redécouvrent chaque année les joies de l'art musical, on rencontre des miracles au coin de la rue.

Car, ce soir-là, il n'y a pas de fausses notes. Pas d'erreur possible : c'est le cœur qui parle.

D'après Laurent Carpentier, *Le Monde*, 19/06/1999.

RAYON POLARS

Une coquille dans le placard
JACQUES VALLET

Emmanuelle, journaliste au *Miroir*, est découverte découpée en morceaux dans un placard de la salle de réunion. Le crime d'un fou ? Ou faut-il suivre la piste des terroristes que la jeune femme observait ? Tempête au journal… Comme un sociologue qui nous ferait découvrir les Indiens de la forêt amazonienne, Jacques Vallet, ancien du journal *Libération,* nous montre un étrange univers : les journalistes d'un grand quotidien, qui jouent avec leur pouvoir et qui continuent à s'entre-tuer quand tout est déjà perdu. On s'y croirait. Un bon roman noir, au suspense extraordinaire, dans une ambiance très parisienne.

Éd. Zulma, 277 p., 9 euros.

D'après *Biba*, avril 2000.

Unité 2

GOÉLANDS, LA MENACE   01 h 00   FR3

*Documentaire français de
Jean-Pierre Carlon*

Le titre promet de montrer un sujet brûlant, et, à la fin du film, on ne sait toujours pas quelle « menace » font courir les goélands marseillais. Ce qui est suggéré ressemble à un scénario d'Alfred Hitchcock : menacés de ne plus trouver à manger avec la fermeture des décharges publiques, les goélands pourraient devenir dangereux et s'attaquer à d'autres espèces animales, peut-être même à des êtres humains. Alors, les goélands affamés menacent-ils Marseille et ses environs ? L'affaire n'est décidément pas très sérieuse, ou mal expliquée.

D'après *Télérama*, 15-21/04/2000.

⑤ **Rédigez un petit texte pour donner votre avis sur un spectacle, une émission de télévision, un film, un CD, un livre…**
  1 Choisissez l'objet de votre critique.
  2 Est-ce que vous voulez faire une critique positive ou négative ?
  3 À qui votre texte s'adresse-t-il : à un forum sur Internet ou au courrier des lecteurs d'un journal ?
  4 Faites une liste des idées dont vous voulez parler.
  5 Faites un plan, puis écrivez le texte en une seule fois.
  6 Relisez-le. Avec votre voisin(e), échangez vos textes. Discutez.
  7 Rédigez votre texte définitif.

⑥ **Vous écrivez à un(e) ami(e) français(e) pour lui raconter la mauvaise expérience suivante.**
  Pendant votre dernier séjour en France, vous avez réservé une table de deux personnes dans votre restaurant préféré pour fêter votre anniversaire avec votre meilleur(e) ami(e). Quand vous arrivez, on vous dit que tout est complet et qu'il n'y a pas de table réservée à votre nom. Finalement, la maison vous propose de prendre l'apéritif au bar et d'attendre qu'une table soit libre.
  1 À deux, imaginez l'histoire.
  2 Faites un plan de la lettre.
  3 Écrivez chacun la lettre de votre côté, puis mettez vos textes en commun pour rédiger la lettre définitive.

Pause-jeux

1 Récréation

➡ **À partir des lettres des mots suivants, trouvez les mots qui correspondent aux définitions.**

Direct ▶ **dicter** = *dire à haute voix pour faire écrire.*

1 Dus ▷ ... = l'Italie s'y trouve par rapport à la France.

2 Poser ▷ ... = enlève la fatigue.

3 Ride ▷ ... = affirmer.

4 Poutre ▷ ... = groupe de comédiens ou d'artistes qui jouent ensemble.

5 Ravi ▷ ... = n'est pas faux.

6 Lues ▷ ... = n'est pas accompagné.

7 Citrique ▷ ... = donne son opinion sur un spectacle.

2 Apprendre à apprendre

➡ **Dans chaque série, tous les mots ont la même terminaison. À partir de quel verbe (séries 1 et 2) ou de quel adjectif (série 3) ont-ils été formés ?**

1 Portable — mangeable — faisable — buvable — inexplicable — remarquable — rechargeable — supportable.

2 Lisible — admissible — accessible — visible — constructible — crédible — indestructible.

3 Tendrement — évidemment — rapidement — fortement — gaiement — publiquement — tristement — gentiment — intelligemment.

3 En toute logique

➡ **Lisez les affirmations suivantes et répondez à la question finale.**

1 Je me promène dans Paris.
On peut me parcourir en bateau
Et quand je quitte la ville
Je m'en vais vers l'ouest
Pour me jeter dans la Manche.
Qui suis-je ?

2 Je suis plus jeune que le Louvre et plus grande que l'Arc de Triomphe. J'habite à côté de la Seine, comme Notre-Dame. Je suis le monument le plus visité de Paris.
Qui suis-je ?

3 Je suis le plus rapide à passer quand on s'amuse et le plus lent quand on s'ennuie.
Qui suis-je ?

4 Projet

➡ **Vous organisez une soirée artistique.**

1 Vous définissez le programme : lecture de textes ou de poèmes (écrits en français ou dans votre langue maternelle), mimes, chansons, imitations, sketches, petits dialogues (qui peuvent être pris dans *Forum*).

2 Rédigez de courts textes de présentation qui pourront être lus au début du spectacle pour introduire les différentes activités prévues.

3 Élaborez un petit programme de présentation et une affiche. N'oubliez pas de prévoir des photos.

4 Rédigez un petit article pour annoncer le spectacle dans un journal local.

5 Noir sur blanc

➡ **Soyez poète. Composez des séries de deux, trois ou quatre vers qui riment entre eux.**

Je ne te reproche rien
Tout ce que tu fais est bien

Elle aime la musique
Elle est très sympathique
C'est mon amie Monique

Un peu de champagne ?
Demande sa compagne
Ah non, pas en montagne
Alors partons à la campagne.

À vous maintenant !

1 Elle vient d'avoir vingt ans

...

2 Un jour à Venise

...

3 Martin ne l'a pas regardée

...

Comportements
Les Français sont-ils individualistes ?

Les Français ont la réputation d'être individualistes. Mais ce n'est pas si simple… D'un côté, ils sont capables de passer une journée de travail avec des collègues à qui ils ne parlent jamais, de prendre le même bus tous les jours avec les mêmes personnes sans jamais leur parler. D'un autre côté, ils sont aussi capables de partager une bouteille de champagne avec des inconnus sur l'avenue des Champs-Élysées pendant le réveillon de la Saint-Sylvestre (nouvel an) ; de sauter, danser et chanter avec d'autres inconnus à la fête de la Musique (21 juin) ou à la Techno-parade (septembre), ou encore de militer ensemble pour les droits des homosexuels (Gay Pride, en juin), pour les droits des salariés (défilés du 1er Mai), ou pour défendre les droits de l'homme ou d'autres causes dans de grandes manifestations.
Les Français se rassemblent pour célébrer des événements parfois organisés, officiels, comme pour les bals du 14 Juillet, d'autres fois spontanés, comme cela a été le cas lors de la victoire de l'équipe de France de football en coupe du monde (12 juillet 1998) et en championnat d'Europe (2 juillet 2000) où plus d'un million de personnes se sont retrouvées sur les Champs-Élysées pour fêter l'événement.
Les Français aiment pouvoir choisir d'être tranquilles ou de se retrouver au centre de la vie politique et sociale. Avoir le choix, c'est sentir que chacun est aussi important que les autres. C'est ça, l'individualisme français.
D'ailleurs, la devise du pays est *Liberté, Égalité, Fraternité*. Ces principes datent de la Déclaration des droits de l'homme et du citoyen de 1793, qui expliquait que la liberté est « le pouvoir de faire tout ce qui ne nuit pas aux droits des autres », que « tous les hommes sont égaux par la nature et devant la loi », d'où le fait que les relations entre les personnes doivent être fraternelles car nous appartenons tous à la même famille humaine.

1 Participez-vous à des manifestations populaires ? Racontez votre dernière expérience.

2 Plus d'un million de Français étaient réunis sur les Champs-Élysées pour fêter le titre de champions d'Europe de l'équipe de France de football en juillet 2000. Un tel rassemblement, pour fêter une victoire sportive, est-il possible dans votre pays ? A-t-il déjà eu lieu ?

🌐 Y a-t-il, chez vous, une personne particulièrement aimée comme Zidane en France ?
En groupes, établissez une liste de cinq noms. Puis comparez. Qui arrive en première position : un/une sportif/sportive ? un(e) homme/femme politique, un(e) chanteur/chanteuse, un mannequin, un savant, un penseur… ?
Pourquoi à votre avis (rôle des médias, importance de ce que cette personne a fait, etc.) ?

Ce n'est pas un homme politique, il ne défend pas spécialement de cause humanitaire. Pourtant Zinedine Zidane, le numéro 10 de l'équipe de France de football, est la personnalité française la plus populaire depuis juillet 2000 (devant l'abbé Pierre, qui se bat depuis cinquante ans pour les pauvres, et Johnny Hallyday, chanteur très populaire).

Zinedine Zidane.

🌐 Est-ce qu'il serait possible, dans votre pays, qu'un joueur de football soit la personne la plus populaire ?

Cadres de vie

Festivals en France

Le calendrier des régions françaises est rempli de festivals, culturels ou populaires, nationaux ou internationaux, très renommés.

Ces festivals attirent beaucoup de visiteurs et d'artistes, et on y découvre souvent de nouveaux talents. Ils réunissent aussi des personnes qui ont les mêmes goûts.

En juillet, c'est le festival de théâtre à Avignon ; la musique populaire et la variété sont à Bourges en avril ; la bande dessinée a sa fête à Angoulême en janvier… La plupart de ces festivals ont lieu l'été et se passent en plein air, comme le festival lyrique d'Orange qui a lieu dans un véritable théâtre antique romain.

Revendiquer sa culture, c'est la montrer aux gens, dire qu'on l'aime, qu'elle témoigne de la richesse et de la diversité des relations humaines.

PARIS JAZZ FESTIVAL

CONCERTS GRATUITS **PARC FLORAL DE PARIS**
6 MAI – 30 JUILLET 2000 SAMEDIS ET DIMANCHES À 16H30
entrée du parc 101 métro : château de vincennes tél : 01 43 43 92 95 www.parcfloraldeparis.com

MAIRIE DE PARIS

24 Février au 30 Mars 2000
BANLIEUES BLEUES

Jazz en Seine Saint Denis
Renseignements 01.49.22.10.10 - http://www.banlieues-bleues.org

Certaines régions françaises, sans réelle attraction touristique, sont peu fréquentées. Créer un festival, c'est mettre de l'animation, c'est une manière d'attirer des visiteurs, mais aussi de créer des emplois, de dynamiser l'économie locale, en plus de diffuser la culture.

Organiser un festival, c'est parfois aussi revendiquer sa culture, son appartenance à une communauté : c'est le cas du festival interceltique de Lorient (Bretagne) qui, chaque année au mois d'août, réunit des Celtes de France, d'Écosse, du pays de Galles, d'Irlande, d'Espagne…

1 Regardez les deux affiches. D'après vous, quels sont les différences et les points communs entre ces deux festivals ?

2 Vous avez certainement entendu parler du festival de Cannes. Dites ce que vous en savez.

3 Faites la liste des festivals cités dans cette page. Quels autres festivals français ou étrangers connaissez-vous ?

4 Identifiez les différentes motivations de créer un festival qui sont citées dans cette page. Trouvez-en d'autres. Justifiez-les.

Cadres de vie
Festivals en France

LE FESTIVAL DES VIEILLES CHARRUES CONFIRME SON SUCCÈS

« C'est un nouveau Woodstock[1] ! » a déclaré un festivalier. Avec 150 000 spectateurs en 1999, le festival musical créé par le journaliste Christian Troadec connaît une progression régulière depuis sa création en 1992. Cette année encore, il a accueilli 100 000 visiteurs, malgré quatre jours de festival seulement contre six l'an dernier : les organisateurs ont voulu éviter une concurrence directe avec Brest 2000[2]. Une réaction logique de bon voisinage, puisque l'idée du festival est née dans l'esprit de Christian Troadec alors qu'il observait, dans le port de Brest, les millions de touristes venus visiter les bateaux. Tout a commencé par des copains qui voulaient faire découvrir leur région, au centre de la Bretagne. Troadec a créé une association : si Brest accueillait les vieux bateaux, alors la campagne, elle, allait accueillir les vieilles charrues[3]. La petite ville de Carhaix n'en croit toujours pas ses yeux ! Ce festival est une chance pour cette région rurale, ignorée des touristes et des Bretons de la côte.

La politique du bas prix, la beauté du site et la qualité de la programmation (mélange de stars du rock, de la variété et de musiciens bretons) ont vite attiré les amateurs. Ici, le spectateur vient autant pour l'ambiance « à la Woodstock » que pour la musique. Christian Troadec a parié sur l'identité bretonne, le métissage culturel, la diversité musicale et il a invité des artistes connus pour leurs prises de position sur tous les sujets (Burning Spear, Sinsemilia, Massive Attack, Ben Harper, Louise Attaque). Le public aime l'esprit de communauté qui règne ici : on refait le monde autour d'un feu de camp, une bière bretonne à la main. On est loin des Eurockéennes de Belfort[4]. Avec seulement 15 millions de francs de budget, les 2 000 bénévoles de l'association des Vieilles Charrues font maintenant pousser de l'or en Bretagne. ■

D'après *Télérama* du 29/07/2000.

1. Lieu du premier grand rassemblement de musique pop en 1969.
2. Grande fête de la mer et rassemblement de vieux bateaux (voiliers).
3. Une charrue sert à labourer (retourner) la terre des champs.
4. Festival européen de rock.

1 Quels éléments du texte permettent de comparer ce festival de musique à Woodstock ?

2 L'auteur de cet article dit qu'*on est loin des Eurockéennes de Belfort*. Imaginez à quoi ressemble ce festival.

🌐 Citez deux ou trois festivals (musique, théâtre, cinéma…) de votre pays. Avez-vous un festival qui ressemble aux Vieilles Charrues, des manifestations qui mettent en valeur des traditions ?

Un festival est une série de spectacles, de rencontres autour d'un art ou d'un artiste, organisée une fois par an. Il existe des festivals de cinéma, de musique (opéra, chanson), de danse, de théâtre…

3 Vous êtes chargé(e) de faire la promotion de votre région. Vous décidez d'organiser un festival. En groupes, vous proposez un projet (lieu, thème du festival, style, dates, invités, communication, budget…).

Point·DELF

DELF unité A2 – Oral
Présentation et défense d'un point de vue

La formation universitaire ou professionnelle du citoyen du XXIe siècle ne peut pas se limiter à celle acquise dans un seul établissement ni même un seul pays. Elle doit être complétée à l'étranger. Qu'en pensez-vous ?

Pour préparer l'épreuve
Avant de faire votre exposé, répondez aux questions suivantes.

1 Quels sont les avantages quand on fait ses études à l'étranger ? Y a-t-il des inconvénients ?

2 Quels sont les problèmes qui pourraient se poser si cette orientation se généralisait ?

3 Imaginez que vous décidiez de finir vos études à l'étranger. Quel pays choisiriez-vous ? Pourquoi ? Trouvez au moins trois raisons pour lesquelles vous avez choisi ce pays.

Mettez en ordre vos idées.

DELF unité A2 – Écrit 1
Identification des intentions et des points de vue exprimés dans un document

1 Lisez les témoignages en bas de la page.

2 Dites quelles sont les opinions favorables au cinéma européen et celles qui sont favorables au cinéma américain. Est-ce qu'il y a des témoignages de gens qui ne choisissent pas entre les deux ?

3 Dites si les affirmations suivantes sont vraies (V) ou fausses (F).
1 Quentin n'aime pas les drames psychologiques.
2 D'après Martin, les films européens sont moins violents que les américains.
3 La publicitaire n'aime pas les films « de machos ».
4 Alice ne voit jamais de films américains.
5 Quand le métallurgiste était enfant, il allait voir des films américains.
6 Le professeur n'aime pas les films américains.
7 Pour Martin Gaujac, souvent, les scénarios américains ne justifient pas leur budget.
8 Quentin Copens aime les films basés sur la vie réelle des gens.

4 À votre tour, rédigez un texte de cent mots environ pour donner votre opinion sur le cinéma européen et/ou le cinéma américain.

• Quentin Copens, 20 ans, étudiant
« Moi, j'aime plutôt le cinéma américain, les films d'action avec des histoires invraisemblables. J'adore les effets spéciaux, les trucages et les courses-poursuites. Pour moi, ce sont des films pour les petits garçons qui sont devenus grands, comme moi. Je trouve que le cinéma européen est un peu trop sérieux. Quand je vais au cinéma, c'est pour m'évader de la réalité, pas pour qu'on me fasse réfléchir. »

• Aline Le Clech, 40 ans, publicitaire
« Je n'apprécie pas le cinéma américain ; en général, il s'agit de films d'action. Je n'aime pas du tout le côté caricatural du héros, présenté comme un être invincible, avec des tas de jolies filles amoureuses de lui. Ce sont des films de machos. Moi, j'aime mieux les histoires vraies ou les adaptations de romans. Le cinéma européen est souvent de meilleure qualité, plus créatif. D'ailleurs, il y a même des reprises de films européens faites par les Américains. »

Christian Delahaye, 60 ans, métallurgiste
« Les seuls films européens que je supporte, ce sont les films policiers. Les autres, on n'y comprend presque jamais rien : il n'y a pas d'action, on y parle beaucoup trop, en un mot, la plupart du temps, c'est ennuyeux, ça donne envie de dormir… Alors que, pour moi, les westerns, les films d'aventures à l'américaine, ça c'est du cinéma comme je l'aime… Et puis, ça me rappelle le ciné de mon enfance et de mon quartier… »

ÊTES-VOUS PLUTÔT POUR LE CINÉMA EUROPÉEN OU AMÉRICAIN ?

• Martin Gaujac, 24 ans, agent de la Poste
« Je vote pour l'Europe. Les Américains ont des budgets incroyables pour leurs films alors que les films nationaux ont un budget beaucoup plus réduit. Les Américains, ils emploient les grands moyens, mais parfois leurs scénarios sont grotesques, trop violents. Les scénarios européens ont souvent ce côté humoristique et satirique qui fait qu'on supporte mieux la vie au quotidien. »

• Alice Ménard 50 ans, professeur
« Il m'est difficile de prendre franchement parti. J'apprécie beaucoup les classiques américains et, d'ailleurs, certains réalisateurs français – je pense en particulier à ceux de la « nouvelle vague » – se sont inspirés du cinéma d'outre-Atlantique… J'aime aussi beaucoup les cinéastes américains « indépendants ». J'apprécie leur esprit critique et leur humour ; et la mise en scène est souvent très bonne.
Mais je me sens quand même plus concernée par les problèmes abordés par le cinéma européen : les relations humaines, le côté "psy" et l'humour. »

Unité 3

PARLONS D'AVENIR

Contrat d'apprentissage

■ **communicatif**

– formuler des hypothèses

– exprimer des besoins, des désirs

– faire des projets

– exprimer des probabilités

– exprimer des craintes

– exprimer la condition

– exprimer la certitude et l'incertitude

– changer et relancer une conversation

– mettre fin à une conversation

■ **linguistique**

– l'expression du doute et de la possibilité avec
  le subjonctif (révision)

– le conditionnel présent (révision)

– le conditionnel passé

– la condition et l'hypothèse avec *si* + présent, futur
  et *si* + imparfait, conditionnel

– le féminin des noms de profession

■ **interculturel**

– les abréviations

– le monde du travail

> **Comment peut-on chercher du travail et se présenter à un entretien à Paris quand on donne tous les soirs un spectacle en Bretagne avec cinq autres artistes ? C'est la question qu'Hacène ne se pose pas...**

PARLONS D'AVENIR
FORUM

Des amis se sont donné rendez-vous. L'un d'eux montre une revue qui publie un sondage réalisé auprès des jeunes Français. Les résultats sont indiqués dans les tableaux ci-dessous. La conversation s'engage. Faites parler les personnages.

– *Fais voir la revue/C'est dans quelle revue ?*
– *On a regroupé les questions et les réponses en trois tableaux : le premier…*
– *Je trouve que les résultats sont représentatifs.*
– *Ce qui me surprend…/Là où je ne suis pas d'accord…*
– *La question où on demande… me semble…*

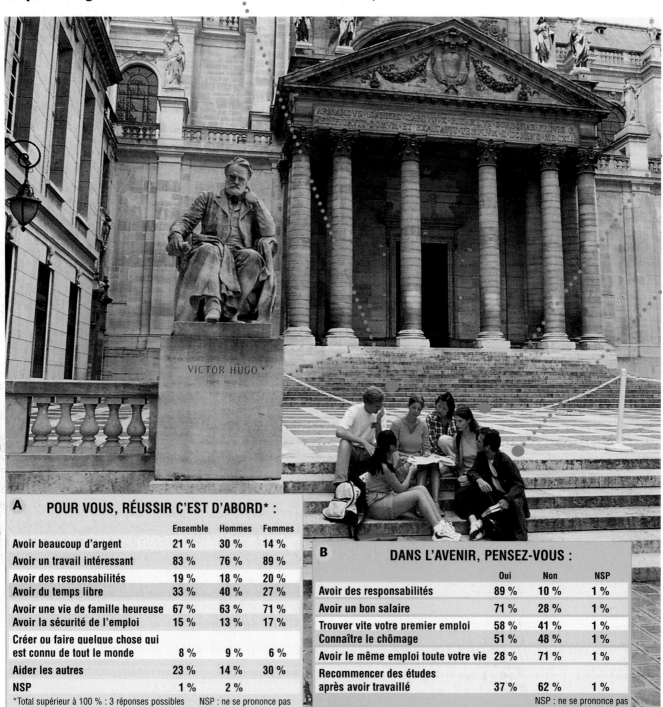

A POUR VOUS, RÉUSSIR C'EST D'ABORD* :

	Ensemble	Hommes	Femmes
Avoir beaucoup d'argent	21 %	30 %	14 %
Avoir un travail intéressant	83 %	76 %	89 %
Avoir des responsabilités	19 %	18 %	20 %
Avoir du temps libre	33 %	40 %	27 %
Avoir une vie de famille heureuse	67 %	63 %	71 %
Avoir la sécurité de l'emploi	15 %	13 %	17 %
Créer ou faire quelque chose qui est connu de tout le monde	8 %	9 %	6 %
Aider les autres	23 %	14 %	30 %
NSP	1 %	2 %	

*Total supérieur à 100 % : 3 réponses possibles   NSP : ne se prononce pas

B DANS L'AVENIR, PENSEZ-VOUS :

	Oui	Non	NSP
Avoir des responsabilités	89 %	10 %	1 %
Avoir un bon salaire	71 %	28 %	1 %
Trouver vite votre premier emploi	58 %	41 %	1 %
Connaître le chômage	51 %	48 %	1 %
Avoir le même emploi toute votre vie	28 %	71 %	1 %
Recommencer des études après avoir travaillé	37 %	62 %	1 %

NSP : ne se prononce pas

1

- ■ *On doit répondre par oui ou par non ?*
- ● *Pas exactement. Pour une des séries de questions, il y a cinq réponses possibles : tout à fait, plutôt, peut-être, pas du tout, je ne sais pas.*
- ▶ *Plutôt, plutôt... c'est plutôt oui ou plutôt non ?*
- ● *Ici, ça veut dire plutôt oui, bien sûr ; plutôt meilleure, quoi...*

2

- ■ *En fait, c'est la partie sur l'idée de réussite qui me semble la plus intéressante.*
- ● *Mais ça ne dit rien sur l'avenir qu'ils pensent avoir...*
- ■ *Au contraire. On voit ce qu'ils aimeraient faire dans la vie si ça dépendait d'eux.*
- ● *Ça ne m'a pas l'air évident...*
- ■ *Mais si ! Si tu penses que réussir c'est avoir une vie de famille heureuse, tu ne vas pas devenir marin ou pilote.*
- ● *Bof... Tout ça, ce serait bien beau si on pouvait choisir... Mais dans la vie...*
- ■ *Justement ! Il faut pouvoir choisir...!*

C	**PAR RAPPORT À VOS PARENTS, PENSEZ-VOUS QUE :**				
	Tout à fait	Plutôt	Peut-être	Pas du tout	NSP
Vous aurez une meilleure situation sociale	22 %	37 %	27 %	13 %	1 %
Vous aurez de meilleures conditions de travail	25 %	29 %	29 %	17 %	
Vous serez plus aisé financièrement	18 %	31 %	32 %	18 %	1 %
Vous serez plus heureux	16 %	49 %	23 %	10 %	2 %
Vous aurez plus de loisirs	39 %	38 %	16 %	7 %	
Vous serez plus libre	26 %	39 %	24 %	11 %	
				NSP : ne se prononce pas	

❶ <u>Lisez</u> les trois tableaux.

1 Quelles sont les réponses plutôt optimistes et celles plutôt pessimistes ?

2 Comparez les réponses des hommes et celles des femmes.

3 Est-ce que les résultats correspondent à l'idée que vous vous faites des jeunes Français ?

4 Comparez vos réponses avec celles de vos voisin(e)s.

 ❷ <u>Lisez</u> les questions, <u>écoutez</u> l'enregistrement et <u>répondez</u>.

1 Il y a combien de personnes qui parlent ? Ce sont des hommes, des femmes ?

2 Comment s'appelle la personne qui a la revue ?

3 Est-ce qu'elle prête sa revue aux autres membres du groupe ? Pourquoi ?

❸ <u>Prenez</u> une revue et <u>jouez</u> la scène.

 ❹ <u>Écoutez</u> et <u>lisez</u> les deux minidialogues. <u>Associez</u> les tableaux et les dialogues.

❺ <u>Relisez</u> le dialogue 1. <u>Associez</u> le tableau et les dialogues.

1 Remplacez les réponses du tableau C par : *plutôt, oui – absolument pas – je ne peux pas vous dire – peut-être – évidemment*. Mettez-les dans l'ordre.

2 Imaginez que les jeunes sont tous pessimistes. Dites, pour chaque item du tableau C, la phrase qu'ils diraient : *je pense que j'aurai... – je pense que je serai...*

❻ <u>Relisez</u> le dialogue 2.

1 Repérez les emplois de *si*. Est-ce qu'ils ont tous la même valeur ?

2 Sur le modèle de la réplique qui commence par *si tu penses que...*, donnez un exemple pour chaque item du tableau A.

3 Remplacez le pronom *ils* par le nom qu'il représente.

❼ À vous de <u>jouer</u> !

1 Répondez au sondage.

2 Comparez vos résultats à ceux de votre voisin(e).

quarante-neuf

A Ça me ferait plaisir

1 Écoutez la conversation téléphonique entre Annick et Philippe. Qui est Annick ? ....

2 Réécoutez le dialogue. Prenez des notes et répondez aux questions suivantes. ....
   1 Depuis quand est-ce que Philippe et Annick se connaissent ?
   2 Est-ce que Philippe a envie de s'installer en Bretagne ? Pourquoi est-ce qu'il ne le fait pas ?
   3 Pourquoi est-ce qu'Annick n'est pas étonnée que Philippe téléphone ?
   4 Qu'est-ce qu'Annick propose pour le dimanche ?
   5 Annick change de sujet de conversation : que dit-elle ?

3 **Philippe parle de l'invitation d'Annick aux autres membres de la troupe. Ils veulent en savoir plus sur Annick et sur le programme de la soirée. Imaginez la situation puis jouez la scène en petits groupes. ....**

B Je dois aller à Paris

1 Écoutez le dialogue. Quelle est l'humeur de Julie au début ? Et à la fin ? Pourquoi ? ...

2 Réécoutez le dialogue, puis répondez aux questions. ....
   1 Pourquoi est-ce que Hacène doit aller à Paris ?
   2 Combien de temps est-ce qu'il sera absent ?
   3 Hacène parle quelles langues ?
   4 Hacène a-t-il parlé de ses projets aux membres de la troupe. Pourquoi ?

HACÈNE : Julie, tu sais, il faut que je te dise... lundi prochain, je dois aller à Paris.

JULIE : Comment ça, tu dois aller à Paris !

HACÈNE : Ben oui, il faut que j'y aille pour... euh...

JULIE : Ah non, Hacène, tu ne peux par partir comme ça maintenant ! Si tu t'en allais, on devrait tout arrêter ! Tu ne vas pas nous faire ça !

HACÈNE : Julie, ne te fâche pas. On me convoque pour un entretien... C'est tout.

JULIE : Pour un entretien ? Tu arrêtes tes études ?

HACÈNE : Bien sûr que non, mais il faut absolument que je trouve un boulot. J'aurais mauvaise conscience si je demandais à mes parents de tout payer.

JULIE : Et c'est quoi, le boulot que tu as trouvé ?

HACÈNE : Du classement dans une bibliothèque, mais rien n'est encore sûr... En principe, c'est un travail à mi-temps, au service documentation. Comme je parle anglais, arabe et espagnol, je crois que j'ai mes chances...

JULIE : Tu aurais pu nous le dire... !

HACÈNE : Oui, mais c'est difficile... et, si je vous l'avais dit, vous n'auriez pas arrêté de me poser des questions.

JULIE : C'est sûr. Quand est-ce que tu as posé ta candidature ?

HACÈNE : Oh, il y a quelques semaines. J'ai envoyé mon CV et une lettre de motivation.

JULIE : Et comment tu vas faire lundi ? Tu fais l'aller-retour dans la journée ?

HACÈNE : Bien sûr, avec le TGV, ce n'est pas un problème. On met à peine deux heures d'ici à Paris.

JULIE : Et il est à quelle heure ton entretien ?

HACÈNE : À dix heures...

JULIE : Qu'est-ce que tu aurais fait si on t'avait convoqué en fin d'après-midi ?

HACÈNE : J'y serais allé, tiens.

JULIE : Et tu nous aurais laissé tomber ! Mais, bon, j'aurais fait la même chose. Bonne chance, Hacène !

3 Lisez le texte du dialogue. Relevez les deux répliques où Julie fait des reproches à Hacène. Réfléchissez. Le verbe est au conditionnel passé. Comment ce temps est-il formé ?

4 Imaginez ce qui pourrait se passer si Hacène n'arrivait pas à l'heure pour le spectacle.
▶ *Si Hacène n'arrivait pas à l'heure lundi soir, le spectacle se ferait sans lui, le spectacle...*

C Annonces

1 Regardez les petites annonces ci-dessous. À qui s'adressent-elles ?

2 D'après ce que vous avez appris dans le dialogue B, imaginez à quelle petite annonce Hacène a répondu. Faites des hypothèses : pourquoi est-ce que l'annonce intéresse Hacène ? Est-ce qu'il pourrait espérer trouver quelque chose de mieux avec sa formation ? Pourquoi ?

3 Lisez les différentes annonces et notez les mots ou expressions utiles pour comprendre les offres d'emploi. Classez-les : distinguez ce qui concerne :
1 la personnalité des candidats ;
2 leurs connaissances ;
3 le travail proposé, le salaire.

4 Les annonces ci-dessous proposent des stages et des emplois à des jeunes gens. Retrouvez dans le texte le nom des professions suivantes quand des femmes les exercent.
Un directeur ▶ ***une directrice.***
1 Un assistant.
2 Un étudiant.
3 Un hôte.
4 Un employé.

– OFFRES STAGES ET JOBS – OFFRES STAGES ET JOBS –

■ 75 Paris. Stage d'assistant(e) administratif/administrative. Mission : assister le contrôleur de gestion dans la comptabilité, le secrétariat et tout travail administratif. Profil : étudiant(e) en gestion, secrétariat, comptabilité. Entreprise : société de marketing direct et communication. Période : toute l'année. Durée : trois à six mois. Rémunération : convention de stage, tickets restaurant, prime selon profil. Réf. S0852104.

■ 62 Boulogne-sur-Mer. Stage d'hôte(sse) d'accueil polyvalent. Mission : accueillir, informer, animer une exposition, orienter et guider les visiteurs. Profil dynamique, anglais parlé. Entreprise : centre qui sensibilise les visiteurs à la gestion de la mer, ses ressources et ses richesses (exposition spectacle de 15 000 m²). Période : juin à août. Durée : deux semaines à deux mois (ou plus). Rémunération : selon convention de stage. Réf. S0536002.

■ 75 Paris. 40 employé(e)s de bibliothèque. La BPI (Bibliothèque publique d'information) du centre Georges-Pompidou recherche des étudiants pour le rangement de documents et de matériel. Profil : niveau bac, disponibles 15 heures par semaine. Lieu : Paris IVᵉ. Période : dès maintenant, contrat de cinq mois. Rémunération : 8,2 euros l'heure. Contact : adresser CV plus lettre de motivation à BPI centre Pompidou, à l'attention du responsable du recrutement, 25, rue du Renard, 75197 Paris Cedex 04.

D Alors, cet entretien...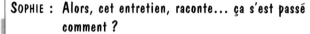

1 Écoutez le dialogue. Est-ce qu'il faut prendre au sérieux tout ce que disent les trois amis ? Justifiez votre réponse. ....

2 Lisez le texte et repérez les expressions *douter que, nier que, croire que.* À quel mode (subjonctif ou indicatif) sont les verbes qui les suivent ? Que se passe-t-il quand ces expressions passent de la forme affirmative à la forme négative ?

3 Réfléchissez. Quelle est la différence entre *si* et *quand* dans les répliques suivantes ?

  1 Et si notre troupe a des problèmes, ce sera toi le responsable !

  2 Quand quelque chose ne va pas, c'est toujours de ma faute.

4 Hacène exprime un regret. Changez les pronoms pour faire de sa phrase un reproche exprimé par Sophie.
J'aurais peut-être dû vous en parler plus tôt.

5 *Ils* désigne qui dans le dialogue ? Imaginez les questions qu'*ils* ont posées à Hacène et les réponses de ce dernier. Jouez la scène en petits groupes. ....

SOPHIE : Alors, cet entretien, raconte... ça s'est passé comment ?

HACÈNE : Ça s'est bien passé.

JÉRÔME : Tu crois qu'ils vont te prendre ?

HACÈNE : Ils vont même me donner un meilleur poste que prévu !

JÉRÔME : Non mais, Hacène, arrête un peu. Je ne crois pas qu'ils puissent te donner un vrai boulot, comme ça, après une demi-heure d'entretien.

HACÈNE : Eh bien, justement si. Ils cherchaient des jeunes qui venaient de passer le bac, alors, quand je leur ai parlé de ma thèse sur Averroès, j'ai commencé à les intéresser. Ils m'ont posé des questions sur ma recherche, mais aussi sur mes loisirs, mon amour du théâtre et du sport. Avoir de bonnes connaissances en philo, parler anglais, espagnol et arabe, c'est assez rare...

SOPHIE : Et tu oublies ta plus grande qualité, Hacène : la modestie.

HACÈNE : Je ne nie pas que j'étais assez fier de moi...

SOPHIE : Dis, c'est bien payé ?

HACÈNE : Pas mal, mais je doute qu'on puisse bien gagner sa vie avec ce genre de travail.

JÉRÔME : Et tu commences quand ?

HACÈNE : Ils voulaient que je commence le plus tôt possible, et même la semaine prochaine, si je veux.

SOPHIE : Hacène, si tu fais ça, ça ira mal ! Et si notre troupe a des problèmes, ce sera toi le responsable !

HACÈNE : C'est ça. Quand quelque chose ne va pas, c'est toujours de ma faute.

SOPHIE : En plus, tu n'as jamais rien dit. Tu nous informes quand tu as déjà tout décidé !

HACÈNE : Oui, j'aurais peut-être dû vous en parler plus tôt, mais bon... De toute façon, je reste avec vous jusqu'en septembre, même si ça vous embête !

SOPHIE : Tu es trop bon avec nous, Hacène.

HACÈNE : Excusez-moi, j'ai encore quelques questions à régler avec Julie. À plus tard !

Grammaire

Les emplois du subjonctif (2)

❶ Dans les énoncés suivants, relevez les verbes des propositions principales et classez-les dans le tableau. Indiquez le mode du verbe dans la subordonnée correspondante.

1 Je ne suis pas sûr qu'il puisse faire l'aller-retour dans la journée.

2 Ils veulent que nous commencions le plus tôt possible.

3 Julie est sûre qu'on va lui donner une bonne place.

5 Je ne nie pas que j'étais fier de moi.

6 Je doute qu'on puisse bien gagner sa vie avec ce travail.

7 Je ne doute pas qu'il est meilleur que moi.

L'emploi du subjonctif **G5**

Verbe principal exprimant :

doute/négation	volonté	certitude
je ne suis pas sûr que + subjonctif	…	Julie est sûre que + indicatif
…	…	…

Mémento : § F2d

---

❷ Complétez les parties 1b et 2 de la fiche G5 .

❸ Complétez le texte à l'aide d'un des verbes suivants : *attendre – être – permettre – travailler.*

Je ne pense pas que ce … un poste très intéressant, mais ils me proposent un contrat à durée indéterminée. Je doute en effet que le salaire … élevé. Mais je sais que je … avec des agences de publicité européennes. Il est donc possible que ce poste me … de trouver le boulot de mes rêves. De toute façon, il faut que je … leur réponse.

L'emploi du subjonctif

• Après la plupart des verbes ou expressions verbales qui expriment le doute, la négation ou la volonté, le verbe de la proposition subordonnée se met au **subjonctif** :
Je doute qu'il ait un entretien.

• Après la plupart des verbes ou expressions verbales exprimant la certitude, le verbe de la proposition subordonnée se met à l'**indicatif** :
C'est certain qu'il aura un entretien.

• Le même verbe peut être suivi de l'indicatif ou du subjonctif selon qu'il est à la forme affirmative ou à la forme négative :
Je ne suis pas sûre qu'il réussisse.
Je suis sûre qu'il réussira.

Mémento : § F2d

---

❹ Mettez le verbe au temps et au mode qui conviennent. Attention ! Certaines formes sont identiques à l'indicatif présent et au subjonctif présent, précisez alors le mode.

Je suis très heureuse que tu (pouvoir) effectuer ton stage chez Loréol et que tu (venir) travailler près de chez nous. Il faut vraiment que tu (réussir) à trouver un petit studio dans le quartier. Je ne nie pas que ce (être) difficile, surtout pendant les vacances. Je regrette que ton arrivée (tomber) en pleine période d'examens. Je trouve essentiel que tu te (reposer) avant ton arrivée et que tu (profiter) au maximum de ce séjour. Je dois aussi te dire que je doute que nous (partir) en vacances comme prévu cet été. Cela nous (laisser) beaucoup de temps pour nous voir ! Mamie.

Grammaire

Le conditionnel présent (révision)

5 **Comment forme-t-on le conditionnel présent ?**

1 Sur quel radical est-ce qu'on forme le conditionnel présent ?

2 Donnez le conditionnel présent des verbes suivants à la 1re personne du singulier.

a Prendre.	**d** Vouloir.	**g** Finir.
b Savoir.	**e** Commencer.	**h** Venir.
c Faire.	**f** Manger.	**i** Prendre.

Le conditionnel passé

7 **Relisez le document B d'*Agir-réagir*, puis complétez la règle.**

<u>FORMATION</u>

On forme le conditionnel passé avec l'auxiliaire … ou … au … présent et le … du verbe.

faire   *Qu'est-ce que tu … à ma place ?*

aller   *J' … dès demain !*

8 **Qu'exprime le conditionnel passé dans les énoncés suivants ?**

<u>EMPLOI</u>

1 Vous auriez pu nous prévenir plus tôt !

2 Si tu m'avais dit l'heure d'arrivée de ton train, je serais allé te chercher à la gare.

3 J'aurais voulu faire du théâtre.

4 Le président de la République aurait invité Philippe et ses amis à sa garden-party.

a Un reproche.

b Des regrets.

c Une conséquence hypothétique.

d Une supposition/une information non confirmée.

6 **Donnez des exemples des emplois suivants du conditionnel présent.**
Faire une suggestion.

▶ ***On pourrait aller au cinéma.***

1 Demander quelque chose poliment.

2 Donner un conseil.

3 Exprimer un désir.

4 Faire une hypothèse.

9 **Préparez par groupe de deux un dialogue. Un(e) ami(e) vient de prendre soudainement la décision de partir en France pendant quelques mois pour apprendre la langue. Jouez le dialogue. ....**

– Il/Elle exprime ses intentions, ses vœux et vous lui demandez des précisions.

– Vous lui donnez quelques conseils, des informations utiles.

– Vous lui reprochez de réagir sur un coup de tête et peut-être de ne pas avoir assez préparé son départ.

– Vous lui exprimez vos regrets de le/la voir quitter si rapidement son pays.

Expression de la condition et de l'hypothèse

10 **Relevez les hypothèses dans les documents B et D d'*Agir-réagir* et classez-les en trois catégories.**

1 Hypothèses qui peuvent se réaliser.

2 Hypothèses impossibles.

3 Hypothèses qui n'ont pas pu se réaliser.

11 **Complétez le tableau de l'emploi des modes et des temps dans la phrase hypothétique.**

12 **Complétez les parties 1 et 2 de la fiche** `G6`.

La condition

	Temps et mode du verbe de la proposition avec *si* (hypothèse, condition)	Temps et mode du verbe de la principale (conséquence, résultat)
L'hypothèse est faite sur le futur		
L'hypothèse est faite sur le présent		
L'hypothèse est faite sur le passé		

Mémento : § I

Formuler une hypothèse

• Dans les **phrases hypothétiques**, on distingue deux parties :

1 une partie qui commence par *si* et qui exprime une **condition** ;

2 une partie qui exprime le résultat qu'on attend, la **conséquence** :

S'il arrivait à temps, on verrait le spectacle.

• Les hypothèses (ou conditions) peuvent être réalisables ou possibles : elles se situent alors dans le futur proche ou lointain.

• Les hypothèses peuvent être impossibles ou seulement imaginées : elles se situent alors dans le présent ou le passé.

Mémento : § I

Remarques sur l'hypothèse

• Dans une phrase hypothétique, *si* n'est jamais suivi du conditionnel (présent ou passé) ou du futur.

• On trouve deux constructions pour l'hypothèse sur le futur :

Si tu t'en allais (lundi), on devrait tout arrêter ! (C'est improbable.)

Si tu fais ça, ça ira mal ! (C'est très probable.)

• On emploie *quand* au lieu de *si* pour exprimer une idée de temps *(au moment où, à chaque fois que)* :

Quand (à chaque fois que) quelque chose ne va pas, c'est toujours moi le responsable.

Mémento : § I

⑬ Conjuguez les verbes entre parenthèses au temps ou mode nécessaire. Il y a parfois plusieurs possibilités.

Si je réussis tous mes examens du premier coup, je (faire) une grande fête.

▶ ***Si je réussis tous mes examens, je fais/ferai une grande fête.***

1 – Et si ma candidature est acceptée, je (prendre) quelques jours de congés avant de commencer !

– S'ils (avoir) besoin de toi immédiatement, comment réagirais-tu ?

– Alors, je (essayer) de négocier.

2 – Si tu devais repasser des examens en septembre, (vouloir)-tu encore partir à l'étranger ?

– Si je (avoir) un seul examen, je (aller) sûrement, mais si j'en avais plus, je (réfléchir).

⑭ Complétez ces notes avec *si* ou *quand*. Parfois, l'emploi des deux conjonctions est possible, précisez-le.

1 Le pot de fin d'année aura lieu dans l'annexe rue Malesherbes. … vous arriverez, il vous suffira d'appuyer sur le bouton « porte » qui fonctionne sans code jusqu'à 19 heures.

… vous êtes en retard, composez le 3218A pour l'ouvrir. … la porte ne s'ouvre toujours pas, appelez-moi sur mon portable.

2 Il nous reste quelques places pour l'excursion de dimanche à Fontainebleau. … vous êtes intéressés, présentez-vous au secrétariat.

… le bureau est fermé, vous pouvez aller à l'accueil. Le programme des excursions et visites est affiché au début de chaque stage. Nous l'enlèverons … il n'y aura plus de place.

S'EXPRIMER

Le féminin des noms de profession

① **Lisez les modèles de transformation suivants et donnez des exemples pour chaque catégorie.**

1 Pour de nombreux noms, il suffit d'ajouter un -e à la forme masculine :
  • sans changement de prononciation :
  Un employé ➜ une employée.
  • avec changement de prononciation :
  Un marchand ➜ une marchande.

2 Dans de nombreux cas, la transformation est plus importante :
  Un cuisinier ➜ une cuisinière.
  Le danseur ➜ la danseuse.
  Un acteur ➜ une actrice.
  Le musicien ➜ la musicienne.

Formation des mots

3 Les noms de profession en -e peuvent être utilisés au masculin ou au féminin :
Un/une intérimaire, un/une stagiaire.

4 Il existe parfois un mot pour chaque genre :
Un roi ➜ une reine.

② **Cherchez dans un dictionnaire la forme féminine des fonctions ou professions suivantes.**

1 Un inspecteur.   **4** Un infirmier.
2 Un médecin.   **5** Un maire.
3 Un policier.   **6** Un député.

③ **Complétez la fiche V4 .**

④ **À votre avis, pourquoi n'y a-t-il pas de forme féminine pour désigner certaines fonctions ou professions exercées par des femmes ? Qu'en pensez-vous ? Donnez des exemples.**

Phonétique

Exprimer une hypothèse (ou une condition) et sa conséquence hypothétique

① **Écoutez et observez les courbes intonatives. Repérez la dernière syllabe de la proposition qui exprime l'hypothèse (ou la condition). Écoutez une deuxième fois et répétez après le signal sonore.**

1 Si Nina ne s'était pas inscrite au Conservatoire, elle n'aurait pas connu Jérôme.   *phrase complète*

2 Si Nina ne s'était pas inscrite au Conservatoire,   *hypothèse*

3   elle n'aurait pas connu Jérôme. *conséquence hypothétique*

② **Écoutez et lisez à haute voix les énoncés suivants.**

1 Si tu t'en allais, on devrait tout arrêter.
2 Si notre troupe a des problèmes, ce sera de ta faute.
3 Si je vous l'avais dit, vous n'auriez pas arrêté de me poser des questions.
4 Si je gagnais beaucoup d'argent, je ferais un grand voyage.

Les voyelles nasales [ɑ̃], [ɔ̃], [œ̃], [ɛ̃]

③ **Écoutez et répétez après le signal sonore. Respectez bien l'intonation.**

1 Et tu commences quand ? ➜ [kan], [kɑ̃], [mɑ̃], [man], [mamɑ̃], [kɔmɑ̃], [ɔmɑ̃], [mɑ̃s kɑ̃], etc.
2 On m'a convoqué(e). ➜ [ɔn], [akɔn], [akɔ̃], [ɔ̃], [ɔ̃ma], [ɔ̃makɔ̃vɔke].
3 Lundi prochain. ➜ [ɛn], [sɛ̃], [ʃɑ̃], [sɛn], [ɔʃɛn], [kʀɔʃɛn], [pʀɔʃɛ̃], [lɑ̃], [lɛ̃], [lœ̃di].
4 Il y a quelqu'un ? ➜ [kœn], [kœ̃], [ɛlkœ̃], [kɛlkœ̃].
5 J'inviterai quelques copains. ➜ [ɔpɛ̃], [kɔpɛn], [kɔpɛ̃], [kɔkɔpɛ̃], [kəkɔpɛ̃], [kɛlkəkɔpɛ̃], [uʃɛ], etc.

Production orale

① **Souvenez-vous.**

1 Comment Annick change-t-elle le cours de la conversation dans le document A d'*Agir-réagir* ?

2 Comment est-ce que Hacène met fin à la conversation dans le document D d'*Agir-réagir* ?

② **Lisez les *Outils* suivants et complétez-les.**

---

mettre fin à la conversation

POUR...

– Oh, excusez-moi, mais j'ai un rendez-vous…
– Il faut que je parte…/On m'attend…
– On pourra en reparler plus tard.

---

changer le cours de la conversation, relancer la conversation

OUTILS POUR...

– Cela n'intéresse peut-être pas tout le monde…
– Je crois qu'on a tout dit sur le sujet.
– Vous savez que… ?
– Est-ce que vous avez lu/vu/entendu dire que… ?

---

③ Avant de rentrer en France, un(e) ami(e) français(e) qui travaille dans votre pays vous invite à un pot d'adieu avec ses collègues. Un(e) des invité(e)s commence à critiquer la politique/le cinéma/la télévision français(e). Un(e) Français(e) répond. Vous essayez de changer le cours de la conversation et de relancer la conversation. ....

Travaillez en petits groupes : imaginez la scène, puis jouez-la. N'oubliez pas de faire des gestes quand vous parlez.

---

exprimer l'incertitude et la certitude

OUTILS POUR...

– Hacène sera engagé, { j'en suis persuadé. / je n'en doute pas.

– Hacène aura peut-être un bon salaire, { mais je n'en suis pas sûr. / mais j'en doute.

---

exprimer la condition

OUTILS POUR...

À condition que + subjonctif
La troupe pourra jouer lundi à condition que Hacène soit à l'heure.
Au cas où + conditionnel
Hacène devra travailler dans un magasin au cas où la bibliothèque ne le prendrait pas.

---

④ **Vous voulez visiter la France à deux pendant les vacances. Vous n'avez pas beaucoup d'argent, mais vous jouez d'un instrument de musique. Vous pensez que le public sera assez généreux…**
Vous exposez votre projet à vos amis. Ils vous donnent des conseils, font des hypothèses sur vos chances. ....

Travaillez en groupes de quatre ou cinq. Imaginez la situation. Faites la liste de ce que vous voulez faire en France et des problèmes qui vont se poser. Relisez les *Outils* des unités 1 à 3.

Le curriculum vitae (CV)

① **Quel est le plan d'un curriculum vitae (CV) dans votre pays ? Qu'est-ce qu'il doit présenter ?**

② **Lisez le CV de Tanya Blondin.**
  1 Quelles sont les différentes rubriques ? Quel est leur contenu ?
  2 Dans quel ordre est-ce que les dates sont données ?
  3 Quel est l'ordre des dates dans votre pays ?

③ **Dans quelle partie du CV est-ce qu'on a le plus de liberté ?**

④ **Rédigez votre CV français.**
  1 Il faut toujours commencer par les données personnelles (nom, adresse…) et terminer par la partie *Divers* ou *Renseignements complémentaires* (non obligatoires), mais on peut choisir l'ordre des autres rubriques.
  2 Avant de rédiger la dernière partie :
    – Faites une liste de ce qui vous semble intéressant.
    – Quelle image donne-t-elle de vous ?
    – Supprimez ce qu'on peut interpréter de manière négative ou formulez-le de manière positive.
  – Vous pouvez aussi supprimer cette partie.
  3 Rédigez votre CV. Échangez-le avec celui de votre voisin(e).
    Comparez ces CV avec celui de Tanya Blondin. Est-ce que vos CV sont complets ? Est-ce qu'ils sont clairs ?
  4 Rédigez la version définitive de votre CV.

Tanya Blondin
13, rue de la Villette
75019 Paris
tél. 01 45 53 67 77 ou 06 03 82 34 55
tanya.blondin@lopat.fr
née le 12 janvier 1976 à Strasbourg (67)
célibataire

EXPÉRIENCE PROFESSIONNELLE
- **depuis octobre 1998**   Secrétaire de direction auprès du directeur technique de la Société SICA, à Poissy (78). Gestion administrative, gestion en toute autonomie des missions, préparation des réunions, accueil clients et partenaires.
- **nov. 1997- sept. 1998**   Secrétaire trilingue (anglais, allemand) au service achat de la société NIFAM, à Mulhouse (68).
- **juillet-sept. 1997**   Stage au service marketing de la société BONO à Vanves (92). Analyse des rapports clients, préparation des missions des directeurs de zone.
- **juillet-sept. 1996**   Stage au secrétariat du service fabrication de l'imprimerie Höhnle, à Stuttgart, Allemagne.
- **juillet-août 1995**   Stage au service Information de Renault, à Flins (78).

FORMATION
- **juin 1997**   BTS (assistante de direction), à Mulhouse.
- **juin 1995**   Baccalauréat (sciences économiques et sociales), à Strasbourg.

LANGUES
- Anglais : lu, écrit et parlé.
- Allemand : lu, écrit et parlé.
- Espagnol : bonnes notions.

RENSEIGNEMENTS COMPLÉMENTAIRES
- Informatique : maîtrise de Word, d'Excel, de Publisher, d'Internet.
- Loisirs : parachutisme, ski, randonnée, photo, brevet national de secourisme.

Tanya Blondin
13, rue de la Villette
75019 Paris
tél. 01 45 53 67 77/06 03 82 34 55
tanya.blondin@lopat.fr

NAT
DRH
14, rue Émile-Zola
69022 Lyon Cedex

Candidature à un poste d'assistante de direction   Paris, le 22 septembre 2000
PJ : CV

Madame, Monsieur,

C'est le catalogue d'un grand musée parisien qui m'a fait découvrir le nom de NAT. Depuis, je l'ai retrouvé de nombreuses fois, lors de voyages à l'étranger, dans des livres d'art ou des ouvrages de photos.

Un stage dans une imprimerie allemande m'a fait découvrir et aimer cette branche. Comme mon CV le montre, mon emploi d'assistante de direction m'a formée à la gestion administrative et habituée au travail en autonomie. Je parle bien anglais et parfaitement l'allemand, y compris dans le domaine de l'imprimerie. Par ailleurs, je maîtrise les outils d'Internet, Word, Publisher et Excel.

J'aimerais obtenir un poste chez NAT correspondant à mon expérience parce que je souhaite pouvoir m'engager et travailler efficacement pour une entreprise qui m'intéresse. Mon emploi actuel, qui me donne beaucoup de satisfaction au plan de l'engagement personnel et des responsabilités, est trop éloigné de mes goûts. De plus, je suis originaire d'une grande ville de province et j'aimerais bien quitter Paris pour Lyon que je connais bien.

Je me tiens à votre entière disposition et je vous prie de croire, Madame, Monsieur, à mes sentiments les plus respectueux.

T Blondin

⑤ **Lisez la lettre de motivation que Tanya adresse à NAT, imprimerie lyonnaise spécialisée dans l'impression de livres d'art.**
  1 Est-ce qu'il s'agit d'une réponse à une petite annonce ou d'une candidature spontanée ?
  2 À votre avis, quelles raisons ont poussé Tanya à demander un poste chez NAT ?

⑥ **Retrouvez les éléments qui composent cette lettre et mettez-les dans l'ordre.**
  1 La signature.
  2 Le destinataire.
  3 La formule de conclusion.
  4 Le chapeau.
  5 L'objet de la lettre.
  6 Le lieu et la date.
  7 Les coordonnées de l'expéditeur.
  8 Le corps de la lettre.

⑦ **Quelles sont les trois parties qui composent le corps de la lettre ? Résumez chaque partie en une phrase.**

⑧ **Repérez la disposition de la lettre. Quelles sont les formules de politesse pour commencer et pour conclure ?**

⑨ **Rédigez à votre tour une lettre pour faire une demande de stage de traduction. Travaillez à deux.**
  1 Lisez l'annonce de stage de traduction.
  2 Notez les raisons de votre choix et vos attentes.
  3 Rédigez en une fois votre lettre de motivation. Inspirez-vous de la lettre de Tanya.
  4 Relisez votre lettre à deux, discutez, puis rédigez la version définitive.

TRADUCTION

06 Nice. Stage de traduction. Mission : traduction d'informations touristiques du français en toutes langues. Profil : étudiants étrangers avec de bonnes connaissances de français. Entreprise : bureau de traduction, service d'interprétariat de conférences. Période : toute l'année. Rémunération : selon niveau.

Tradulingue, 37 rue de Fleurus, 06140 Nice Cedex

Pause-jeux

❶ Récréation

➡ Portrait chinois.

> *Si c'était un pays, ce serait la France.*
> *Si c'était un siècle, ce serait le XVIIe.*
> *Si c'était une ville, ce serait Versailles.*
> *Si c'était une planète, ce serait le Soleil.*
> *Si c'était une fleur, ce serait une fleur de lys.*
> *Qui est-ce ?* ▶ **C'est Louis XIV.**

À vous de jouer ! Pensez à un personnage ou à une personne que toute la classe connaît. Votre voisin(e) ou les autres membres du groupe vous posent des questions. Le/la premier/première qui trouve a gagné et choisit un nouveau personnage.

❷ Apprendre à apprendre

➡ Dites si les formes verbales soulignées dans les énoncés suivants sont des formes du mode indicatif ou du mode subjonctif. Justifiez votre réponse.

1 Nos parents voulaient que <u>nous rentrions</u> déjeuner à la maison.
2 Je ne suis pas sûr que <u>tes amis connaissent</u> cette pièce.
3 Quand il pleuvait, <u>nous rentrions</u> les chaises du jardin.
4 Il est parti avant que <u>tu arrives</u>.
5 Je suis sûr que <u>tes amis connaissent</u> cette pièce.
6 Tu me téléphones dès que <u>tu arrives</u>.

❸ En toute logique

➡ Dans le dialogue suivant, trouvez le verbe remplacé par *tirlipoter*.

– Vous m'avez dit que vous *tirlipotiez*. Mais je n'ai pas bien compris. Vous *tirlipotez* tous les jours ?
– Oui, tous les jours.
– Vous *tirlipotez* seul ou avec quelqu'un ?
– Ça dépend, mais généralement je *tirlipote* avec quelqu'un, je n'aime pas *tirlipoter* seul.
– Vous *tirlipotez* à quelle heure ?
– Oh ! ça dépend, mais généralement vers midi et demi.
– Où est-ce qu'on peut *tirlipoter* ?
– Il y a des lieux publics pour ça, mais on le fait aussi chez soi.
– Pourquoi est-ce que vous *tirlipotez* ?
– Parce que, si je ne *tirlipote* pas, je n'ai plus de force pour travailler l'après-midi.

À vous de jouer ! Pensez à un verbe. Notez-le sur un papier (pour ne pas tricher !). Les autres étudiant(e)s vous posent des questions en remplaçant par *tirlipoter* le verbe qu'ils doivent trouver. Le premier qui trouve le verbe a gagné.

❹ Projet

➡ Vous devez embaucher deux acteurs/actrices et deux chanteurs/chanteuses pour votre prochain spectacle. Vous organisez un casting.

1 Distribuez les rôles : qui sera recruteur/recruteuse, candidat chanteur/chanteuse, candidat acteur/actrice ?
2 Rédigez la petite annonce.
3 Proposez un texte court (prose ou poésie, d'auteur connu ou non) que les candidats devront lire, une courte scène prise dans une pièce de théâtre en langue française que les candidats acteurs/actrices devront jouer et une chanson en français pour les candidats chanteurs/chanteuses.
4 Imaginez la scène de casting : ordre de passage, textes à lire, morceaux à jouer... Jouez la scène.
5 Rédigez la lettre d'acceptation ou de refus des candidats (ou recevez les candidats pour leur expliquer votre choix).

❺ Noir sur blanc

➡ Associez les éléments de la colonne de gauche et les éléments de la colonne de droite pour former le plus de mots français possible (au minimum vingt).

BA	FÉRENT
TROU	BATTRE
CHAM	PE
LI	METTRE
DÉ	FICILE
MA	BLE
DIF	BRE
PA	PAGNE
TA	MENT
COM	LADE
SA	POSER
CAM	SSE

Comportements
Façons de parler

Après son BEP, Alain a fait un bac pro, puis un BTS. Il a ensuite travaillé un an en CDD dans le BTP. Comme le CA de son entreprise était très mauvais, le DRH l'a licencié et il s'est retrouvé au chômage. Heureusement, il avait droit aux indemnités de l'ASSEDIC (dans son cas, 80 % du SMIC). C'était mieux que le RMI, mais il devait vite retrouver du travail. Alors, il est allé à l'ANPE où on lui a proposé un CDI dans la région PACA : il a eu de la chance, car son CV et la lettre de recommandation de son ancien P-DG ont beaucoup plu.

Maintenant, il habite une HLM à Nice, avec sa femme. Elle a un CAPES d'anglais et enseigne dans un LP mais, comme elle est enceinte, elle est en congé de maternité et reçoit de l'argent de la CPAM et de la CAF. Tout va bien pour eux, bref, RAS.

Saviez-vous que les Français utilisent autant de sigles ? Ce sont de véritables messages codés !

Généralement, quand il y a une voyelle au milieu du sigle, on prononce le sigle comme un mot, par exemple, *CAF* se prononce [kaf].

Avec des suffixes, on peut aussi former des mots à partir de sigles. Un smicard est par exemple une personne payée au SMIC, un RMIste est une personne qui touche le RMI, etc.

De plus, certaines lettres sont à la fois sigle et symbole : H désigne un hôpital, P un parking, M le métro, RER signifie « réseau express régional » et RN « route nationale ».

Vous ne comprenez pas le texte ci-contre ? Pas de panique, c'est certainement à cause de tous ces sigles qui vous sont inconnus…

1 Cherchez les sigles que vous connaissez déjà.

2 Pour retrouver le sens des autres sigles, associez-les aux définitions suivantes.

   a Agence nationale pour l'emploi.
   b Association pour l'emploi dans l'industrie et le commerce (donne une indemnité aux chômeurs selon certaines conditions).
   c Bâtiment et travaux publics (secteur de la construction).
   d Caisse d'allocation familiale (verse des indemnités, notamment aux parents pour l'éducation de leurs enfants).
   e Certificat d'aptitude au professorat de l'enseignement du second degré (concours de recrutement des professeurs de collège).
   f Chiffre d'affaires.
   g Contrat à durée déterminée (pour une période donnée).
   h Contrat à durée indéterminée (sans limite de temps fixée).
   i Curriculum vitae.
   j Directeur des ressources humaines (il gère le personnel dans l'entreprise).
   k Habitation à loyer modéré (logement social).
   l Lycée professionnel.
   m Président-directeur général (dirige l'entreprise au plus haut niveau).
   n Provence-Alpes-Côte d'Azur (région du sud de la France).
   o Revenu minimum d'insertion (allocation donnée à ceux qui ne touchent pas d'indemnités de chômage).
   p Rien à signaler.
   q Salaire minimum interprofessionnel de croissance.
   r Brevet d'études professionnelles.
   s Brevet de technicien supérieur.
   t Caisse primaire d'assurance maladie (Sécurité sociale).

🌐 Est-ce qu'on utilise des sigles dans votre langue. Lesquels ?

🌎 Est-ce qu'il y a dans votre langue d'autres formes de codes ?

3

INTERCULTUREL

lturel-Interculturel-Interculturel-Interculturel-Intercul
lturel-Interculturel-Interculturel-Interculturel-Intercul
lturel-Interculturel-Interculturel-Interculturel-Intercul
el-Interculturel-Interculturel-Inte lturel-Intercul
el-Interculturel-Interc turel-Intercul

Cadres de vie
La recherche d'un emploi

Pour connaître les acteurs qui luttent contre le chômage (associations, ministère de l'Emploi et de la Solidarité, syndicats…), on peut utiliser sur Internet un moteur de recherche comme yahoo.fr.

Pour trouver un emploi, il y a plusieurs méthodes :
• envoyer des candidatures spontanées à des dizaines, et même des centaines d'entreprises (CV + lettre de motivation), et espérer être reçu pour un entretien où on peut présenter ses compétences ;
• s'inscrire à l'ANPE. On y rencontre un conseiller qui nous aide à définir les objectifs et les stratégies de recherche d'emploi. Puis, il nous inscrit sur la liste des demandeurs d'emploi ;
• répondre à une petite annonce parue dans la presse quotidienne et spécialisée (par exemple : *Le Figaro* du lundi, *Carrières & Emplois*) ;
• consulter un site sur Internet (www.cadremploi.fr, www.emailjobs.com, www.monster.fr, www.emploi.org, etc.).

La lutte contre le chômage
Après vingt ans de progression du chômage, il y a, depuis 1997, un retour de l'emploi en France comme dans de nombreux pays d'Europe et du monde. En juin 1997, on comptait 2 900 000 chômeurs, c'est-à-dire 12,7 % de la population active (ensemble de la population sur le marché du travail). En juin 1999, ils ne représentaient plus que 11,3 % et 9,8 % en avril 2000.
Un ensemble de facteurs explique ces bons résultats. Tout d'abord, le dynamisme retrouvé de l'économie encourage les entreprises à créer des emplois. On peut aussi supposer que les politiques de l'emploi ont joué un rôle, surtout les emplois-jeunes et la réduction du temps de travail (RTT).

Les emplois-jeunes
Le programme *Nouveaux services emplois-jeunes* a permis la création d'emplois pour répondre à des besoins de services de proximité et de solidarité. Fin mars 2000, on comptait 242 000 emplois-jeunes créés. Ces emplois sont financés par l'État sur cinq ans et sont réservés aux jeunes de moins de vingt-six ans. L'objectif est la professionnalisation : que les emplois-jeunes deviennent des embauches définitives après cinq ans.

LA VILLE CRÉE UN EMPLOI-JEUNE POUR LES ASSOCIATIONS

Depuis le 1er juillet, Aurélie Luhet travaille à la ville comme emploi-jeune. Elle est mise à disposition de l'office de tourisme, du cinéma et de la mairie. À l'office de tourisme, elle est hôtesse d'accueil en complément de l'hôtesse salariée. Au cinéma, elle s'occupe de l'accueil des clients et des statistiques. Enfin, à la mairie, elle apporte des informations et de la documentation aux associations locales. En parallèle, Aurélie Luhet suit une formation de BTS tourisme.

Ouest France, 29-30 juillet 2000.

Avez-vous la gueule de l'emploi ?

monster.fr

Quelles sont les méthodes classiques de recherche d'emploi dans votre pays ? Le système est-il le même qu'en France ? Comparez les démarches.

Est-ce qu'il existe dans votre pays des initiatives pour aider les jeunes à trouver un travail ? Donnez des exemples ou faites des propositions.

1 Que pensez-vous de la création des emplois-jeunes ? Quels sont les avantages et les inconvénients ?

2 En français, on dit : *Le travail, c'est la santé*. À deux, expliquez le sens de cette expression. Est-ce que la même expression existe dans votre langue ? Qu'en pensez-vous ?

Cadres de vie
La réduction du temps de travail (RTT)

La durée légale du travail en France était de 39 heures par semaine jusqu'au 1er février 2000, elle est maintenant de 35 heures. Les entreprises négocient la réduction du temps de travail avec leur personnel. Les accords signés depuis 1998 ont déjà permis la création de 192 000 emplois en avril 2000. Une personne embauchée sur cinq a moins de vingt-cinq ans.

Embaucher quelqu'un, c'est l'engager, le recruter, lui offrir un emploi.

Réduction du temps de travail : des employés réagissent

EMMANUEL MOREAU, 50 ANS, CADRE SUPÉRIEUR DANS UNE ENTREPRISE PUBLIQUE

« Les cadres dirigeants sont en activité permanente. Ils aiment la pression, c'est une drogue pour eux ! Personne n'aurait l'idée de s'absenter une journée toutes les deux semaines ! On viendrait même le dimanche ! Mais un accord sur les 35 heures a été signé chez nous et cela a permis beaucoup d'embauches. C'est bien, mais les 35 heures arrivent juste au moment où il y a de nouveaux projets, beaucoup de travail. Je me sens mal à l'aise quand j'imagine ne pas venir au travail deux jours par mois. Me promener dans mon quartier, en pleine semaine, c'est pour moi inimaginable. Je me sens chômeur, retraité...! »

OLIVIER COURTIN, 40 ANS, CONSULTANT

« Pendant des semaines, je n'ai pas trouvé le temps de prendre une demi-journée. Au bout d'un moment, je me suis senti coupable par rapport à ma femme, qui travaille aussi. Nous avons de jeunes enfants et je me suis dit que si je me rendais disponible un après-midi, je pourrais régler beaucoup de choses. D'abord, je me suis senti coupable, puis j'ai vu que l'entreprise continuait à fonctionner. J'ai découvert que je ne suis pas indispensable... »

ANNE-SOPHIE BERNARD, 37 ANS, EMPLOYÉE DE BANQUE

« Les 35 heures, c'est super ! Je prends enfin le temps de respirer ! J'avais la possibilité de continuer à travailler 39 heures par semaine et d'avoir deux jours de repos en plus tous les mois. C'est ce que beaucoup de mes collègues ont choisi. Moi, cela ne m'intéressait pas. Comme j'ai deux petits garçons, j'ai préféré avoir mon mercredi après-midi de libre chaque semaine pour passer plus de temps avec eux. Je me sens plus heureuse, plus libre... »

1 Lisez les témoignages. Est-ce que les personnes sont pour ou contre les 35 heures ? D'après vous, quelle personne pourrait dire : *On travaille pour vivre, on ne vit pas pour travailler* ? Justifiez votre réponse.

2 De quelle manière chaque personne interrogée a-t-elle appliqué la réduction du temps de travail ?

3 *J'ai découvert que je ne suis pas indispensable* est la conclusion d'Olivier Courtin. Pensez-vous qu'il a raison ou tort ? Pourquoi ?

4 Le principe des 35 heures, c'est de travailler un peu moins pour que d'autres personnes puissent se faire embaucher. Est-ce que vous pensez que c'est une solution au problème du chômage ?

En moyenne, combien d'heures travaille-t-on par semaine dans votre pays ? Est-ce que c'est le même nombre d'heures pour toutes les professions ?

5 Pensez-vous que la réglementation du temps de travail par des lois est une bonne solution ? Peut-on faire autrement ?

DELF unité A2 – Oral
Présentation et défense d'un point de vue

Les jeunes vivent de plus en plus longtemps chez leurs parents. Qu'en pensez-vous ?

Pour préparer l'épreuve
Avant de faire votre exposé, répondez aux questions suivantes.

1 Quel est votre âge ? Est-ce que vous habitez chez vos parents ? Jusqu'à quel âge les jeunes de votre pays vivent-ils généralement chez leurs parents : jusqu'à la fin de leurs études, jusqu'à ce qu'ils se marient ?

2 Est-ce que les réponses sont différentes selon qu'il s'agit de garçons ou de filles ?

3 Quelles sont les raisons qui peuvent expliquer que les jeunes restent plus longtemps chez leurs parents (les difficultés à trouver un premier emploi, à se loger, le niveau de vie des parents…) ?

Faites un plan de ce que vous allez dire.

DELF unité A3 – Écrit 2
Demande d'information sur un sujet de la vie courante

Vous venez de découvrir cette annonce dans un journal. Vous souhaitez obtenir des renseignements plus précis. Vous écrivez à l'adresse indiquée.

CENTRE D'ÉTUDES COMMERCIALES

Cycle de conférences, de séminaires et de voyages d'études sanctionné par un diplôme d'Études commerciales supérieures de troisième cycle.

Renseignements :
École internationale de commerce
56, rue Saint-Antoine – 75004 Paris.
Tél. : 01 56 05 30 57
mél : info@eic-fr.com

Pour préparer l'épreuve
Avant d'écrire la lettre :

1 Lisez l'annonce et répondez aux questions suivantes :
   a Quel est le but de l'annonce ?
   b Qui a mis l'annonce ?
   c Quelle est l'adresse de l'annonceur ?

2 Pensez aux renseignements complémentaires que vous allez demander.

3 Qu'est-ce que vous devez indiquer dans cette lettre ?

4 Pensez à la disposition de la lettre : où devez-vous placer votre adresse et celle de l'école ?

Module **2**

En direct

Unité 4
INTERVIEWS
p. 67

Pause-jeux

INTERCULTUREL

Point-DELF

Unité 5
ENQUÊTES ET REPORTAGES
p. 85

Pause-jeux

INTERCULTUREL

Point-DELF

Unité 6
ÉMISSIONS PUBLIQUES
p. 103

Pause-jeux

INTERCULTUREL

Point-DELF

EN DIRECT

Pierre Bourdeau, trente-deux ans, ancien reporter d'images, est réalisateur à VTV depuis deux ans. C'est le principal collaborateur et l'ami d'Élise.

Élise Mignot, la trentaine, passionnée par son travail, à la fois sympathique et énergique, elle est directrice de VTV et veut développer la vie locale.

Claire Dumontet, qui occupe un emploi-jeune et rédige déjà des scénarios, et **Alex Laville**, étudiant et stagiaire qui veut « bien faire », sont deux futurs journalistes qui préparent une émission sur le sport à Villeurbanne. Ils ont entre vingt-deux et vingt-cinq ans.

Les situations

À Villeurbanne, une ville de la banlieue lyonnaise, Alex et Claire font un stage sous la direction d'Élise Mignot et nous font découvrir la vie à VTV (Villeurbanne Télévision). Les reportages, les interviews, les enquêtes, le courrier des lecteurs et les forums sur Internet révèlent les préoccupations de la population et les grands problèmes de la société actuelle : on parle bien sûr du temps qu'il fait, mais aussi de l'environnement, du dopage, de la sécurité publique, ou encore des événements marquants de l'actualité.

INTERVIEWS

Contrat d'apprentissage

▥ communicatif

– annoncer un fait

– exprimer son accord, approuver

– structurer le discours

▥ linguistique

– le passif

– les adjectifs et les pronoms indéfinis

– les indéfinis et la négation

– la phrase nominale

– la nominalisation : les suffixes *-age, -(t/x/...)ion, -ment*

▥ interculturel

– les médias dans la journée d'un Français

– les médias en France

📼 **Les médias de proximité (télévision, radio, presse locales et régionales) se développent beaucoup et touchent un très large public. Les responsables de ces médias sont des personnages très connus : leur vie et leur personnalité éveillent la curiosité. Élise Mignot, directrice de VTV, est interviewée par Odile Delors pour une chaîne de télévision nationale. Laurence Dalbi, dont la petite station de radio locale bat des records d'audience, accorde une interview à une radio régionale, et un des principaux hebdomadaires français a même publié un article sur le correspondant à Villeurbanne du journal *Le Progrès de Lyon.***

INTERVIEWS

FORUM

Aujourd'hui, les médias (la presse, la télévision, la radio et Internet) sont un secteur d'activité très dynamique. À côté des grands journaux nationaux français, on trouve dans les kiosques la presse étrangère et des journaux régionaux, mais surtout des revues et des magazines.

Quels journaux et magazines français connaissez-vous ? Choisissez-en un. Présentez-le à votre voisin(e) ou au groupe.

Quelles sont les principales rubriques ? Présentez à votre tour un périodique (quotidien, d'actualité, sportif, humoristique...) de votre pays à un(e) ami(e).

Vous cherchez un journal de votre pays dans un kiosque à Paris, vous ne le trouvez pas, vous vous adressez à un(e) vendeur/vendeuse et vous décrivez ce que vous cherchez. Jouez la scène à deux ou trois.

Unité 4

❶ Lisez les informations ci-dessous.
Elles décrivent les professions de
la communication suivantes.

1 Un/une infographiste.

2 Un/une rédacteur/rédactrice en chef.

3 Un/une secrétaire de rédaction.

4 Un/une journaliste reporter d'images.

Associez chaque information à la
profession correspondante.

Fonction

a Il/Elle dirige l'équipe rédactionnelle,
commande les textes et décide de la ligne
éditoriale. Il/Elle doit gérer son personnel.

b Il/Elle fait les dessins, les schémas, les
tableaux qui résument une situation.

c Il/Elle doit tout faire : préparer les
interviews, filmer, commenter l'information,
monter ses reportages et les présenter
parfois sur les plateaux de télévision.

d Il/Elle reçoit les articles, les relit et doit
souvent les raccourcir, ajouter les titres,
les intertitres et les chapeaux.

Formation

a La formation est souvent une école de
journalisme. Une formation littéraire est
aussi conseillée ainsi que la connaissance
de plusieurs langues étrangères.

b Il/Elle doit avoir des qualités artistiques
et une formation informatique.

c Il/Elle a fait une école de journalisme
mais a aussi une formation à l'audiovisuel :
prise de vue et de son.

d La meilleure formation se fait « sur le
tas » : c'est surtout l'expérience qui
compte. Dix années de métier sont
nécessaires pour avoir l'autorité et la
connaissance du terrain indispensables.

Qualités recherchées

a Savoir faire beaucoup de choses et être
disponible.

b Être dessinateur/dessinatrice et journaliste.

c Avoir la maîtrise des logiciels de traitement
de texte et de mise en pages. Ne pas
manquer de sang-froid : c'est souvent
au dernier moment que les problèmes se
posent.

d Savoir diriger et animer une équipe.
Avoir de bonnes relations professionnelles
et des qualités d'écriture.

❷ Rédigez une offre d'emploi pour
chaque profession présentée.

❸ Discutez. Quelle est la profession
qui vous semble la plus/la moins
intéressante ? Pourquoi ?

❹ Choisissez une autre profession de
la communication. **Présentez**-la.
Comparez votre proposition à
celle de votre voisin(e).

❺ Écoutez le flash diffusé à la fin
d'une émission sur les métiers du
journalisme.

1 Quels noms de profession avez-vous
entendus ?

2 Suggérez à votre tour d'autres
débouchés pour les journalistes et
des fonctions que des non-
journalistes peuvent exercer dans
les médias. Précisez les tâches
qu'ils auraient à réaliser.

soixante-neuf

AGIR – RÉAGIR *(side margin)*

A L'interview 📼

1 Regardez l'illustration. Élise Mignot est interviewée par Odile Delors. Écoutez l'enregistrement et répondez aux questions suivantes. .... 📼

  1 Où a lieu la scène ?

  2 Est-ce que les deux femmes se connaissent depuis longtemps ? Est-ce qu'elles travaillent ensemble ?

  3 Quel est le ton de l'interview ?

  4 Est-ce qu'Odile Delors s'est documentée sur Élise Mignot avant l'émission ? Justifiez votre réponse.

2 Lisez le texte de l'interview et répondez.

  1 Relevez dans les interventions d'Odile Delors les informations qu'elle donne aux téléspectateurs.

  2 À partir des interventions d'Élise Mignot, définissez la nouvelle orientation de la chaîne.

  3 Comment le public a-t-il réagi à l'émission sur les jeunes de Villeurbanne ?

3 Imaginez. Quelles questions aimeriez-vous poser à Élise Mignot ?

4 Lisez les énoncés suivants.

  • <u>On peut aborder la violence</u> de plusieurs manières.

  • <u>On a beaucoup critiqué votre émission</u> sur les jeunes.

  • <u>Certaines associations l'ont appréciée</u>, à la MJC, <u>on l'a même applaudie</u>.

  1 Repérez dans le texte les phrases qui expriment la même idée.

  2 Réfléchissez. Quel est le sujet des verbes dans les phrases ci-dessus et dans les phrases correspondantes du dialogue ?

ODILE DELORS : Élise Mignot, bonjour. Merci de participer à cette émission, je sais que c'est votre premier rendez-vous avec les médias depuis que vous avez été nommée directrice de VTV. La nouvelle orientation que vous avez donnée à la chaîne a beaucoup de succès. Qu'est-ce que vous avez changé ?

ÉLISE MIGNOT : Tout d'abord, nous avons abandonné la production d'actualités, nous n'avons pas de journal télévisé. Nous produisons surtout des reportages et des débats organisés avec des acteurs locaux...

ODILE DELORS : Vous avez abandonné le direct ?

ÉLISE MIGNOT : Absolument pas. Tous les débats sont en direct... et sur des sujets qui concernent directement la population.

ODILE DELORS : La violence, par exemple ?

ÉLISE MIGNOT : Oui, mais pas seulement. La violence n'est jamais gratuite. Elle est toujours associée à d'autres problèmes. C'est ce que nous voulons montrer.

ODILE DELORS : Oui, mais la violence existe bel et bien.

ÉLISE MIGNOT : C'est sûr. Mais elle peut être abordée de plusieurs manières.

ODILE DELORS : Alors, vous ne prenez pas position ?

ÉLISE MIGNOT : Mais si, bien sûr !... mais nous ne prenons pas parti pour les uns – les bons – contre les autres – les marginaux –, j'espère qu'on le voit bien dans tout ce que nous faisons.

ODILE DELORS : Oui, mais votre émission sur les jeunes et la violence a été très critiquée.

ÉLISE MIGNOT : Pas par tous. Elle a été aussi très appréciée par certaines associations et même applaudie, à la MJC par exemple. Nous avons reçu beaucoup de courrier.

ODILE DELORS : Sur le plan local, comment vous situez-vous par rapport aux autres chaînes, à la radio et à la presse, très présentes ?

ÉLISE MIGNOT : Nous ne faisons pas la même chose, nous sommes complémentaires, pas concurrents.

Unité 4 (side margin)

soixante-dix

AGIR-RÉAGIR-AGIR-RÉAGIR

B Rendez-vous sur notre antenne

1 Écoutez le dialogue et répondez aux questions. ...
1 Qui est la femme ?
2 Qui est l'homme ?
3 Où sont-ils ?
4 Quel est le sujet de la discussion ?

— Laurence Dalbi, un magazine vous décrit comme l'Élise Mignot de la radio. Cette comparaison vous plaît-elle ?
— C'est quelqu'un d'extraordinaire et la comparaison est très positive, mais je ne suis pas la patronne passionnée d'une chaîne de télé. Il est vrai que j'ai créé ma station de radio, mais nous ne sommes que trois en tout !
— Mais, dans cet article, c'est bien vous, quand même ?
— Oui, bien sûr, il y a quelque chose de moi. Mais ce sont surtout les côtés positifs qui ont été retenus, ce qui fait toujours plaisir, remarquez.
— Il y a aussi des aspects négatifs ?
— Je suppose que... qui n'en a pas ? Une personne sans défauts, ce serait insupportable !... Mais je n'ai pas les mêmes idées qu'Élise Mignot. Je veux faire de l'actualité, moi !
— C'est-à-dire répéter ce que tout le monde peut lire dans la presse ou regarder à la télé ?

— Pas du tout. Je veux que les gens d'ici comprennent, réagissent, participent, que chacun, ici, se sente concerné !
— Vous proposez autre chose que des informations, des entretiens... ?
— Absolument. C'est très important. Nous avons un très bon programme musical, par exemple, et chaque mardi, nous avons une pièce radio. Nous voulons présenter la culture sous sa forme la plus sympathique, donner envie de lire, de sortir... Nous avons notre site Internet pour compléter nos émissions. Et nous sommes en train de réfléchir aux possibilités de débat sur la Toile.
— Peut-on dire pour conclure que, grâce à votre radio, Villeurbanne est un peu plus conviviale ?
— Je ne sais pas... mais je l'espère !

2 Réécoutez l'enregistrement. Repérez les mots et expressions que Laurence Dalbi utilise pour confirmer ce que dit le journaliste ou s'y opposer. ....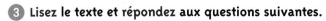

3 Lisez le texte et répondez aux questions suivantes.
1 Quelles sont les deux idées de Laurence Dalbi ?
2 Comparez les conceptions d'Élise Mignot (document A) et celles de Laurence Dalbi : qu'ont-elles en commun ? qu'est-ce qui les oppose ?

4 Réfléchissez. Relevez dans le texte les expressions *quelqu'un (d'extraordinaire)*, *tout le monde*, *chacun*. Remplacez-les sans changer le sens des répliques.

C'est quelqu'un d'extraordinaire.
▶ *Élise Mignot est/C'est une femme/C'est une personne extraordinaire.*

C Le bulletin météo

1 Lisez l'encadré ci-dessous. Est-ce qu'on pourrait écrire la même chose dans votre pays ? Pourquoi ?

2 Écoutez l'enregistrement. Prenez des notes : quelle est la position de chacun des deux hommes ? Sur quels points sont-ils d'accord ? Êtes-vous du même avis ? ....

3 Réécoutez l'enregistrement. Repérez les expressions qui indiquent qu'on est d'accord (ou pas) avec quelqu'un. ....

LA MÉTÉO

Aujourd'hui, la présentation du bulletin météo à la télévision est autant un spectacle-récréation qu'un service d'information. Il y a une mise en scène et l'humour est souvent présent. Pour les téléspectateurs, c'est l'occasion de se détendre et ils sont généralement fidèles à ce rendez-vous. Les animatrices et les animateurs sont de véritables stars aimées du public.

D Profession : journaliste

1 Lisez l'article ci-contre. Classez les informations selon qu'elles :
  1 se réfèrent à Vincent Rocken en particulier ;
  2 décrivent le métier de journaliste ;
  3 présentent une critique des conditions de travail des journalistes.

2 Relisez les parties du texte en italique. À votre avis, pourquoi l'auteur de l'article les a-t-il mises entre guillemets ?

3 Trouvez les questions que le journaliste a posées à Vincent Rocken pour pouvoir écrire le texte (six à dix questions). Imaginez l'interview : retrouvez les réponses de Vincent Rocken à vos questions, puis jouez la scène à deux. ....

4 Réfléchissez. Quels sont les avantages et les inconvénients du travail de Vincent Rocken ? Est-ce que vous aimeriez être journaliste comme Vincent Rocken ? Discutez avec les autres étudiants.

VINCENT ROCKEN, JOURNALISTE À VILLEURBANNE

UNE PAGE PAR JOUR TOUS LES JOURS

6 h 30. Comme beaucoup de journalistes, il commence sa journée de travail… au lit, où son radioréveil lui donne son premier flash info. À 37 ans, Vincent Rocken, responsable du journal *Le Progrès de Lyon* à Villeurbanne, doit tout d'abord découvrir l'information nationale qui lui permettra de remplir ensuite la page quotidienne dont il s'occupe : « *Lors du tremblement de terre en Turquie, je suis immédiatement parti en reportage… à Villeurbanne, dans la communauté turque.* » Localier de la PQR (presse quotidienne régionale), il court après le temps et l'actualité. Après les infos-réveil, commencent les deux heures les plus importantes de sa journée : les seules consacrées à ses trois enfants. Il ne les reverra pas avant le lendemain matin. De plus, il ne les voit pas non plus le week-end une semaine sur deux car il est de permanence : « *Le journal sort sept jours sur sept, il faut bien travailler samedi et dimanche.* » Il pourrait ajouter Noël, le jour de l'an et tous les jours fériés. Une semaine sur deux, il travaille donc sept jours, quatre la semaine suivante. Des journées qui débutent vers 9 heures et ne finissent jamais avant 20 heures, avec une petite pause à midi, quand il n'a pas de repas de travail. Au minimum dix heures quotidiennes. Une moyenne proche de soixante heures hebdomadaires. Parfois, le soir, il représente le journal dans des réceptions ou il assiste au conseil municipal. En compensation, il a droit à quarante-deux jours de congés par an. « *Je préférerais avoir un peu moins de vacances, mais être mieux payé.* » Il ne gagne que 2 000 euros par mois, sur treize mois.

D'après *Le Nouvel Observateur*, 23-29 septembre 1999.

Grammaire

Le passif

❶ Observez l'énoncé suivant.

Élise Mignot, directrice de VTV, est interviewée par Odile Delors.

1 Comment s'appelle la personne qui pose les questions ?

2 Quel est le sujet du verbe ?

3 Est-ce que l'énoncé est au présent ou au passé ?

4 Transformez la phrase. Prenez comme sujet le nom de la personne qui pose les questions. Quel est le COD du nouvel énoncé ?

❷ Complétez les règles de formation.

La formation du passif   **G7**

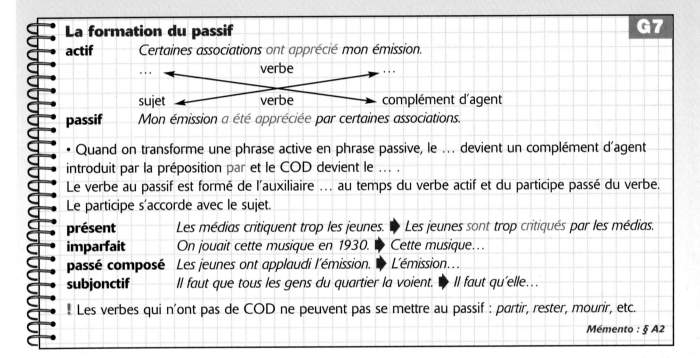

actif   *Certaines associations ont apprécié mon émission.*

passif   *Mon émission a été appréciée par certaines associations.*

• Quand on transforme une phrase active en phrase passive, le … devient un complément d'agent introduit par la préposition *par* et le COD devient le … .

Le verbe au passif est formé de l'auxiliaire … au temps du verbe actif et du participe passé du verbe. Le participe s'accorde avec le sujet.

présent   *Les médias critiquent trop les jeunes.* ▶ *Les jeunes sont trop critiqués par les médias.*

imparfait   *On jouait cette musique en 1930.* ▶ *Cette musique…*

passé composé *Les jeunes ont applaudi l'émission.* ▶ *L'émission…*

subjonctif   *Il faut que tous les gens du quartier la voient.* ▶ *Il faut qu'elle…*

! Les verbes qui n'ont pas de COD ne peuvent pas se mettre au passif : *partir, rester, mourir,* etc.

Mémento : § A2

L'emploi du passif

• On emploie souvent le passif pour mettre le COD de la phrase active en valeur :

Des millions de téléspectateurs regardent chaque soir <u>le journal de 20 heures</u>.

➔ *<u>Le journal de 20 heures</u> est regardé chaque soir par des millions de téléspectateurs.*

• On choisit souvent le passif quand on ne connaît pas exactement l'auteur de l'action ou qu'on ne veut pas le citer directement ou quand on veut mettre l'action ou son résultat en valeur :

Des centaines de chiens ont été abandonnés au moment des vacances.

! Avec les verbes de perception et les verbes qui ont un sens passif à la forme pronominale, on emploie généralement la forme pronominale à la place de la forme passive :

Les fraises se vendent bien cette année.

La maison se voit de loin.

Le sujet est généralement une chose et le complément d'agent n'est pas exprimé.

Mémento : § A2

❸ Complétez la fiche G7 .

Grammaire

4 **Mettez le texte suivant à la forme passive.**
On a cambriolé l'appartement de nos amis rue Molière ! On a forcé la porte d'entrée. On a fouillé toutes les pièces. On a vidé les placards et retourné les tiroirs. On a ouvert les fenêtres et la pluie a détruit beaucoup de choses. Ils ont fait la liste de ce qu'on a pris. On a volé de vieilles montres qu'ils collectionnaient et de nombreux disques. Les voleurs ont aussi pris des cédéroms et des documents personnels.

Les adjectifs et les pronoms indéfinis

5 **Relisez l'exercice 4 du document B de la partie *Agir-réagir*.**

6 **Complétez le tableau et la partie 1 de la fiche G8 . Faites correspondre adjectifs et pronoms.**

Les adjectifs indéfinis	Les pronoms indéfinis G8
expression de la quantité	
quelques problèmes, quelques difficultés	quelques-uns, quelques-unes
certains problèmes, … difficultés	certains, certaines
plusieurs problèmes/difficultés…	
expression de la ressemblance	
le même problème, la même difficulté, les mêmes difficultés …	
expression de la différence	
un autre problème, une autre difficulté, d'autres difficultés	…
insistance sur l'individualité	
… problème, … difficulté	chacun, chacune
insistance sur le caractère indéterminé	
	quelqu'un, quelque chose
	n'importe qui (une personne ou une autre)
n'importe quel(le)s	n'importe quoi (une chose ou une autre)

! Les pronoms quelqu'un, quelque chose, n'importe qui, n'importe quoi, rien peuvent être précisés par un adjectif au masculin singulier précédé par de : *Quelqu'un de beau, n'importe quoi d'agréable.*

Mémento : § E7

Les indéfinis et la négation

7 **Complétez avec des pronoms indéfinis.**
1 – Tu as interviewé … ?
– Non, je n'ai interviewé personne.
2 – … a téléphoné ?
– Non, personne n'a appelé.
3 – La radio a dit … ?
– Non, elle n'a rien dit.
4 – … est arrivé ?
– Non, rien (n'est arrivé).

8 **Complétez avec des adjectifs ou des pronoms indéfinis variés.**
1 J'ai vu … films de Besson. … ne m'a déplu mais … sont vraiment effrayants.
2 La RATP offre … types d'abonnement. … peut trouver la formule qui lui convient. … billets sont mensuels, … hebdomadaires, … sont valables pour un trajet, … permettent de prendre tous les transports de façon illimitée.

RECONNAÎTRE

9 Relisez le document A d'*Agir-réagir*. Classez les formes de *tout*.

1 *Tout* + nom	2 *Tout* remplaçant un nom	3 Expression figée
…	…	…

L'indéfini *tout*

• **Tout + déterminant + nom**
Il a passé toutes ses vacances à travailler : comme tous les journalistes, il adore son métier.

• **Tout remplaçant un nom**
Je ne crois pas tout ce que disent les journaux.
J'ai invité cent personnes : tous viennent.

• **Tout + adjectif**
Les journalistes ne travaillent pas tout seuls.

! *Tout* devant un adjectif est invariable, sauf quand l'adjectif est féminin et commence par une consonne : *C'est une question toute simple.*

• **Expressions figées**
En tout cas, de toute façon, à tout prix.
Tout à l'heure, tout à fait, tout de suite.

Mémento : § E7

10 Complétez les parties 2 et 3 de la fiche **G8**.

Rien, personne, aucun(e)

• **en fonction sujet**
Personne, rien et aucun(e) s'emploient avec ne et se placent devant le verbe :
Personne n'est encore arrivé. Rien n'est moins sûr.
Aucune n'est venue.

• **en fonction complément**
Personne, rien et aucun(e) se placent après le verbe :
Je ne vois personne. On ne fait rien. Je n'en veux aucun.

! Quand le verbe est à une forme composée ou qu'il est suivi d'un infinitif : personne et aucun(e) se placent après le participe passé et l'infinitif, rien se place devant :
Je ne veux voir personne. Je n'en ai rencontré aucun.
On ne m'a rien dit. Je ne veux rien voir.

Mémento : § A3

11 Complétez à l'aide de *tout* et faites l'accord.
1 Je ne connais pas … mes voisins mais je sais qu'ils ont … à peu près mon âge sauf celle du dessus qui est … nouvelle.
2 Je regrette … les amis et … les amies que j'ai laissés quand j'ai déménagé. … particulièrement, … ceux qui venaient … le temps me voir.

La phrase nominale

12 Observez la transformation suivante.
a *Vives **réactions** des Français au discours du Premier ministre.*
b ▶ *Les Français **ont** vivement **réagi** au discours du Premier ministre.*
1 Quelles différences y a-t-il ?
2 Quelle phrase choisissez-vous pour un titre d'article de journal ? Pourquoi ?

13 Associez les énoncés des deux séries. Quelles transformations observez-vous ?
1 Une semaine de réflexion avant de partir à l'étranger.
2 Dernier vol du Concorde entre Paris et New York.
3 Achats de voitures plus nombreux avant l'été.
a Concorde ne volera plus entre Paris et New York.
b Les étudiants peuvent réfléchir une semaine avant de partir à l'étranger.
c On achète plus de voitures avant l'été.

14 Lisez les titres d'articles suivants. Transformez-les en phrases verbales.
1 À la recherche d'un cuisinier pour le *Nautilus*.
2 Création d'une association de buveurs d'eau.
3 Changement de majorité au Parlement.
4 Arrivée du Tour de France aujourd'hui à Nice.

S'EXPRIMER

La nominalisation : les suffixes -age, -(t/x/...)ion, -ment

Ces suffixes ajoutés au radical d'un verbe permettent de créer des noms qui désignent une action ou son résultat :
le nettoyage = le fait, l'action de nettoyer.

① Retrouvez les verbes qui ont permis de former les noms suivants. Quel est le sens du verbe ? Quel est le sens du nom ? Vérifiez dans un dictionnaire si besoin. Quels autres noms en *-age*, *-ion* ou *-ment* connaissez-vous ?

-age	- (...)ion	-ment
le comptage	l'émission	le changement
le bavardage	la programmation	le déplacement
le passage	la réflexion	l'applaudissement

Formation des mots

② Complétez la fiche **V5** .

③ Donnez un titre aux nouvelles suivantes. Vérifiez vos réponses dans un dictionnaire.
Le tribunal a condamné M. Millet à deux ans de prison. ▶ *Condamnation de M. Millet à deux ans de prison.*

1 La directrice de VTV a décidé de supprimer les actualités.

2 VTV changera toute sa programmation à la rentrée.

3 Hier, la terre a encore tremblé au Japon.

4 Depuis un an, la criminalité a augmenté de 3 % dans les sociétés occidentales.

Phonétique

S'adresser à quelqu'un : le vocatif

① Comparez les deux courbes intonatives. Écoutez les deux séries d'énoncés suivantes. Répétez après le signal sonore.

a Vocatif

b Information

1 a Vous, sortez d'ici !

2 a Élisabeth, salut !

b Vous sortez d'ici.

b Élisabeth salue.

② Écoutez et dites si l'énoncé prononcé s'adresse à la personne qui est nommée ou s'il donne une information à son sujet (phrase déclarative, exclamative ou interrogative). Répétez l'énoncé enregistré.

1 a Sarah, ne dis rien !
   b Sarah ne dit rien !

2 a Sophie Delaunay, vous chantez cette chanson ?
   b Sophie Delaunay vous chantait cette chanson.

3 a Élisabeth, écoute la radio !
   b Élisabeth écoute la radio.

4 a Pierre et Monique, vous poserez les questions.
   b Pierre et Monique vous poseraient les questions.

Les oppositions [i], [y], [u]

③ Écoutez et répétez après le signal sonore.

1 Manu, c'est bien vu !

2 Manu, c'est bien vous !

3 Lulu l'a lu ?

4 Lulu la loue ?

5 Lulu la lit.

6 Lulu l'a vue.

④ Répétez les séries suivantes.

1 Mani, manu, manou — manou, manu, mani — mani, manu, manou, manu, mani.

2 Biche, bûche, bouche, bûche — bûche, bouche, bûche, biche — biche, bûche, bouche, bûche.

3 Loup, lu, lit, loup — loup, lu, lit, lu — loup, lu, lit, lu, loup — loup, lu, lit, lu, loup.

4 Su, si, sous, su — si, sous, su, si — su, si, su-su, si — su, si, sous, su-si — su, si, sous-su-si.

Unité 4

Production orale

① **Complétez les *Outils pour exprimer son accord/approuver* avec des expressions que vous connaissez déjà. Faites ensuite une liste d'expressions de sens contraire.**

> ### exprimer son accord/approuver
> **POUR...**
> – C'est évident…   – En effet…
> – Vous avez raison…   – Absolument…
> – Évidemment…   – Tout à fait…
> – Précisément…   – Bien entendu…

② **Voici la grille des questions posées dans un micro-trottoir. Utilisez cette grille pour interviewer votre voisin(e), demandez-lui au moins deux raisons pour justifier ses réponses. Jouez la scène à deux.** ....

A Est-ce que :
1. ❏ Vous préférez la TV locale ?
2. ❏ Vous préférez la radio locale ?
3. ❏ Vous pensez que TV et radio sont complémentaires ?

B Est-ce que vous souhaitez :
1. ❏ des émissions sur l'actualité ?
2. ❏ des enquêtes, des documentaires ?
3. ❏ des débats ?
4. ❏ la participation active du public ?
5. ❏ des émissions politiques ?
6. ❏ des émissions culturelles ?
7. ❏ la possibilité d'en savoir plus et de participer à des forums grâce à Internet ?

③ **Travaillez à trois.** Vous êtes au bar de votre hôtel quand deux client(e)s vous demandent votre avis sur la publicité à la télévision et à la radio. L'un(e) ne peut pas supporter la publicité, les interruptions du programme pour vendre des produits inintéressants… L'autre pense que l'argent de la publicité permet d'avoir de meilleurs programmes.
Réfléchissez : avec qui êtes-vous d'accord ? Notez trois arguments pour la publicité à la télévision ou à la radio et trois arguments contre. Imaginez ensuite votre discussion avec les deux client(e)s. Jouez la scène. …

> ### structurer le discours
> **OUTILS POUR...**
> *Indiquer l'ordre dans le temps*
> – Tout d'abord…
> – En premier/deuxième lieu…
> – Pour commencer…
> – Premièrement…
> – Après…
> – Enfin…
> – Pour terminer…
> *Ajouter/préciser quelque chose*
> – D'une part…, d'autre part…
> – D'un côté…, de l'autre…
> – De plus…
> – Par ailleurs…
> – Ensuite…

④ **Travaillez à deux. Imaginez la situation.**
À l'aéroport d'Orly, la police de l'air contrôle l'identité des passagers avant qu'ils montent dans l'avion. Vous montrez votre passeport et le policier vous demande de le suivre dans son bureau. Là, une photo qui vous ressemble beaucoup est affichée au mur. Le policier vous demande l'emploi du temps très précis de vos dernières 48 heures. Finalement, il s'excuse et vous pouvez prendre votre avion.
Faites, d'une part, la liste des questions que le policier va poser et, d'autre part, la liste de ce que vous avez fait pendant les deux derniers jours. Pensez aussi aux personnes qui vous ont vu(e). Inventez un dialogue, jouez-le entre vous une première fois, puis jouez-le devant la classe. ....

S'EXPRIMER

Écrit

Le fait divers

Le fait divers rapporte des événements, souvent locaux, qui touchent à la vie quotidienne et qui ont généralement un rapport avec les accidents, les vols, les affaires judiciaires diverses, les catastrophes provoquées ou naturelles, etc. Un fait divers peut être dramatique, comique ou insolite.

① **Lisez les deux textes suivants. À votre avis, pourquoi raconte-t-on ce genre d'histoire dans le journal ? Donnez-leur un autre titre.**

Un automobiliste trop prudent

Perpignan – Un automobiliste a dû payer une amende au Boulou (Pyrénées-Orientales), près de Perpignan, parce qu'il avait roulé à 30 km/h dans le centre-ville, vitesse jugée trop lente et gênante pour la circulation, d'après la police.
Finalement, l'automobiliste n'a pas été obligé de payer l'amende de 20 euros, et les fonctionnaires de police ont reçu pour consigne de ne plus mettre d'amende pour ce type d'infraction, a-t-on précisé au commissariat central de Perpignan.

Tout est bien qui finit bien !
Deux vaches sur l'autoroute A 84

Ille-et-Vilaine – Envie d'émotions ou tout simplement de vacances : hier matin, deux vaches se promenaient sur l'autoroute. Les gendarmes ont mis trois heures pour rétablir la circulation. L'opération a été difficile car, quand les deux bêtes ont vu les gendarmes, elles se sont séparées pour prendre l'une la direction de Rennes, l'autre la direction opposée. Heureusement, il n'y a eu aucun accident. Finalement, les douze gendarmes ont réussi à les attraper. Leur propriétaire est venu les chercher en début d'après-midi à la gendarmerie.

② **Relisez les deux faits divers et observez les deux points suivants.**
  1 Comment les deux textes sont-ils construits ? (Comment commencent-ils ? Comment finissent-ils ? Où l'information la plus importante se trouve-t-elle ?)
  2 Comment les deux histoires sont-elles racontées (avec sérieux, humour, suspense…) ?

③ **Formez des groupes de deux, trois ou quatre étudiant(e)s. Choisissez l'un des titres suivants, puis imaginez le fait divers qu'il présente.**
  1 Choisissez la/les meilleure(s) idée(s), le(s) personnage(s), le cadre, etc.
  2 Imaginez l'histoire ensemble.
  3 Rédigez chacun votre version de l'histoire.
  4 Comparez vos textes.
  5 Rédigez ensemble le fait divers présenté par votre groupe.
  6 Affichez dans votre classe tous les faits divers rédigés par les différents groupes.

L'heureux gagnant du loto s'appelle Rex !

Gravement blessé par une boule de pétanque

Le voleur est parti en rollers

PARENTS ABANDONNÉS PAR LEURS ENFANTS SUR UNE AIRE D'AUTOROUTE

DÉFENSE DE STATIONNER SUR LE PARKING

BAIGNADE INTERDITE DANS LES BASSINS DE LA MAIRIE

Lancement d'une nouvelle chaîne de télévision

PARIS *(les agences)* – **La société BonjourCiné, guide de cinéma multi-accès (Minitel, Internet, téléphone…), lancera le 1ᵉʳ décembre une chaîne de télévision thématique sur le cinéma.**

Proposée dans un premier temps sur le câble, Bonjour Ciné Télévision présentera l'actualité du cinéma 24 heures sur 24, dont sept heures quotidiennes de programmes en direct.

PAS DE FILMS POUR LA CHAÎNE SUR LE CINÉMA

Elle ne diffusera pas de films. Les programmes seront organisés autour de flashes d'information, de dix à quinze minutes, sur le cinéma, toutes les demi-heures. Ils ponctueront une grille composée de reportages, d'images de tournages, de bandes-annonces, de critiques de films, de portraits de réalisateurs, scénaristes, acteurs, etc.

Un comité éditorial indépendant, formé de professionnels du cinéma (exploitants, distributeurs, producteurs, critiques…), portera un regard extérieur sur la chaîne et veillera au pluralisme des programmes. De même, dans un souci de justesse et d'équilibre, les bandes-annonces des films de la semaine seront diffusées le même nombre de fois chacune, la semaine précédant la sortie du film et la semaine suivante.

FINANCÉE PAR LA PUBLICITÉ

La chaîne sera financée par la publicité. Il y aura des annonces publicitaires avant et après les bandes-annonces, avec le petit bonhomme et son piolet, comme au cinéma. La chaîne devrait être rentabilisée en trois ou quatre ans.

LA TÉLÉ QUI FAIT AIMER LE CINÉMA

« Nous voulons faire aimer le cinéma, donner aux gens l'envie d'aller dans les salles. C'est une chaîne d'avant-séance », a déclaré Pierre-Louis Poiret, P-DG de BonjourCiné Télévision.

---

④ **Sans lire l'article ci-dessus, repérez son titre, le chapeau, les différentes parties, le nom de la rubrique à l'intérieur du journal.**

⑤ **Lisez le titre, le chapeau et le titre des différentes parties. Quel est l'objectif principal de cette nouvelle chaîne de télévision ? Comment sera-t-elle financée ?**

⑥ **Lisez l'article en entier. Quelles informations complémentaires avez-vous trouvées dans le corps de l'article ?**

⑦ **Quelles sont les fonctions des différents éléments de l'article : du titre ? du chapeau ? des titres de parties ?**

⑧ **Réfléchissez. Qui a fourni l'information pour écrire ce petit article ?**

⑨ **Relisez l'article. Proposez d'autres titres pour les différentes parties et pour l'article lui-même.**

⑩ **Rédigez un petit texte à partir de cet article qui doit être lu par des francophones habitant dans votre pays.**
  1 Réfléchissez à deux.
  • Allez-vous garder la référence au Minitel ?
  • Est-ce qu'il faut parler du câble ?
  • Est-ce qu'il serait bon d'annoncer le rôle de la publicité ?
  2 Écrivez le texte, relisez-le, puis échangez-le avec celui de votre voisin(e). Comparez vos textes.
  3 À partir de vos deux textes, rédigez ensemble la version définitive.

⑪ **Au moment de passer l'article ci-dessus, le rédacteur en chef constate qu'il n'y a plus assez de place. Transformez l'article en une brève de quelques lignes qui donnera l'essentiel de l'information.**

Pause-jeux

❶ Récréation

➥ **La phrase cachée. Retrouvez ce jugement sur le cinéma inspiré de l'écrivain Georges Duhamel. Pour trouver les neuf mots de la phrase, remontez dans la bonne case une des lettres de la colonne correspondante.**

	L			D	Y											
		M									P					
														H		
I	A	A	D	E	E	A	N	E	F	L	E	C	D	E	R	
P	E	S	G	D	N	M		E	S	M	E	R	M	E	S	
				Y	S	R		I		E			I	T		

❷ Apprendre à apprendre

➥ **Remplacez les pronoms *l', y, ça, c', en* par les noms suivants : *décision – jeu – nouvelle – réaction – réussite – sport – succès*.**

1 Certaines associations ont critiqué l'émission. L'animatrice ne s'y attendait pas.

2 Depuis une semaine on affichait complet au théâtre Gérard-Philipe de Saint-Denis. Ça encourageait la troupe à continuer.

3 Il a démissionné. Ça a surpris tout le monde.

4 Il est conseillé aux personnes âgées de faire de la natation. C'est excellent pour la santé.

5 Paul a réussi son concours d'entrée. Sa mère en est très fière.

6 Il joue souvent aux échecs. Ça le passionne.

7 La radio a annoncé que Padoli quitte l'OM. Son entraîneur l'a confirmé.

Réfléchissez. Dans chaque phrase, dites si le pronom reprend :

a une phrase entière ;

b un COD de la phrase précédente ;

c un complément précédé de la préposition *de* ;

d un complément précédé de la préposition *à*.

❸ En toute logique

➥ **Trouvez pour chacun des verbes suivants un ou plusieurs noms qui ont la même racine.**

Chanter ▶ **chant, chanteur, chanson.**

Construire ▶ **construction, reconstruction, constructeur.**

1 Acheter.		**7** Passer.	
2 Applaudir.		**8** Produire.	
3 Coiffer.		**9** Programmer.	
4 Commencer.		**10** Réparer.	
5 Gêner.		**11** Vendre.	
6 Marcher.		**12** Dessiner.	

❹ Projet

➥ **Préparez une interview pour la télévision.**

1 Définissez la situation : qui jouera le rôle de la personne qui interviewe, de celle qui sera interviewée, quel événement a motivé l'interview (publication d'un livre, rencontre sportive, succès artistique, etc.) ?

2 Préparez le scénario : vous pouvez ajouter à l'interview des témoignages, des reportages, la présentation de souvenirs, d'anecdotes, l'intervention d'un critique, d'un(e) lecteur/lectrice, d'un(e) spectateur/spectatrice, etc.

3 Par groupes, distribuez-vous les rôles. Préparez un questionnaire pour la personne qui interviewe, un court récit d'anecdotes, etc.

4 Chaque groupe choisit un(e) représentant(e) et joue un extrait de l'interview.

❺ Noir sur blanc

➥ **Complétez avec *tout, toute, tous* ou *toutes*.**

C'est vrai que, grâce à la télévision, on a ... les spectacles à domicile. Il est ... à fait certain que les émissions ne sont pas ... de mauvaise qualité. Bien sûr, il y en a certaines qui n'intéressent pas ... le monde. De ... façon, il faut savoir choisir et ne pas ... regarder. En ... cas, la télévision distrait et stimule la curiosité, même si elle ne peut pas satisfaire les goûts de ... les spectateurs.

Comportements
Une journée avec les médias

La journée type d'un Français

• **6 h 30/9 h 30 :** c'est la radio qui réveille les Français, les accompagne sous la douche, pendant le petit déjeuner, puis dans la voiture. Les gens découvrent les grands titres de l'actualité, écoutent les interviews en direct de personnalités politiques ou artistiques. Ils s'intéressent aussi au trafic routier et aux problèmes de transports en commun. Les stations de radio diffusent aussi beaucoup de chansons.

• **13 heures :** c'est l'heure du journal télévisé (le JT) de la mi-journée, très centré sur la France et sur ses régions. Les événements internationaux sont évoqués, mais la vie locale, les initiatives individuelles, la gastronomie et les traditions font partie des sujets les plus développés (sur France 2, mais surtout sur TF1). Ce journal est très suivi (73 % des Français déjeunent chez eux).

• **20 heures :** les informations télévisées sont très suivies et très populaires. On ne dit même plus le journal de 20 heures, mais *le 20 heures* ! C'est l'heure où le taux d'écoute est le plus élevé. Souvent, les gens dînent pendant qu'ils regardent les informations.

• **La météo** (les prévisions météorologiques) est une émission à part entière. Elle passe environ dix minutes après la fin du journal télévisé, généralement entre 20 h 45 et 20 h 55. Cette émission fait une très bonne audience : les Français aiment avoir des nouvelles du temps. La presse écrite quotidienne a aussi une page météo.

	Samedi 20 MAI	Dimanche 21 MAI	Lundi 22 MAI	Mardi 23 MAI	Mercredi 24 MAI	Jeudi 25 MAI	Vendredi 26 MAI
TF1	20.55 L'ULTIME VOYAGE Téléfilm de Roger Cardinale	20.55 Film A L'ÉPREUVE DU FEU d'Edward Zwick avec Denzel Washington	20.55 UNE FAMILLE FORMIDABLE Série - Le Clash	20.55 Film FORREST GUMP de Robert Zemeckis avec Tom Hanks	20.35 FOOTBALL Finale de la Ligue des champions	20.55 JULIE LESCAUT Série - L'Inconnue de la Nationale	20.55 LES ENFANTS DE LA TÉLÉ Divertissement
2	20.55 FALLAIT Y PENSER Divertissement	20.50 Film WESTERN de Manuel Poirier avec Sergi Lopez	20.50 LES ENFANTS DU PRINTEMPS (1/3) Téléfilm de Marco Pico	20.50 LES ENFANTS DU PRINTEMPS (2/3) Téléfilm de Marco Pico	20.55 LES ENFANTS DU PRINTEMPS (3/3) Téléfilm de Marco Pico	20.50 ENVOYÉ SPÉCIAL Magazine	20.50 MAIGRET CHEZ LES RICHES Série
3	20.55 LA PART DE L'OMBRE Téléfilm de P. Venault avec Alexandre Viallet	20.55 ENQUÊTE PRIVÉE Série Deux épisodes	20.55 HORS SÉRIE Shanghai, la ville de tous les désirs	20.55 LES BÊTISES DE MONSIEUR PIERRE Divertissement	20.55 LA MARCHE DU SIÈCLE Magazine	20.55 Film HAUTE TRAHISON de George P. Cosmatos avec Charlie Sheen	20.55 THALASSA Magazine Farines amères
CANAL+	20.40 SAMEDI COMÉDIE Blague à part ; Spin City ; Seinfeld ; Dilbert	20.15 L'ÉQUIPE DU DIMANCHE Football et rugby	20.40 Film CHAPEAU MELON ET BOTTES DE CUIR de Jeremiah Chechik	20.40 Film LES PUISSANTS de Peter Chelsom avec Sharon Stone	21.00 Film AU-DELÀ DE NOS RÊVES de Vincent Ward	20.40 Film JE RÈGLE MON PAS SUR CELUI DE MON PÈRE	21.00 Film HALLYDAY PAR JOHNNY Documentaire
arte	20.45 LES CHEMINS DE SAMARCANDE Documentaire (3/3)	20.40 Film ENNEMIS INTIMES de Werner Herzog	20.45 Film ... COMME ELLE RESPIRE de Pierre Salvadori	20.45 LE RÊVE DE PERLA Sur les traces des nains d'Auschwitz Documentaire	20.45 LE SPECTRE DE LA CRISE Documentaire	20.45 JAPON, TRANCHES DE VIE Documentaire	20.45 LA CHAMBRE DES MAGICIENNES Téléfilm de C. Miller
M6	20.55 LA TRILOGIE DU SAMEDI Séries	20.50 ZONE INTERDITE Magazine Enfance violée : la brigade des mineurs enquête	20.50 Film LÉGENDES D'AUTOMNE d'Edward Zwick avec Brad Pitt	20.50 TOUTES LES TÉLÉS Magazine	20.50 L'AMOUR A VIF Téléfilm de Jean-Pierre Améris avec Sophie Aubry	20.50 STARGATE : SG-1 Série Deux épisodes	20.55 COMPTE A REBOURS Téléfilm d'A. Bornhak

La télé, c'est le nom familier que l'on donne à la télévision, mais aussi au téléviseur. On parle de *petit écran* pour désigner la télévision en opposition au *grand écran* du cinéma.

1 Regardez la grille des programmes de soirée de TF1, France 2, France 3, Arte et M6. Quels types de programmes est-ce qu'on retrouve sur plusieurs chaînes le dimanche et le lundi soir ? Qu'est-ce qui ne passe sur aucune de ces chaînes le mercredi et le vendredi ?

🌐 Les Français passent en moyenne trois heures par jour devant le petit écran. Et vous ? Comparez votre réponse et celle de vos voisin(e)s.

34 % des Français allument la télé dès qu'ils rentrent chez eux. 35 % des Français laissent la télé allumée même si personne ne la regarde.

🌐 Est-ce qu'il y a des points communs entre cette grille et les programmes de votre pays ?

🌐 À quelle heure passe le JT du soir dans votre pays ? Est-ce qu'on regarde la télévision pendant le repas ?

INTERCULTUREL

4

Interculturel-Interculturel-Interculturel-Interculturel-Intercu
Interculturel-Interculturel-Interculturel-Interculturel-Interc
Interculturel-Interculturel-Interculturel-Interculturel-Interc

Cadres de vie

Les médias

La télévision occupe une place importante dans les familles françaises. 95 % des foyers ont un téléviseur, les autres ont choisi de vivre sans.
- Les chaînes de télévision nationales sont au nombre de six :
– quatre sont publiques (France 2, France 3, Arte et la Cinquième) ;
– deux sont privées (TF1 et M6).
- Il y a aussi des chaînes payantes sur abonnement : Canal +, le câble, TPS (télévision par satellite) et Canal Satellite. Pour les recevoir, il faut soit avoir un décodeur, soit habiter dans une zone câblée, soit posséder une antenne parabolique. On peut alors capter des chaînes thématiques (musique, cinéma, sport, etc.) françaises ou étrangères.

PORTRAIT D'UN JOURNALISTE-VEDETTE

● Né en 1947 à Reims, Patrick Poivre d'Arvor, surnommé PPDA, a fait des études de droit, de journalisme, de sciences politiques et de russe.
● À 24 ans, il entre à France Inter (station de radio) comme présentateur puis devient grand reporter.
● En 1975, il devient responsable du service politique d'Antenne 2 (ancien nom de France 2) et présente son premier JT le 23 février 1976.
● Il présente le 20 heures de TF1 depuis septembre 1987. Il a aussi écrit une vingtaine de romans.
● Il présente un magazine culturel qui traite de littérature : *Vol de nuit*.

Arte, chaîne franco-allemande associée à d'autres télévisions européennes, diffuse, à partir de 19 heures, des émissions culturelles (films, spectacles, documentaires...).
La Cinquième, chaîne du savoir et de la formation, diffuse sur le même canal de 4 heures du matin jusqu'à 19 heures.

TV5 est la première chaîne mondiale de langue française avec plus de 135 millions de foyers qui la reçoivent (plus d'un demi-milliard de téléspectateurs), la troisième chaîne mondiale après MTV et CNN, la première chaîne du câble et du satellite en France.
TV5 diffuse des émissions françaises, belges, suisses, canadiennes, québécoises et africaines, 24 heures sur 24, sur les cinq continents.

1 TV5 diffuse des émissions qui viennent de quels pays ? Qu'est-ce que ces pays ont en commun ?

2 Quel est votre programme préféré à la télé ? À deux, discutez avec votre voisin(e) et justifiez votre réponse.

🌐 Est-ce qu'il y a dans votre pays un présentateur-vedette comme PPDA ?

3 Vous êtes invité(e) au journal de 20 heures pour parler de la télévision de votre pays. Préparez l'interview avec le/la journaliste puis jouez la scène.

Cadres de vie
Les médias

L'Équipe, qui est le premier des quotidiens français avec une moyenne de 1 855 000 lecteurs par numéro, est un journal sportif : on n'y suit que l'actualité du sport !

Les cinq hebdomadaires les plus lus (avec plus de 7 millions de lecteurs chacun) sont : *TV Magazine*, *Télé 7 Jours*, *Femme actuelle*, *Télé Z* et *Télé Star*.

Radio France Internationale (RFI) diffuse des émissions en français dans le monde entier. Elle a des antennes dans de nombreux pays ou zones géographiques et émet aussi quelques heures par jour dans la langue locale.

La presse

• Quand on parle de **la presse**, on parle des journaux quotidiens, des hebdomadaires, des mensuels, etc. Les quotidiens peuvent être locaux (publiés en province, vendus localement) comme *Ouest France* (titre régional le plus lu en France), *Nice-Matin*, *Sud-Ouest*… ou bien nationaux (publiés à Paris et vendus dans toute la France) comme *Le Monde*, *Libération* ou *L'Équipe*.

• Les journalistes disent être objectifs par rapport aux faits, mais les titres de presse ont souvent une orientation politique marquée. Ainsi, *Le Figaro* est un quotidien national assez conservateur, *Libération* est plutôt socialiste et *L'Humanité* est le journal du Parti communiste.

• Un Français sur deux lit régulièrement la presse quotidienne régionale et un Français sur cinq la presse quotidienne nationale. C'est beaucoup moins qu'il y a trente ans et c'est peu comparé à la Grande-Bretagne, par exemple, où les gens lisent deux fois plus qu'en France.

En ce qui concerne la presse hebdomadaire et mensuelle (magazines), la situation est très différente : la plupart des Français (95,5 %) lisent des magazines. Le choix est grand : presse féminine (*Femme actuelle*, *Elle*, *Marie-Claire*…), magazines d'actualité (*Le Nouvel Observateur*, *Le Point*, *L'Express*…), presse dite à sensation (*Paris-Match*, *Voici*) et surtout la presse de télévision qui représente les plus grosses ventes (*Télé 7 Jours*, *Télé Z*, *Télérama*). Il y a aussi une presse religieuse avec le quotidien *La Croix*, des revues spécialisées en sciences, comme *Science et Vie*, ou dans la décoration, le jardinage, l'automobile, etc.

La radio

• Les foyers français sont tous équipés d'au moins un poste de radio.
• 95 % des automobilistes disposent d'un autoradio.
• Comme pour la télévision, il y a des stations de radio privées à but commercial (RTL, Europe 1, NRJ, Skyrock, Fun Radio…) et des stations de radio du service public (France Inter, France Culture, Radio France Internationale…)
• La radio est le média qui inspire le plus confiance aux Français pour la qualité des informations, plus que la télévision et la presse.

🌍 Quelle(s) station(s) de radios francophones pouvez-vous capter dans votre pays ?

1 Combien de temps par jour passez-vous à écouter la radio ? Et à regarder la télévision ? Comparez vos réponses. Qu'en concluez-vous ?

🌍 Quels types de magazines, de quotidiens peut-on trouver chez vous ?

🌍 Est-ce qu'il y a aussi dans votre pays des chaînes de télé privées et des chaînes publiques ? Est-ce qu'il y a une différence dans les programmes ? Si oui, que préférez-vous regarder ? écouter ?

2 Que pensez-vous de cette phrase de F. Balle, directeur de l'Institut français de presse : *Les médias ne sont que ce qu'on en fait* ?

4

Pour aller plus loin...

DELF unité A3 – Écrit 1
Analyse du contenu d'un texte

Olivier Robert, cameraman indépendant :

« On ne sait jamais ce qu'on va faire le lendemain. »

Dimanche à Rouen, mardi au Danemark et vendredi au Maroc. Olivier Robert ne voyage pas seulement pour le plaisir. Il est cameraman indépendant, et travaille vingt-cinq à trente jours par mois : « *Refuser d'être intégré à une entreprise, c'est un choix. Je voulais **être libre**.* » Il bénéficie du statut d'intermittent du spectacle. « *Pour avoir droit à des allocations de chômage, il faut travailler plus de 507 heures dans l'année. J'y arrive facilement, car il y a énormément de boulot.* » Les débuts sont parfois difficiles, il faut se faire connaître. Mais, à trente-six ans, Olivier a su créer son réseau.

Ce statut d'indépendant lui permet de changer d'employeur et de traiter des sujets très variés, de la violence à Sarcelles au congrès danois des Pères Noël... Il travaille pour France 2, mais aussi pour des producteurs américains ou japonais. « *Je peux même refuser des reportages.* » Enfin, en théorie, car il risquerait d'être remplacé et oublié. Ses journées sont longues, douze heures en moyenne, qui comprennent le temps nécessaire au transport et à la documentation.

« *Je travaille trop, mais j'aime ça* », affirme Olivier. Ce qui est le plus **pénible** en fait, c'est l'incertitude. « *On ne sait jamais ce qu'on va faire le lendemain.* » Impossible de prévoir des rendez-vous personnels car il faut être toujours disponible. Difficile aussi de consacrer du temps à sa famille. « *On se vide vite.* » Il parle de sa fille qu'il ne voit jamais et des huit kilos de sa caméra. « *Dans dix ans, **je passerai à autre chose**.* »

D'après *Le Nouvel Observateur*,
du 23 au 29 septembre 1999.

1 Dites si les affirmations suivantes sont vraies *(V)* ou fausses *(F)*. Quand elles sont fausses, corrigez-les.
  1 Olivier voyage pour son travail.
  2 Olivier ne veut pas travailler pour une seule entreprise.
  3 Olivier n'a pas trop de travail.
  4 Il est spécialisé sur le thème de la violence.
  5 Tous les employeurs d'Olivier sont européens.
  6 Olivier refuse beaucoup de reportages.
  7 Il voit sa fille très rarement.

2 Choisissez les mots qui peuvent remplacer les expressions en gras.
  1 Je voulais **être libre**.
    a pouvoir voyager ;
    b ne pas dépendre toujours du même employeur ;
    c rester célibataire.

2 Ce qui est le plus **pénible** en fait, c'est l'incertitude.
    a difficile à supporter ;
    b fatigant ;
    c remarquable.
  3 Dans dix ans, **je passerai à autre chose**.
    a je vivrai dans une autre ville ;
    b je changerai de métier ;
    c je projetterai d'autres films.

3 Expliquez, en trente mots maximum à chaque fois, les expressions soulignées.
  1 Il faut se faire connaître.
  2 À 36 ans, Olivier a su créer son réseau.
  3 Je travaille trop, mais j'aime ça.
  4 On ne sait jamais ce qu'on va faire le lendemain.

quatre-vingt-quatre

84

ENQUÊTES ET REPORTAGES

Contrat d'apprentissage

■ **communicatif**

– exprimer son opinion, son appréciation

– faire une hypothèse

– s'informer

– exposer un fait

■ **linguistique**

– les pronoms *en* et *y* (révision)

– la place des pronoms compléments dans la phrase

– le participe présent

– le gérondif

– la nominalisation : le suffixe *-eur/-euse*

■ **interculturel**

– les collectionneurs

– les loisirs des Français

[cassette] Villeurbanne est connue pour son dynamisme dans le domaine culturel, mais aussi pour ses succès sportifs, en particulier en basket-ball. C'est donc tout naturellement que VTV a décidé de réaliser une série d'émissions sur les Villeurbannais et le sport. Claire et Alex ont été chargés de préparer un document pour une des émissions prévues, et Élise Mignot fait le point sur leur travail. C'est l'occasion pour elle d'exposer ses idées sur ce que doit être une télévision locale. Les deux jeunes journalistes, eux, se demandent comment mettre en pratique les consignes qu'ils ont reçues et finissent par consulter des forums sur Internet.

ENQUÊTES ET REPORTAGES

FORUM

Témoins et suspects

● **BERNARD THIBAULT**, le champion cycliste de l'équipe Blanquerne. Connu pour son sérieux et son honnêteté… Mais on a trouvé de l'EPO dans son sang…

● **CHRISTIAN JAMMOT**, directeur sportif de l'équipe Blanquerne. Il risque de perdre sa place à cause de cette affaire.

● **LE DOCTEUR LÉVY**, chef du service de santé, chargé du contrôle antidopage.

● **VÉRONIQUE GILBERT**, l'attachée de presse de Blanquerne. Elle a l'impression que la qualité de son travail n'est pas reconnue et elle aime le directeur sportif de l'équipe, mais lui ne s'en est pas rendu compte…

● **CHRISTOPHE KLEIN**, directeur de l'équipe Alizzio, la concurrente de Blanquerne. Ce serait une bonne chose pour lui si les champions de Blanquerne étaient accusés de dopage, cela augmenterait les chances de gagner de son équipe…

● **ARMAND BARTROLI**, technicien de Blanquerne. À un contrôle de l'étape, c'est lui qui a passé à Bernard Thibault la musette avec sa nourriture.

UNE ENQUÊTE POLICIÈRE DANS LE MONDE SPORTIF

QUI A DOPÉ BERNARD THIBAULT ?

Mystère et sensation au Critérium des Alpes : Bernard Thibault déclassé !

Grenoble, 28 juin. Le superchampion cycliste Bernard Thibault, qui, hier encore, a fini premier à l'étape principale du Critérium des Alpes, a été déclassé après un contrôle antidopage auquel il a été soumis à l'arrivée. En effet, le nouveau test pour détecter la présence d'EPO[1] dans le sang a donné des résultats positifs. Mais Bernard Thibault affirme qu'il n'a pris aucune substance interdite. Connaissant l'honnêteté de notre champion, les observateurs s'interrogent : « Que s'est-il passé exactement ? Bernard Thibault s'est-il dopé ou l'a-t-on dopé sans qu'il le sache ? » Une enquête est ouverte, sous la direction de l'inspecteur Philibert Thoireau, de la brigade antidrogue.

1. Substance, habituellement utilisée pour soigner l'anémie, avec laquelle certains sportifs se dopent.

Les interrogatoires de l'inspecteur Thoireau

1
- *Avez-vous quelque chose à déclarer, monsieur Thibault ?*
- *Non, inspecteur. Je n'ai pris aucune substance interdite, je vous le promets. Je ne comprends pas ce qui s'est passé. Mes performances ne font visiblement pas plaisir à tout le monde…*

2
- *Docteur Lévy, est-ce que vous êtes sûr des résultats de l'analyse de Bernard Thibault ?*
- *Absolument.*
- *Comment fonctionne le contrôle sanguin ?*
- *Nous utilisons un analyseur qui permet d'étudier le sang des coureurs. Les résultats sont transmis à un ordinateur qui révèle la présence d'EPO.*
- *Vous avez dit : transmis à un ordinateur ?*
- *Effectivement, à mon ordinateur personnel…*
- *Encore un mot, docteur : qui connaissez-vous dans l'entourage de M. Thibault ?*
- *Mais je ne connais personne… Ah ! si : Véronique Gilbert, l'attachée de presse, elle est passée me voir hier soir.*

3
- *Monsieur Jammot, qui se charge de la nourriture de vos coureurs pendant la course ?*
- *Armand Bartroli, pourquoi ?*
- *Depuis quand travaille-t-il avec vous ?*
- *Je ne sais pas, deux ou trois ans. C'est un vrai professionnel, il fait ce métier depuis quinze ans…*

4
- *Mademoiselle Gilbert, voyons… Où étiez-vous hier soir, après la course ?*
- *Eh bien, je ne sais pas, moi, à mon hôtel, je suppose.*
- *Dites-moi, vous connaissez le docteur Lévy ?*
- *Non, pourquoi ?*

5
- *Monsieur Christophe Klein, je vais être direct, c'est à vous que profite cette affaire : Thibault déclassé, vos coureurs passent en tête du classement général.*
- *Et alors, je n'y suis pour rien…*
- *Vous auriez peut-être pu…*
- *Ah ! écoutez, inspecteur, vous exagérez un peu…*

6
- *Alors vous, monsieur Bartroli, vous êtes responsable de l'alimentation des coureurs ?*
- *Oui, c'est ça, depuis deux ans.*
- *Et avant, où étiez-vous ?*
- *Chez Alizzio, pourquoi ?*
- *Chez Alizzio, tiens, tiens…*
- *Oh ! mais attention ! il ne faudrait pas croire…*

---

1 **Regardez** la BD, **lisez** l'article, la présentation des personnages et **cherchez** des pistes.
1 Croyez-vous que Bernard Thibault dise la vérité ?
2 Qu'est-ce qui s'est passé ?

2 **Faites des hypothèses** sur les mobiles des personnes. Pourquoi auraient-elles fait quelque chose d'illégal ?

 3 **Écoutez** les interrogatoires de B. Thibault et des témoins.
1 Qui a menti à l'inspecteur Thoireau ? Pourquoi, d'après vous ?
2 Pourquoi l'inspecteur interroge-t-il le docteur Lévy ?
3 Pourquoi demande-t-il à V. Gilbert si elle connaît le docteur ?
4 Pourquoi dit-il *Tiens, tiens…* à la fin de l'interrogatoire de Bartroli ?

 4 **Écoutez** l'enregistrement reçu par Thoireau et **répondez**.
1 Qui a donné la cassette à l'inspecteur ?
2 Pourquoi ?
3 Est-ce que le message confirme vos soupçons sur le/la coupable ?

5 **Répondez** aux questions.
1 Est-ce que le/la responsable de cette affaire a agi seul ou est-ce qu'il/elle a un(e)/des complice(s) ?
2 Qui a initié toute l'affaire ?

6 **Relisez** la phrase : *Connaissant l'honnêteté de notre champion, les observateurs s'interrogent…* **Réfléchissez.** Qui est-ce qui connaît l'honnêteté du champion ?

7 Que pensez-vous des affaires de dopage dans le sport de compétition ? **Organisez** un débat sur ce sujet.

 8 **Refaites** l'enquête policière. **Distribuez** les rôles (policier et personnages) et **jouez** la scène.

quatre-vingt-sept

AGIR - RÉAGIR

Ⓐ Alors, où en est-on ?

❶ Lisez les affirmations suivantes. Écoutez l'enregistrement, puis dites si elles sont vraies ou fausses. Rectifiez si nécessaire. ....

1 Claire et Alex font un stage à VTV.

2 L'émission qu'ils préparent avec Élise Mignot montrera des extraits de grands matchs.

3 Les habitants de Villeurbanne ne font presque pas de sport.

4 Élise Mignot veut montrer le comportement des gens face au sport.

ÉLISE MIGNOT : Alors, cette émission sur le sport à Villeurbanne, où en est-on ?

CLAIRE : Voilà, avec Alex, on s'est surtout posé des questions. À qui on s'adresse, ce qu'on veut montrer, comment...

ÉLISE MIGNOT : Vous avez les questions. Vous avez aussi les réponses ?

ALEX : Il fallait d'abord mieux connaître le public. On a travaillé en faisant des hypothèses et en imaginant les réactions.

ÉLISE MIGNOT : Alors, qu'est-ce que vous proposez ?

ALEX : On a deux entretiens, quelques micros-trottoirs...

CLAIRE : On pensait aussi à quelques séquences du dernier match de foot.

ÉLISE MIGNOT : Mais, Claire, ça n'a aucun intérêt ! Ceux qui voulaient le voir, ils l'ont vu, le match. C'est le comportement de la population face au sport que nous voulons montrer dans cette émission. Le réalisateur, Pierre Bourdeau, vous l'a bien dit en vous présentant le projet au début du stage... Vous n'en tenez pas compte !

CLAIRE : On voulait montrer les réactions du public...

ÉLISE MIGNOT : Non, non ! Ce n'est pas en rappelant un événement sportif ou en faisant parler les spectateurs que vous allez montrer que plus d'un Villeurbannais sur deux est inscrit à un club sportif ! C'est ce comportement qui est exceptionnel. C'est ça qu'il faut montrer : les enfants voulant s'inscrire à un club, les parents qui les encouragent. Plus de la moitié de la population qui pratique un sport !

CLAIRE : On pourrait donner des statistiques.

ÉLISE MIGNOT : Pas seulement ! Pensez au courrier des lecteurs dans la presse... Les gens ne racontent pas le Tour de France. Oui, ils en parlent, mais ils donnent surtout leur avis sur le problème du dopage, par exemple.

ALEX : C'est comme dans les forums sur Internet. Je vais regarder ce soir. En y réfléchissant bien, j'aurai peut-être une idée.

---

❷ Lisez le texte et vérifiez vos réponses.

❸ Relevez les énoncés qui indiquent qu'Élise Mignot n'est pas d'accord avec les stagiaires. Comment Claire et Alex réagissent-ils à ses reproches ?

❹ Repérez dans le texte les formes verbales en -*ant*. Distinguez celles qui sont précédées de *en* et celles qui ne le sont pas. Lesquelles peut-on remplacer par une proposition relative ?

❺ Réfléchissez. Dans la phrase *En y réfléchissant bien, j'aurai peut-être une idée*, quel est le sujet de *réfléchissant* ?

Par quelle proposition subordonnée peut-on remplacer *en y réfléchissant bien* ?

Unité 5

B Le commissaire aime jouer aux boules

1 Écoutez la conversation entre Élise Mignot et le commissaire Tissot. Trouvez-vous le commissaire sympathique ? Aimez-vous sa voix ? À votre avis, quel genre d'homme est-il ? ....

2 Réécoutez la conversation. Que nous apprend-elle sur la personnalité du commissaire et sur sa conception du rôle de la police ? ....

3 Comparez : *Il n'y a eu aucun incident grave à signaler* et *Il n'y a eu, heureusement, aucun incident grave à signaler*. Quelles différences de sens y a-t-il entre ces deux phrases ?

4 Claire, la stagiaire, vous téléphone pour vous demander de participer à l'émission sur le sport. Formulez ses questions et vos réponses, puis jouez la scène à deux. ....

C Tu as trouvé quelque chose ?

1 Lisez les questions suivantes, écoutez l'enregistrement et répondez. ....
  1 Qu'est-ce qu'Alex a fait pour préparer l'émission ?
  2 Qu'est-ce qu'il a trouvé ?
  3 Pourquoi Alex ne veut pas encore aller voir Élise Mignot ?

2 Réécoutez la conversation et lisez le texte. Alex a-t-il une idée précise de ce qu'il veut faire ? Claire est-elle convaincue ? Justifiez vos réponses. ....

3 Réécoutez ou relisez le document A, puis imaginez la réaction d'Élise Mignot écoutant Alex exposer ses nouvelles idées. ....

4 Dans le texte, certains verbes ont deux pronoms compléments. Repérez-les. Où se trouvent les pronoms par rapport au verbe et dans quel ordre ?

CLAIRE :	Tu as trouvé quelque chose hier soir ?
ALEX :	Oui, des tas de documents. Je les ai téléchargés sur mon portable.
CLAIRE :	Tu les as là ? Montre-les-moi !
ALEX :	Euh... en fait, j'ai trouvé des gens qui parlaient d'eux, de sport... Tout n'est pas intéressant mais, en choisissant bien, on peut présenter différents comportements typiques.
CLAIRE :	Oui, Mignot nous l'a bien dit, il faut partir des gens, de leur comportement, de ce qu'ils disent...
ALEX :	Oui, oui, mais il faut aussi un cadre, sinon on ne s'y retrouve pas. Il faut des repères au téléspectateur ou à l'auditeur de radio.
CLAIRE :	Et comment on va faire ?
ALEX :	En surfant sur Internet, j'ai trouvé des citations, des chiffres, des articles, des études sur le sport et des trucs dingues. Il y a plein d'idées !
CLAIRE :	Si je te comprends bien, tu vas expliquer aux gens ce qu'ils font, leurs rapports au sport ?
ALEX :	Si tu veux, mais je ne veux pas le leur expliquer, je veux seulement le leur montrer, qu'ils se retrouvent dans notre émission et qu'ils s'y découvrent en même temps.
CLAIRE :	Je crois que c'est ce que Mignot voulait. En tout cas, ça me plaît bien. Allons lui en parler.
ALEX :	Ouais... Mais pas tout de suite. Il faut d'abord qu'on ait quelque chose à lui montrer...

D Sur Internet

1 Lisez ces témoignages extraits d'un forum sur le Tour de France. Qui y participe ?
Quel est le problème dont tous les participants parlent ?

**Le départ
du Tour de France
est dans une semaine.**
*Qu'avez-vous envie de dire
aux coureurs ?*

· ·

Envoyez-nous votre témoignage :
avous@bonjour.fr

· ·

**Richard Séguin, 25 ans,
étudiant,
Paris XIe**
Allez-y, courez votre Tour comme
si de rien n'était. Et surtout faites
votre course sans dopage, même
si vos résultats sont moins
impressionnants que les dernières
années. Je ne suis pas du tout

déçu par le Tour et les cyclistes qui
y participent. Moi-même, je connais
des coureurs amateurs et les
affaires de dopage n'ont pas été
une surprise pour moi. Je ne vous
en veux pas. Cet été, je continuerai
à regarder les étapes.

· · · · · · · · · · · · · ·

**Éliane Bazet, 61 ans,
retraitée,
Le Pré-Saint-Gervais (93)**
Il faut qu'ils aient de bons résultats,
qu'ils fassent un beau Tour de
France pour nous faire oublier les
problèmes de dopage de l'an
dernier. Ils doivent, avant tout,
penser à eux, sinon ils n'y arriveront
jamais. Il y a des brebis galeuses
partout. Qu'ils fassent leur métier,

pour que le Tour ne disparaisse
pas ! Moi, je continue à les aimer.

· · · · · · · · · · · · · ·

**Daniel Goudot, 22 ans,
chauffeur de bus,
Châlons-en-Champagne (51)**
Vous avez presque tout perdu en
faisant des bêtises ! Alors, n'en
faites plus, restez humains,
n'écoutez pas les mauvais conseils.
Montrez-nous le plus beau
spectacle possible et, surtout,
gagnez naturellement, sans l'aide
de médicaments.
Je vais particulièrement observer
le Tour pendant les étapes de
montagne. J'ai envie de voir ce
que vont faire les jeunes coureurs qui
feront leur premier Tour cette année.

---

2 Sans relire le texte, dites si les affirmations
suivantes sont vraies ou fausses. Quand elles sont
fausses, corrigez-les.
1 Éliane veut de beaux résultats au Tour de France
de cette année.
2 Richard n'a plus très envie de regarder le Tour.
3 Selon Éliane, on ne pourra jamais oublier les
problèmes de dopage.
4 Pour Richard, les affaires de dopage n'ont pas été
une surprise.
5 Éliane et Daniel pensent que les coureurs sont
victimes de mauvais conseils.
6 Daniel s'intéresse aux coureurs qui participent
pour la première fois au Tour.

3 Relisez le texte pour vérifier. Réfléchissez.
Pourquoi avez-vous fait des erreurs ? Vous n'avez
pas bien compris le texte ? Vous l'avez lu trop vite ?
Vous avez oublié une partie du texte ?

4 Relevez les phrases contenant *y* et *en*. Dites ce que
ces mots représentent à chaque fois ou s'ils ne
remplacent pas de mots précis.

5 Devinez le sens des expressions soulignées.
1 Courez votre Tour <u>comme si de rien n'était</u>.
2 Il y a <u>des brebis galeuses</u> partout.
**Vérifiez dans un dictionnaire, puis expliquez
les expressions.**
**Est-ce qu'il y a une expression imagée dans
votre langue qui a le même sens que l'expression
des brebis galeuses ?**

6 Formulez quelques conseils pour les coureurs du
Tour de France ou les sportifs d'une compétition
de votre pays.
1 Donnez d'abord vos conseils oralement.
2 En groupes de trois ou quatre, choisissez
les meilleurs conseils, puis rédigez votre texte
ensemble.

Grammaire

Les pronoms *en* et *y* (révision)

1 Relisez l'exercice 4 du document D dans la partie *Agir-réagir*. Observez la place et les emplois de *en* et *y*.

2 Complétez les règles et répondez aux questions.

« EN » REMPLACE :

■ le complément d'un verbe quand ce complément est introduit par la préposition … :
– *Tu as besoin de la voiture ? – Oui, …*
– *Vous avez envie de fruits ? – Oui, …*

■ un nom précédé par un article partitif, un article indéfini ou par une autre expression de quantité contenant *de* :
– *Vous reprenez du pain ? – Non, merci, je…*
– *L'été, je ne regarde pas beaucoup de films, et vous ? – Si, …*

■ des expressions de lieu introduites par la préposition … (elle indique l'origine, l'endroit d'où on vient) :
– *Tu connais bien Villeurbanne ?*
– *Bien sûr, … viens.*

« Y » REMPLACE :

■ le complément d'un verbe quand ce complément est introduit par la préposition … :
– *Vous participez aussi à l'émission d'Élise Mignot ? – Oui, …*

■ des expressions de lieu introduites par la préposition … (elle indique l'endroit où on est ou l'endroit où on va. *Y* remplace aussi les expressions de même sens introduites par les prépositions *dans, sur*, etc.) :
– *Comment est-ce que tu vas à VTV ?*
– *… à bicyclette.*

REMARQUES

■ On ne peut pas utiliser *en* et *y* pour remplacer un nom de personne. Il faut employer le pronom … précédé de la … :
– *Est-ce qu'on parle beaucoup d'Élise Mignot à Villeurbanne ? – Oui, …*
– *Est-ce que tu as pensé au réalisateur ? – Oui, …*

■ Les expressions figées avec *y* ou *en* sont nombreuses :
Je m'en vais. Il n'en est pas question.
Où en est-on ? On ne s'y retrouve pas.

3 Complétez le texte à l'aide des pronoms *en* ou *y*.

Ils ont quitté Paris et ne voulaient plus jamais … revenir. Ils rêvaient depuis longtemps de se … échapper et de vivre à la campagne. Ils … sont arrivés et ont travaillé à distance. Ils ont acheté une vieille ferme à côté de Bourges et se … sont installés. Ils … ont vécu très heureux mais après deux ans ils … ont eu assez.
Ils ont alors décidé de revenir à Paris et d'… trouver un appartement calme. Ils … partent dès qu'ils sont en vacances pour retrouver leur ferme.

La place des pronoms compléments dans la phrase

4 Lisez les exemples et complétez les règles suivantes (révision).

La place du pronom complément dans la phrase	G9

Je ne me suis pas promenée. Ça me plaît. Nous les regardons. On y va. On en prend.
• En règle générale, le pronom complément se place immédiatement … la partie conjuguée du verbe :
Lui prêter de l'argent, jamais ! Je ne peux pas te voir aujourd'hui.
• Les pronoms compléments sont généralement aussi placés … l'infinitif dont ils dépendent :

.../...

Grammaire

G9

Prends-le ! Téléphone-moi demain. Vas-y ! Promène-toi.

• À l'impératif affirmatif, le pronom complément se place … le verbe. Entre le verbe et le pronom, il y a toujours un trait d'union.

À la forme négative de l'impératif, on applique la règle générale :

Ne le regarde pas. N'en prenez pas. N'y va pas ! Ne te promène pas.

! Dans l'interrogation par inversion, le pronom complément se place avant le verbe.

Le veux-tu ? Les as-tu oubliés à Paris ? Te promènes-tu seul ?

Mémento : § E3

---

5 **Relisez les énoncés relevés à l'exercice 4 du document C d'*Agir-réagir* et observez la place des pronoms. À partir des exemples et des répliques suivantes, complétez la règle.**

*Pierre : Mignot a critiqué votre reportage, donc vous **le lui** avez montré ?*

*Alex : Nous lui en avons seulement parlé. Elle voulait savoir si nous **vous l'**avions montré.*

G9

Deux pronoms compléments d'objet (COD, COI)

Quand deux pronoms dépendent du même verbe, ils se placent tous les deux … la partie conjuguée du verbe, sauf à l'impératif affirmatif (dans ce cas, les deux pronoms se placent après le verbe).

L'ordre des pronoms compléments est toujours le même :

me/m'					
te/t'	le/l'				
se/s'	la /l'	lui			
nous	les	leur	y	en	
vous					

Je vous la réserve pour demain.
Ne me la donne pas maintenant.
Tu ne lui en donnes pas ?
Je t'en avais acheté deux.
Les lui rendre, jamais.
Je voudrais la leur montrer.

! À l'impératif affirmatif, on a toujours l'ordre suivant : verbe + COD + COI sauf avec le pronom en qui se place toujours à la fin : *Donne-le-moi. Donne-le-lui. Donne m'en.*

Aux première et deuxième personnes du singulier, me et te se changent en moi et toi.

Mémento : § E3

---

6 **Complétez le texte avec deux pronoms à la bonne place.**

Chère Claire et cher Antoine,

Ne vous inquiétez pas pour l'appartement, je … … (s' occuper) avec plaisir pendant votre absence. Je … … (se rendre) deux fois par semaine. Si j'ai beaucoup de travail, je … … (s'installer) le week-end pour être au calme. En ce qui concerne les clés, je … … (laisser) dans la boîte aux lettres et je … … (rendre) à votre retour.

Aurélien.

7 **Complétez la fiche** **G9** .

Le participe présent

8 Dans le document A, exercice 4, d'*Agir-réagir*, vous avez repéré une forme verbale terminée par *-ant* qui n'était pas précédée de *en*. C'est un participe présent.

Le participe présent

• Formation

On forme le participe présent en ajoutant -ant au radical de la première personne du pluriel du présent de l'indicatif du verbe. Le participe présent est invariable.

aller ▶ allant   boire ▶ buvant   réfléchir ▶ réfléchissant   manger ▶ mangeant

! Il y a **trois exceptions** :

être ▶ étant   avoir ▶ ayant   savoir ▶ sachant

• Emploi

Le participe présent sert à décrire ou à caractériser. Dans la langue courante, il peut généralement être remplacé par une proposition relative introduite par qui.

Les enfants voulant s'inscrire à un club. ▶ *Les enfants qui veulent s'inscrire à un club.*

Mémento : § F2f

❾ Remplacez les propositions relatives par des participes présents.

Le problème du dopage, qui devient préoccupant, oblige le ministère du Sport à réagir. Il lutte contre ces médicaments, qui permettent une amélioration des performances des sportifs. Ces produits, qui sont un véritable danger pour la santé et la vie des sportifs, ne doivent plus être vendus. Le ministère, qui ne peut pas les interdire, a donc décidé de publier régulièrement des listes qui dénoncent les produits les plus connus.

Le gérondif

❿ Trouvez dans les documents d'*Agir-réagir* les réponses aux questions suivantes.

   1 À quel moment le réalisateur a-t-il dit qu'il veut montrer le comportement de la population face au sport (document A) ?

   2 Comment est-ce qu'Alex a trouvé *des citations, des chiffres et des trucs dingues* (document C) ?

⓫ Lisez les énoncés trouvés dans l'exercice 10 et les exemples suivants. Dites si, dans ces trois phrases, les gérondifs expriment la cause, la manière ou la condition.

   1 C'est en montrant le comportement des gens que vous intéressez le public.

   2 En faisant des bêtises, vous avez presque tout perdu !

   3 Il pensait qu'en supprimant les images du match, le reportage serait accepté.

⓬ Réfléchissez. Qui réalise l'action indiquée par le gérondif ? Est-ce qu'elle a lieu *avant*, *en même temps* ou *après* l'action exprimée par le verbe principal ?

⓭ Complétez la règle.

FORMATION

Le gérondif est formé du participe présent du verbe précédé de … . Il est invariable.

EMPLOI

■ Le gérondif a le même … que le verbe principal.

■ L'action exprimée par le gérondif a lieu … l'action exprimée par le verbe principal.

■ Le gérondif peut exprimer la cause, la manière ou la condition.

⓮ Remplacez les verbes à l'infinitif par les gérondifs.

Comment recevoir votre carte France Telecom ?
Se rendre dans votre agence la plus proche, ou appeler le 14, ou composer le 3614 code FT sur Minitel, ou encore envoyer un courrier électronique à www.francetelecom.fr

S'EXPRIMER

Formation des mots

La nominalisation : le suffixe -eur/-euse

Le suffixe *-eur/-euse* permet de former un nom à partir d'un verbe (généralement la première personne du pluriel de l'indicatif présent). Ce nom désigne la personne ou l'appareil qui fait (ou sert à faire) l'action exprimée par le verbe.

① **Dites sur le radical de quel verbe les mots suivants sont formés, puis expliquez-les.**

Un serveur, une serveuse ▶ servir.
C'est un homme/une femme qui sert quelque chose, dans un café ou un restaurant.

1 Un distributeur ▷ ... C'est un appareil...
2 Une photocopieuse ▷ ... C'est une machine...
3 Un vendeur, une vendeuse ▷ ...

② **Complétez cette liste par les mots correspondants. Indiquez si le nom désigne une personne ou un appareil. Vérifiez dans un dictionnaire.**

Danser ▶ *un danseur, une danseuse = une personne qui danse.*

1 ... ▷ un écouteur.
2 Porter ▷ ...
3 ... ▷ une ouvreuse.
4 Contrôler ▷ ...
5 Livrer ▷ ...
6 ... ▷ un émetteur.
7 ... ▷ un rêveur, une rêveuse.

③ **Complétez la partie I de la fiche** **V6** .

Phonétique

Exercice de style

① **Écoutez cinq manières de dire un même énoncé. Observez les courbes intonatives correspondantes et suivez-les du doigt. Réécoutez et répétez.**

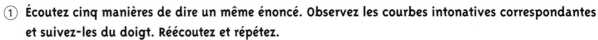

Évidence :	Oui, il faut donner des statistiques ! (= Bien sûr... !)
Approbation :	Oui, il faut donner des statistiques. (= En effet...)
Reproche :	Oui, il faut donner des statistiques... !
Affirmation péremptoire :	Oui, il-faut-don-ner-des-sta-tis-tiques.
Conclusion :	Oui, il faut donner des statistiques.

② **Écoutez les manières de dire les énoncés suivants et dites quel est le sens (interrogation, évidence ou approbation) à chaque fois.**

1 On doit montrer les réactions du public   2 Mignot a raison

③ **Écoutez et répétez (après chaque signal sonore) les trois manières de dire l'énoncé suivant.**

Mais, Claire, ça n'a aucun intérêt.

1 Évidence.   2 Affirmation péremptoire.   3 Conclusion.

Les oppositions [e], [ø], [o]

④ **Écoutez et lisez à haute voix. Respectez bien l'intonation de chaque modèle.**

1 Il y a les deux. ➜ [ledo], [lepø], [ledø], [iljaledø], [dodo], [dødø], [iljaledø].
2 C'est un peu peu. ➜ [sɛ], [tœn], [tɔ̃], [tœ̃tɔ̃], [sɛtœ̃ pøpø], [pøpe], [pøpø].
3 Voilà des stylos et deux cahiers. ➜ [dekaje], [dokaje], [døkaje], [dedo], [dedø], etc.

S'EXPRIMER

Production orale

(1) Vous devez souvent exprimer votre opinion oralement ou par écrit.
Lisez les *Outils pour exprimer son opinion*. Quelles autres expressions connaissez-vous ?

OUTILS POUR...
exprimer son opinion
– À mon avis…
– D'après moi…
– Pour ma part, et en tant que…
– À mes yeux, …
– Personnellement, …
– Le mieux/le pire c'est que/de…

OUTILS POUR...
faire une hypothèse
– Imaginons/Supposons que… (+ subjonctif)
– Je me mets à sa/votre place : …
– Qu'est-ce qu'on pourrait obtenir en faisant/prenant… ?
– Envisageons la solution la plus/la moins favorable : …

(2) Imaginez la scène.
Vous attendez le métro avec d'autres personnes. On vous signale par haut-parleur que le prochain métro passera dans une heure environ : un conducteur a été blessé par un voyageur et le trafic est interrompu pendant une heure par solidarité.
Donnez votre avis sur cet arrêt de travail.
Discutez en groupes de trois ou quatre.

(3) Lisez tous les *Outils* et complétez-les avec des expressions que vous connaissez déjà. Par quel autre moyen peut-on exprimer l'hypothèse ?

OUTILS POUR...
s'informer
– Je voudrais qu'on m'explique/connaître…
– À quoi sert… ?
– Comment… fonctionne-t-il ?
– Quelle est la fonction de… ?
– Comment fait-on pour… ?/ Que faut-il faire pour… ?

(4) Vous êtes seul(e) dans l'ascenseur qui s'arrête tout à coup entre le dix-huitième et le dix-neuvième étage. Vous appuyez sur le bouton indiqué dans la cabine. Vous exposez votre situation à la personne qui répond. Elle vous demande comment cela est arrivé. Vous avez peur que l'ascenseur tombe, etc.
À deux, imaginez le dialogue. Expliquez la situation. Quelles questions va-t-on vous poser ? À quelles hypothèses allez-vous réfléchir ? Jouez la scène. ....

OUTILS POUR...
exposer un fait
– J'ai constaté que…/Voici ce que nous avons constaté…
– Nous avons découvert/appris que…
– Je viens d'apprendre que…/On vient de nous annoncer que…
– Voici ce qui s'est passé : …

quatre-vingt-quinze

S'EXPRIMER
Écrit

① **D'après les titres suivants, quel est le contenu de chaque article ? Faites des hypothèses.**

> **Montagne :**
> **faut-il faire payer**
> **les frais de sauvetage ?**

> **Circulation :**
> **bientôt des autoroutes gratuites ?**
>
> *Une étude récente le confirme :*
> *les autoroutes sont*
> *beaucoup plus sûres que les nationales.*

> **SPORT ET FAMILLE**
>
> *Pendant l'Euro 2000, deux grands cinémas*
> *accordent 50 % de réduction aux femmes*
> *des passionnés du ballon rond.*

> **Euro 2000**
>
> **Le foot est-il la seule raison de vivre**
> **des Français ?**

② **Lisez ce forum. Imaginez ce qui s'est passé.**

> **LE FORUM DE LA SEMAINE :**
> **LES SPORTIFS, LA MONTAGNE ET L'ARGENT**
>
> Après dix jours passés dans un igloo de fortune, les trois sportifs prisonniers de la montagne viennent d'être sauvés.
> • Ils se sont montrés irresponsables en ne respectant pas les règles de sécurité.
> • Ils ont mis la vie de leurs sauveteurs en danger.
> • L'opération coûte extrêmement cher, mais les secours sont gratuits.
> • Les trois montagnards viennent de vendre très cher leur histoire à un grand magazine.
>
> Réagissez au forum de la semaine ou à toute autre question d'actualité sur
> www.forum-mag-en-ligne.fr

③ **Parcourez les réactions des lecteurs et les forums. Associez les lettres et les messages aux titres d'articles et du forum.**

✉ **Foot en tête**
Un grand bravo pour la manière épatante dont vous avez rendu compte de l'Euro 2000 !
Robert Fauvel, 67 Strasbourg

✉ **Sécurité routière**
Pour améliorer la Sécurité routière, on parle beaucoup de rendre certaines autoroutes gratuites. C'est sûrement une suggestion de ceux qui les utilisent : ils veulent faire des économies. Cette mesure ne changerait pas grand-chose, car le trafic automobile augmenterait, donc le risque d'accidents aussi. Pourquoi ne pas rendre les trains gratuits, qui, eux, sont beaucoup plus sûrs que toutes les autoroutes du monde ? Cela aura un prix, mais quel est le prix de l'insécurité ?
Jean-Paul Laloup, 75 Paris

✉ **La vie n'a pas de prix**
Nous devons tout faire pour sauver une personne en danger, et je ne peux pas accepter de faire payer son sauvetage à la victime ! Il est tout aussi inacceptable qu'une personne utilise l'aide de la société pour gagner des millions en vendant l'histoire de son sauvetage. La solidarité doit jouer dans les deux sens. L'argent de l'histoire appartient à ceux qui l'ont faite, c'est-à-dire aux sauveteurs.
Michèle Vernoux, 78 Versailles

@ de Lacan

Oui, les imprudents doivent payer. J'ai appris que seule la commune va être remboursée dans l'affaire de ces trois montagnards, que l'État va être obligé de dépenser au total 31 500 euros. Cet argent, c'est l'argent de mes impôts, et ça me choque. Oui, je suis choqué que des égoïstes irresponsables coûtent de l'argent à ceux qui ne sont pas assez riches pour passer leurs vacances à la montagne et qui paient normalement leurs impôts. Tout cela me scandalise, me révolte ; surtout quand ces trois montagnards vendent très cher leur histoire à un grand magazine.

@ Yaya

Je suis pompier et je trouve normal de porter secours à tous ceux qui en ont besoin, mais il ne faut pas faire n'importe quoi. Je pense qu'il est normal que les secours soient payants, à partir du moment où les victimes ont fait une faute. Ce n'est pas à nous de payer les erreurs des autres avec l'argent de nos impôts. La solidarité doit avoir ses limites.

@ Les rescapés de Vila

Ce sont les médias qui ont donné de l'importance à cette histoire. À mon avis, les trois rescapés à qui on a proposé une somme aussi importante ont réagi d'une façon normale. Quand certains magazines proposent des sommes énormes à une vedette, on trouve cela normal. Ce privilège a été cassé ! Bravo à nos trois sportifs pour avoir su profiter de la situation et bravo aussi pour avoir montré, ne l'oublions pas, que l'on peut survivre lorsqu'on est prisonnier de la montagne et de la neige.

@ Petite sœur

Quelle tristesse ! Les Français ne sont capables de se mobiliser que pour le foot, ils ne comprennent pas que l'union fait la force. Comment les Allemands ont-ils fait tomber le mur de Berlin ? À quand la mobilisation pour arrêter le gaspillage de l'argent public, la baisse de la TVA, la baisse des impôts et des charges sociales, celle du prix de l'essence ? Il y a vraiment autre chose que le foot dans la vie. Mobilisons-nous !

---

④ **Quelles sont les informations connues par les personnes qui ont réagi et qui n'étaient pas données dans la présentation du forum ?**

⑤ **Relisez les réactions des lecteurs. Quelles sont les différences entre le courrier des lecteurs dans votre pays et les extraits ci-contre ?**

⑥ **Repérez les expressions qui permettent aux auteurs des textes d'introduire le sujet qui les intéresse et celles qui leur permettent de donner leur avis.**

⑦ **Réfléchissez. Quel est le moyen le plus libre pour exprimer son opinion : la lettre de lecteur ou le mél ? (Comparez le nom des auteurs et l'origine des messages.)**

⑧ **Choisissez une des trois propositions suivantes, rédigez votre réaction pour l'envoyer au courrier des lecteurs d'un journal ou à un forum.**

   a La France décide de faire payer une taxe d'utilisation des routes à tous les visiteurs étrangers pour les faire participer à l'entretien des routes qu'ils utilisent pendant leur séjour.

   b On demande désormais aux touristes de prendre obligatoirement une assurance sauvetage pour avoir le droit de faire de la randonnée en montagne.

   c La Sécurité sociale (l'assurance maladie) ne paie plus que la moitié des soins de santé (médecin, médicaments, hôpital) aux fumeurs.

1 En groupes, vous faites un remue-méninges pour trouver des idées pour ou contre la proposition que vous avez choisie.

2 Choisissez le type de message que vous voulez envoyer :
— une lettre classique à un journal/magazine ;
— un message à un forum.

3 Décidez du contenu de votre message : critiques, encouragements, propositions de solution, témoignage personnel, etc.

4 Rédigez votre message en une fois. Avec votre voisin(e), échangez vos messages. Commentez-les, puis corrigez-les.

5 Rédigez la version définitive de votre texte.

6 Affichez tous vos textes dans votre classe.

Pour aller plus loin...

Pause-jeux

❶ Récréation
➡ Charades.

> **1** • On dort dans mon premier.
> • Mon second coule du robinet.
> • Mon troisième est au milieu de la figure.
> • Mon tout est un habitant d'une grande ville de France.
> *Qu'est-ce que c'est ?*

> **2** • Mon premier est une partie du corps qui est sous la tête et qui n'est pas devant.
> • Mon second est féminin et on la tourne pour lire dans un livre.
> • Aujourd'hui, dans le sport, on lutte contre mon tout.
> *Qu'est-ce que c'est ?*

❷ Apprendre à apprendre
➡ **Complétez avec des verbes différents. Cherchez des noms qui peuvent remplacer les pronoms compléments et rédigez la phrase correspondante.**

1 Il le leur…
2 Nous vous l'…
3 Je te les…
4 Tu nous en…
5 Je la lui…
6 Nous vous en…
7 Elle le leur…
8 Nous y…
9 Elles vous le…
10 Je vous en…

❸ En toute logique
➡ **Le rédacteur en chef de la revue *Forum* doit rédiger le sommaire du prochain numéro. Il a tout mélangé. À partir des différentes rubriques de la revue et des titres des articles, aidez-le à associer les articles et les rubriques. Justifiez vos choix.**

Rubriques

Mode	Beauté
Jardin	Étranger
Actualité	Cuisine
Médecine-santé	Pratique

---

❹ Projet
➡ **Préparez un jeu concours pour la télévision.**

1 En groupes, écrivez les règles du jeu : par exemple, proposer pour chaque question quatre réponses dont une seule est correcte, possibilité de répondre à plusieurs ou individuellement, tirage au sort des questions, temps donné pour répondre, possibilité de choisir le domaine de connaissances, etc.

2 Formez des groupes de quatre ou cinq. Imaginez les prix que l'on pourra gagner et choisissez le domaine de connaissances (sport, géographie, vocabulaire, grammaire, cinéma, etc.). Préparez une dizaine de questions et les quatre réponses possibles pour chaque question.

❺ Noir sur blanc
➡ **Trouvez au moins dix mots que l'on peut écrire avec les lettres du mot *importantes*.**

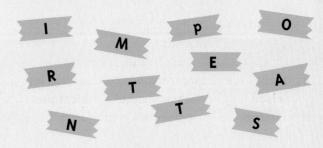

Titres des articles

• Toujours élégant, le style des années 30
• Les impers courts
• Toutes les solutions pour les peaux sensibles
• Spécial coiffure
• Le président entame une visite de deux jours en Russie
• Les plantes qui guérissent
• À quoi sert la génétique ?
• La tempête a encore fait des victimes
• Comment se débarrasser des mauvaises herbes
• Onze recettes inédites de gratin
• Le procès du gentleman cambrioleur commence demain
• En vedette : l'aubergine
• Météo
• Carnet d'adresses
• Les astres cette semaine

Comportements
Drôles de passions...

MARINE, JEUNE FABOPHILE

Les collections et les collectionneurs ne sont pas près de disparaître ! Les thèmes sont infinis. Marine, dix ans, a choisi les fèves[1]. Elle en possède plus de 700. Ce qui fait d'elle une fabophile, explique son papa, Thierry Picard. « Nous faisons beaucoup de brocantes[2] l'été pour en trouver. » La collection est devenue une vraie passion pour toute la famille, même si c'est Marine qui profite des fèves dans sa chambre.

Les amis et la famille complètent régulièrement la collection, mais il faut parfois faire appel à des organisations extérieures. Thierry se connecte régulièrement à Internet pour faire des recherches ou des achats. « L'échange reste cependant le principal loisir du bon collectionneur : on se "débarrasse" des doubles[3] et on trouve de nouvelles pièces dans des foires spécialisées. »

1. Une fève est une figurine en porcelaine, métal ou plastique, qu'on cache dans une galette pour fêter les rois le jour de l'Épiphanie.
2. Une brocante est un lieu où on achète/vend des marchandises d'occasion, des objets anciens.
3. Un double est un élément de la collection que l'on possède en deux exemplaires.

PRÈS D'UN FRANÇAIS SUR TROIS EST COLLECTIONNEUR

L'intérêt des Français pour les collections, qui avait déjà beaucoup augmenté dans les années 80, continue à progresser : 29 % font personnellement une collection contre 23 % en 1989. Les objets collectionnés sont de plus en plus divers. Les poupées, les disques anciens, les cartes téléphoniques, etc., se sont ajoutés aux traditionnels timbres et pièces de monnaie.

8 % des Français déclarent faire une collection de timbres, 4 % de cartes postales, 3 % de pièces ou de médailles, 3 % de cartes téléphoniques, 2 % d'objets d'art.

D'après G. Mermet, *Francoscopie* 1999, © Larousse-Bordas, 1998.

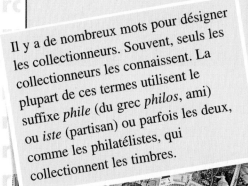

Il y a de nombreux mots pour désigner les collectionneurs. Souvent, seuls les collectionneurs les connaissent. La plupart de ces termes utilisent le suffixe *phile* (du grec *philos*, ami) ou *iste* (partisan) ou parfois les deux, comme les philatélistes, qui collectionnent les timbres.

1 À deux, reliez chaque collectionneur à l'objet de sa collection.

Noms de collectionneur	Collection de…
1 Bédéphile.	a Disques.
2 Cartophile.	b Cartes postales.
3 Gazettophile.	c Pièces de monnaie.
4 Numismate.	d Journaux.
5 Colombophile.	e Bandes dessinées.
6 Philatéliste.	f Pigeons.
7 Discophile.	g Timbres-poste.

2 Que pensez-vous de la passion de Marine ? Quel adjectif pourrait lui être associé ? Justifiez votre réponse.
- Passionnant.   – Ennuyeux.   – Surprenant.
- Intéressant.   – Bizarre.   – Émouvant.

🌐 Est-ce que les collectionneurs sont nombreux dans votre pays ?

3 Êtes-vous collectionneur/collectionneuse ? Avez-vous une passion de ce genre ? Laquelle ?

5

INTERCULTUREL

lturel-Interculturel-Interculturel-Interculturel-Intercul
lturel-Interculturel-Interculturel-Interculturel-Intercul
lturel-Interculturel-Interculturel-Interculturel-Intercul

Cadres de vie
Les loisirs dans la vie des Français

Les Français consacrent de plus en plus de temps à leurs loisirs. 43 % des Français disent qu'ils ont toujours le temps de faire ce qu'ils veulent pendant leurs loisirs, 39 % n'ont pas toujours le temps et 18 % ne savent pas toujours quoi faire. Pourtant, les loisirs des Français se diversifient, même si on retrouve quelques occupations classiques.

Le football et le tennis sont deux sports très pratiqués. Le judo, la pétanque, l'équitation, le badminton et le golf sont de plus en plus populaires. Tout comme les sports de découverte ou d'aventures comme le VTT (vélo tout-terrain), la randonnée, l'escalade, le parapente, le canoë…

Grâce à David Douillet, champion du monde et double champion olympique de judo, beaucoup de Français, adultes et enfants, ont voulu pratiquer ce sport.

Les Parisiens sont trois fois plus nombreux que la moyenne des Français à pratiquer des activités culturelles, comme assister à des concerts, aller à l'opéra, au théâtre ou au cinéma.
La pratique sportive est aussi plus forte dans la capitale : 20 % des Parisiens jouent parfois au tennis contre 13 % en moyenne nationale, 30 % pratiquent le jogging (contre 23 %), 28 % font de la gymnastique (contre 20 %)

3 millions de Français pratiquent la randonnée de façon régulière.
20 % des personnes âgées de 15 ans et plus sont concernées, mais les 25-49 ans sont les plus nombreux. Cette activité de plein air permet d'entretenir sa forme dans un cadre naturel et agréable, en dehors de toute idée de compétition, de performance ou d'apparence.

Les loisirs des 15 à 25 ans

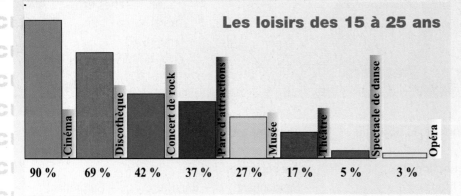

Cinéma	Discothèque	Concert de rock	Parc d'attractions	Musée	Théâtre	Spectacle de danse	Opéra
90 %	69 %	42 %	37 %	27 %	17 %	5 %	3 %

76 % des Français pratiquent le jardinage ou le bricolage.

24 % des Français pratiquent la chasse ou la pêche.

1 Faites la liste de toutes les activités de loisirs citées ci-dessus.

2 Comment occupez-vous vos loisirs ? En groupes, faites la liste de vos activités préférées.

🌐 Quel est le loisir le plus populaire dans votre pays ?

3 Pensez-vous que ne pas travailler, c'est être inactif ? Justifiez votre opinion.

Cadres de vie

Les loisirs dans la vie des Français

Le roller est un sport très à la mode en France, de plus en plus pratiqué par les jeunes. Ces jeunes portent aussi les mêmes vêtements, aiment la même musique et vivent au rythme des nouvelles technologies.

Le temps du jeu
Initiation et prêts de jeux, activités diverses
11, place Marcel Cachin
tél. 01 49 85 99 06

Chaque vendredi, à 22 heures, l'association Pari roller organise une grande promenade jusqu'à une heure du matin. Le trajet de cette randonnée à travers Paris change régulièrement.
www.pari-roller.com

billard

Centre culturel communal Erik Satie
Espace Jaurès «Le Bahut»
du lundi au samedi (sauf mercredi) de 16h à 20h ; dimanche sur rendez-vous 24h à l'avance inscription sur place aux heures d'ouverture
MM. Bogud et Guérin
tél. 01 49 12 10 03 (répondeur)

école du cirque

Les Daltons
53, rue de Stalingrad (sous chapiteau)
inscription au cirque à partir du 15/9 du lundi au vendredi de 10h à 12h et de 18h à 20h
Daniel Zozoulia
tél. 01 45 47 68 03

échecs

Arcueil Chessland
Ecole Jean Macé
pour enfants et adultes
vendredi de 18h30 à 23h30
Guillaume Leblanc
tél. 01 64 46 03 59

initiation comédie musicale, danses, chants, ludothèque

Amicale des anciens élèves - Comité des fêtes Cité Jardins
tél. 01 45 47 98 21 / 06 87 06 63 14

musique

Coracoma Collectif pour le rayonnement du Conservatoire et de la musique à Arcueil
vous souhaitez vous produire sur scène...
tél. 01 45 47 24 30 / 01 46 63 72 63

philatélie

Centre philatélique d'Arcueil
Centre Marius Sidobre
pour enfants et adultes
1 dimanche sur 2 de 10h à 12h

photo, piano, billard, ping-pong, yoga, musculation-training, taï chi chuan, gym

Loisirs Émile Zola
Salle ADE (près du bâtiment A), résidence Zola, avenue Laplace
tél. 06 19 99 90 81
renseignements et inscriptions le 22/9 de 18h à 20h ; le 23/9 de 10h à 12h

jeux de table

Club Monmousseau
tél. 01 49 85 06 08

Foyer Monmousseau
Mme Salvetti
tél. 01 49 85 06 08

UNRPA
Défense des droits et intérêts des retraités et personnes âgées
15, rue Emile Raspail
mardi et vendredi de 9h30 à 12h
Loto aux Salles familiales le 1er mercredi du mois à 14h
tél. 01 49 69 09 74

spectacles, sorties, cours de théâtre, patrimoine, lecture, généalogie, philatélie, arts plastiques, scrabble, conservation du patrimoine, sciences et techniques

Centre culturel communal Erik Satie
Centre Marius Sidobre
tél. 01 45 47 76 72

théâtre

Atelier théâtre des Quat'sous
Stage d'expression théâtrale, sorties au théâtre
Espace Jaurès «Le Bahut»
Sylvie Doiselet
tél. 01 45 47 80 03

théâtrales
Espace Jaurès «Le Bahut»

Théâtre de la nuit
Théâtre et musique, créations tous publics, interventions scolaires, ateliers théâtre, musique 10/15 ans et adultes expression orale, communication, développement personn
Espace Jaurès «Le Bahut»
tél. 01 47 35 18 00

Certains policiers travaillent à rollers. Ils participent à la randonnée du vendredi soir et vérifient que tout se passe bien. D'autres personnes travaillent aussi à rollers : c'est le cas de certains vendeurs dans les supermarchés et dans les grands magasins.

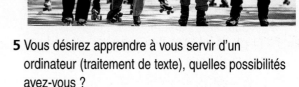

🌐 **Est-ce que, comme en France, le roller est très pratiqué dans votre pays ?**

1 En petits groupes, lisez le document ci-dessus et répondez aux questions.
1 Vous êtes un(e) passionné(e) d'échecs, où pouvez-vous aller, et à quelle heure, pour rencontrer d'autres joueurs ?
2 Le club des collectionneurs de timbres se réunit à quel moment ?
3 Qu'est-ce qu'on fait dans une ludothèque ?
4 Combien est-ce qu'il y a de cours de théâtre ? Où se déroulent-ils ?
5 Vous désirez apprendre à vous servir d'un ordinateur (traitement de texte), quelles possibilités avez-vous ?
6 Quelle(s) activité(s) de ce programme souhaiteriez-vous pratiquer ?

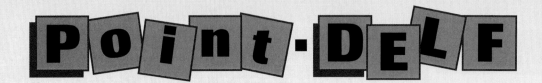

Point-DELF

DELF unité A3 – Oral
Analyse du contenu d'un document simple

Interprète : dans l'ombre des VIP[1]

C'est un métier fait pour les tempéraments indépendants. Mais attention :
malgré l'ouverture des frontières, il y a peu de débouchés.

Un jour médecin, le lendemain juriste. Isolé dans sa cabine vitrée, casque sur les oreilles et micro devant lui, à la fois présent et invisible, l'interprète de conférence joue en permanence les caméléons. *« Il faut savoir adopter le style de l'autre*, explique l'un d'entre eux. *Parler tour à tour comme un syndicaliste ou un député de droite, tranmettre l'émotion d'un scientifique nigérien en colère ou la pondération d'un chef d'entreprise allemand. »*

L'art de traduire les nuances d'un discours, sans hésitation, approximation ou trahison, est difficile. Pourtant, le métier fait rêver. Même si les interprètes fréquentent plus souvent d'obscures salles de conférences que les télés ou les tapis rouges officiels, il reste que les places sont rares et qu'avant de pouvoir vivre de son talent le chemin est parsemé d'embûches. La prestigieuse Association internationale des interprètes de conférence (AIIC) compte moins de cinq cents membres en France. Une corporation plus fermée qu'un club anglais, plus exigeante qu'une religion, à la déontologie sévère. Mais elle confère un indispensable label de qualité qui prouve les qualités professionnelles de l'interprète.

Et elles sont nombreuses. D'abord, les exigences linguistiques. Non seulement deux langues doivent être parfaitement maîtrisées, mais il faut aussi être capable d'en traduire une troisième, et même une quatrième vers sa langue maternelle. Avant tout colloque ou conférence, l'interprète a l'obligation de se documenter. *« Au début, on y*

passe des nuits et des nuits », reconnaît Daniel Gile, mathématicien par ses études et interprète par goût. Comme tous ses collègues, il estime que vivacité et clarté d'esprit, mémoire infaillible, grande culture générale et équilibre nerveux sont indispensables. *« Sans oublier le respect du secret professionnel, total et absolu*, insiste Christopher Thierry, chef du service interprétation au ministère des Affaires étrangères. *Tout manquement à cette règle serait d'ailleurs sanctionné par l'impossibilité de retrouver un emploi. »*

En contrepartie, que l'interprète travaille pour un organisme international ou qu'il soit indépendant – comme les deux tiers d'entre eux – la profession permet de jouir d'une relative liberté d'organisation, d'une rémunération confortable (les honoraires se montent à plus de 500 euros par jour), de voyages à travers le monde et aussi d'un enrichissement intellectuel permanent.

Pas question donc de se parer du titre d'interprète qualifié sans une solide expérience, bien que l'accès à la profession ne soit pas réglementé. *« Même si ce n'est pas indispensable, le passage par une école est plus que souhaitable »*, recommandent les professionnels.

D'après Francine Rivaud,
Le Nouvel Observateur.

1. VIP : de l'anglais *very important person* : personnage important.

Vous ferez devant le jury une présentation de ce document.

Pour préparer l'épreuve

1 Lisez le texte ci-dessus et répondez aux questions.

a De quel genre de document s'agit-il (lettre, article, annonce, publicité, etc.) ?

b Est-ce que ce texte s'adresse à des spécialistes ? Dans quel type de revue pourrait-il paraître ?

c De quoi parle le texte ? Quels sont les lecteurs qui peuvent être le plus intéressés ?

d Y a-t-il des passages où ce n'est pas la journaliste Francine Rivaud qui parle ? Lesquels ? Ce sont les paroles de qui ?

e Quelles sont les informations importantes données sur ce sujet ?

f Que signifie, au début du texte, l'expression *jouer les caméléons* ?

g Quelles sont les qualités nécessaires pour être un bon interprète ?

h Ce texte vous paraît-il intéressant ? Pourquoi ? Donnez votre opinion personnelle.

i Après avoir lu ce texte, a-t-on envie d'exercer cette profession ? Justifiez votre réponse.

2 Exposez oralement le contenu de ce texte.

Unité 6

ÉMISSIONS PUBLIQUES

Contrat d'apprentissage

■ communicatif

– rapporter les paroles de quelqu'un

– évaluer les paroles de quelqu'un, des informations

– aller dans le sens de quelqu'un

■ linguistique

– le discours rapporté

– la concordance des temps

– le passé simple (en reconnaissance)

– la nominalisation : les suffixes *-té* et *-esse*

– la nominalisation : les suffixes *-isme* et *-iste*

■ interculturel

– l'écologie

– l'environnement

> **Élise Mignot est convaincue qu'une chaîne de télévision locale doit donner des informations, mais surtout qu'elle doit faire participer la population pour que tout le monde se sente concerné par les sujets abordés. La revue de presse est une partie essentielle du travail du journaliste, mais il faut aussi être sensible aux préoccupations du public et essayer de trouver les sujets qui répondent à ses attentes. Dans son action, Élise Mignot est aidée par son réalisateur, Pierre Bourdeau, qui est aussi un ami.**

ÉMISSIONS PUBLIQUES

FORUM

**Regardez la photo de ce marché.
Qu'y voyez-vous de particulier ? Observez les clients.
Qu'est-ce qu'ils font ? Imaginez ce qu'ils disent.**

*Pour manger équilibré
et varier les plaisirs*

L'idéal :
poisson, crudités
et huile d'olive…

Depuis plusieurs années, les spécia-listes parlent des avantages du régime alimentaire méditerranéen, en rappelant les habitudes des habitants de la Crète, dont le taux de maladies du cœur est le plus bas du monde. Leur régime réduit le mauvais cholestérol, grâce au poisson, et favorise le bon cholestérol, grâce à l'huile d'olive et au vin rouge (un ou deux verres par jour). L'apport en fibres et en vitamines est assuré par les légumes secs et les fruits. Pour faire comme les Crétois, on peut manger les aliments tels quels, en allant les chercher sur les marchés. Faites comme eux : commencez par quelques olives, prenez ensuite de la feta[1] avec des tomates et des poivrons, continuez avec un poisson grillé, et un plat de len-tilles. Terminez par un fruit frais de type pêche ou orange. Vous pouvez aussi composer vous-même votre menu en gardant une base d'aliments médi-terranéens. Vous avez aussi le droit de manger plusieurs fois par mois de la viande, en pensant à l'accompagner de légumes.

D'après Marc Payet, *Le Parisien*.

1. Fromage.

Et vous, comment mangez-vous ?

Trois personnes interviewées par un journaliste ont expliqué leur régime alimentaire :

Raymond,
dessinateur, 51 ans

« Je surveille tout ce que je mange. Surtout depuis que j'ai eu des ennuis de santé… Au restaurant, j'évite les plats en sauce. À la maison, j'ai supprimé tout ce qui est gras et les produits riches en sucre. Mais je mange beaucoup de viandes grillées. Mon médecin m'a dit que c'était bon pour ma santé fragile. »

Alexandra,
agent de la SNCF,
29 ans

Isabelle,
étudiante,
25 ans

---

❶ Lisez l'article de journal sur le régime alimentaire méditerranéen et **répondez.**

1 Quel rapport voyez-vous entre la photo et cet article ?
2 Quelle préoccupation essentielle des Français apparaît sous ce thème de l'alimentation ? A-t-on la même dans votre pays ?
3 Quelle importance donnez-vous à ces questions ? Justifiez votre opinion.

❷ Lisez l'explication de Raymond et **répondez.**

1 Quels plats évite-t-il au restaurant ? Et à la maison ?
2 Réfléchissez. Quelles ont été les paroles exactes du médecin : *Mon médecin m'a dit : « … »*
Quels changements observez-vous dans les deux manières de rapporter les paroles de quelqu'un ?

 ❸ Écoutez les déclarations des deux autres personnes interviewées et **répondez.**

1 Pourquoi Alexandra a-t-elle décidé de suivre un régime ?
2 Qu'est-ce qu'elle mange ? Qu'est-ce qu'elle évite de manger ?
3 Depuis quand Isabelle fait-elle attention à son alimentation ?
4 Elle pratique quel sport ?
5 Que veut-elle dire quand elle affirme que nous avons tous *droit à un petit écart* ?

❹ Que pensez-vous des habitudes alimentaires des Français interrogés ? Commentez à deux ou en petits groupes en tenant compte des circonstances particulières pour chacun d'eux (maternité, sport, maladie).

❺ Que pensez-vous des habitudes alimentaires dans votre pays ? Discutez en groupes.

A Revue de presse 📼

① Regardez l'illustration. Quelle est la date ? À votre avis, de quoi les journaux parlent-ils ce jour-là ? Que s'est-il passé la veille ?

② Écoutez l'enregistrement et répondez aux questions suivantes. .... 📼
   1 Citez trois informations dont Patrick Delaunay parle dans sa revue de presse.
   2 De quels journaux parle-t-il ?
   3 Qu'est-ce qui a été organisé pour fêter l'an 2000 ?
   4 À quoi se sont intéressés les photographes ?

③ Notez les réponses aux questions de l'exercice 2. Réécoutez le texte. Trouvez les informations que vous n'aviez pas entendues ou comprises. Avec votre voisin(e), comparez vos notes. Reconstituez les points importants de la revue de presse. .... 📼

B Bonheur et qualité de vie 📼

① Écoutez l'enregistrement, dites si ces énoncés sont vrais ou faux. Justifiez vos réponses. ... 📼
   1 Pierre et Élise préparent une émission sur la vie en l'an 2050.
   2 L'émission passe à neuf heures.

3 Élise pense que la question du réchauffement climatique n'est pas intéressante pour son public.
4 Pierre pense que les jeunes sont curieux de leur avenir.
5 Élise pense que Pierre fait de l'humour noir.

PIERRE BOURDEAU : Allô, Élise ?

ÉLISE MIGNOT : Bonjour, Pierre.

PIERRE BOURDEAU : Dis, j'ai un article sur le réchauffement climatique. Un article très critique, mais très intéressant...

ÉLISE MIGNOT : Et alors ?

PIERRE BOURDEAU : Eh bien, je voulais te demander si on ne pourrait pas en faire quelque chose pour l'émission sur le bonheur et la qualité de vie...

ÉLISE MIGNOT : À toi de voir. Mais n'oublie pas que notre public est un public jeune. Le sujet me semble bien technique. N'oublie pas que l'émission passe à 19 heures...

PIERRE BOURDEAU : Justement... Les jeunes s'intéressent beaucoup à ces questions. Ils veulent savoir comment sera leur avenir. Ils se demandent si leur vie sera vraiment différente. Et puis, j'ai un autre document sur la vie en l'an 2050 : on y explique quels seront les progrès dans le domaine médical, les produits de la vie courante, etc. On y affirme, par exemple, que, dans quarante ou cinquante ans, nos enfants ou nos petits-enfants pourront facilement remplacer un cœur malade par un cœur en plastique ! (Il rit.)

ÉLISE MIGNOT : Et ça te fait rire !... C'est plutôt de l'humour noir, ça. Allez, fais-moi des photocopies de ces documents ; je les lis et on en discute...

PIERRE BOURDEAU : On dîne ensemble ce soir ?

ÉLISE MIGNOT : D'accord. Réserve chez Georges. À ce soir.

PIERRE BOURDEAU : Attends. Tu me demandes de réserver une table mais tu ne m'as pas dit pour quelle heure !

ÉLISE MIGNOT : 8 heures. À ce soir.

PIERRE BOURDEAU : Merci. *Ciao !*

2 Lisez le texte pour vérifier vos réponses.

3 Lisez la réplique d'Élise : *Réserve chez Georges.* Repérez, dans la réplique de Pierre, la partie qui reprend la demande d'Élise. Qu'est-ce qui a changé ?

4 Réfléchissez. Pierre affirme : *Les jeunes veulent savoir comment sera leur avenir. Ils se demandent si leur vie sera vraiment différente.* Formulez les questions que les jeunes se sont vraiment posées. Comparez les questions que posent les jeunes et ce que dit Pierre. Qu'est-ce qui a changé ?

C La revanche d'une banlieue

1 Regardez les photos et lisez le texte. Réfléchissez.
  1 Où trouve-t-on habituellement ce type de texte ?
  2 À qui s'adresse-t-il ?
  3 Quel genre d'informations contient-il (historiques, économiques, etc.) ? Classez-les.
  4 Pourquoi ne contient-il pas d'informations négatives ?
  5 Quel est son objectif ?

2 Relevez les informations sur Villeurbanne.

3 Vous voulez présenter votre ville/région à un groupe de touristes français, leur montrer les aspects positifs et les problèmes. Trouvez des idées et classez-les. Gardez les trois idées les plus intéressantes et discutez sur la manière de les présenter.

4 Retrouvez dans le texte les formes verbales correspondant aux verbes suivants :
faire – commencer – construire – oublier – avoir.
Il s'agit du passé simple. Réfléchissez. Par quel temps est-ce qu'on pourrait le remplacer : l'imparfait ou le passé composé ? Pourquoi ?

VILLEURBANNE

Pendant longtemps, on n'a vu dans Villeurbanne qu'une banlieue de Lyon. Et pourtant ! Villeurbanne a plus de 2 000 ans. Vers 50 avant J.-C., de riches Romains construisirent sur la colline de Cusset leur résidence, la *Villa urbana*, qui a donné Villeurbanne. Lyon fut fondée quelques années plus tard.

Pendant de nombreux siècles, on oublia Villeurbanne pour ne parler que de Lyon. Villeurbanne commença à se développer à la fin du XIXe siècle avec l'industrialisation : le textile, la mécanique, la chimie attiraient une nombreuse population qu'il fallait loger. C'est en 1934 que Lazare Goujon, le maire de Villeurbanne, eut une idée de génie : il fit construire des gratte-ciel, c'est-à-dire 1 500 logements sociaux révolution-naires à l'époque (avec eau, gaz, électricité, chauffage central, W.-C. et douche) et un hôtel de ville, créant ainsi un véri-table centre-ville moderne qui fut longtemps considéré comme un modèle d'architecture urbaine et qui est actuellement remis en valeur. Villeurbanne a su garder son indé-pendance par rapport à Lyon. C'est aujourd'hui une ville moyenne de 120 000 habitants où il fait bon vivre.

Le TNP de Villeurbanne.

Les terrains de la Feyssine, le long du Rhône, sont classés zone naturelle protégée. Des dizaines d'hectares sont réservés à la promenade et aux loisirs. Avec l'institut d'Art contemporain, la maison du Livre, de l'Image et du Son et surtout avec le fameux Théâtre national populaire (TNP), les ressources culturelles sont particulièrement riches.

http://www.mairie-villeurbanne.fr

D Et qu'est-ce qu'on fait contre ça ?

1 Avant d'écouter l'enregistrement, dites :
1 qui est l'abbé Pierre :
   a un religieux qui aide les pauvres ?
   b un médecin ?   **c** un acteur ?
2 ce qu'est une ONG (organisation non gouvernementale).

2 Écoutez l'enregistrement et répondez. ...
1 Quel est le sujet du débat ?
2 Les intervenants sont-ils d'accord entre eux ?
3 Sur quel(s) sujet(s) ne sont-ils pas du même avis ?
4 Quel est le rôle de l'animateur dans le débat ?

3 Lisez le texte. Vérifiez vos réponses. Selon les participants au débat, est-ce que les changements ont été très importants en trente ans ? Qu'est-ce qui a changé ?

4 Quelles sortes de pollution connaissez-vous ? Classez-les de la plus dangereuse pour l'homme à la moins dangereuse.

5 Réfléchissez. Lisez les phrases suivantes. Quel rôle jouent les verbes soulignés ?
1 L'adjoint au maire affirmait que les Villeurbannais se réunissaient souvent...
2 Il a expliqué qu'on faisait pousser des fleurs...
3 L'adjoint au maire a rappelé qu'ils avaient construit le TNP...
Est-ce que les verbes *se réunissaient, faisait* et *avaient construit* expriment un présent ou un passé par rapport à la discussion ?

6 Relevez les verbes employés par les participants au débat pour rapporter les paroles des gens interrogés dans le reportage sur Villeurbanne.

7 Donnez votre avis : est-ce qu'un débat est un bon moyen d'informer ? Aimez-vous participer à des débats de ce genre ? Pourquoi ?

L'ANIMATEUR : Voilà, je pense que les images que nous venons de voir montrent bien les quartiers populaires de Villeurbanne, l'attachement des Villeurbannais à leur ville, mais aussi leurs problèmes. Qu'en pensez-vous ?

L'INVITÉ A : J'ai toujours habité Villeurbanne et je dois dire que le reportage ne m'a pas convaincu du tout.

L'ANIMATEUR : Ah bon ? Pourquoi ?

L'INVITÉ A : J'ai trouvé que les deux journalistes n'étaient pas allés au fond des choses, qu'ils montraient seulement le côté souriant de la ville, la rue Descartes, le quartier des Charpettes, avec leurs jolies maisons et leurs jardins. D'après ce reportage, tous les jeunes seraient membres d'une ONG, ils travailleraient tous avec l'abbé Pierre. Les gens ne parleraient que de peinture et de littérature.

L'INVITÉE D : On croit rêver ! Dans le film, l'adjoint au maire affirmait que les Villeurbannais se réunissaient souvent pour trouver eux-mêmes des solutions aux problèmes de pollution... Bon, peut-être. Mais quand il a expliqué que, grâce aux ordures et aux eaux sales, on faisait pousser des fleurs : là, c'est trop !

L'ANIMATEUR : C'était une simple anecdote. On a seulement affirmé que certaines initiatives avaient beaucoup changé la vie culturelle, les possibilités de loisirs. Et qu'on avait fait quelque chose contre la pollution.

L'INVITÉE B : En tout cas, moi aussi, je suis né à Villeurbanne et je peux dire que la ville d'aujourd'hui n'a rien à voir avec ce qu'elle était il y a trente ans !

L'INVITÉ C : Heureusement ! Et l'adjoint au maire avait bien raison quand il a rappelé qu'ils avaient construit le **TNP**, créé l'institut d'Art contemporain...

L'INVITÉE B : Tout à fait... Et ceux qui disaient que notre ville, qui n'était qu'une banlieue ouvrière, était devenue un centre culturel et sportif n'avaient pas tort non plus et il n'y a pas plus de problèmes de sécurité que dans le centre de Lyon...

L'INVITÉE D : C'est à voir. Pour ma part, j'ai demandé plusieurs fois un débat sur la sécurité, et, à chaque fois, on m'a répondu que le sujet serait abordé plus tard.

L'ANIMATEUR : Eh bien, vous avez la parole. Tout Villeurbanne vous écoute et vous regarde...

Grammaire

Le discours rapporté

❶ **Faites la liste des verbes relevés à l'exercice 6 du document D de la partie *Agir-réagir*. Connaissez-vous d'autres verbes qui jouent le même rôle ? De quels mots ces verbes sont-ils suivis ?**

❷ **Comparez les deux exemples ci-dessous. Expliquez les changements. Qui est représenté par les pronoms dans chacun des énoncés ? Quels sont les autres changements ?**

LE DISCOURS DIRECT

Il a demandé : « Est-ce que tu as envie de dîner chez Bocuse avec moi demain soir ? »

LE DISCOURS INDIRECT

Il a demandé si j'avais envie de dîner chez Bocuse avec lui le lendemain.

❸ **Complétez le tableau ci-dessous et la partie 2 de la fiche** G2 **.**

❹ **Réécrivez le texte ci-contre en le mettant au discours indirect. Faites les transformations nécessaires.**

Le discours rapporté sert à reproduire les paroles de quelqu'un : ce qu'il raconte, les questions qu'il pose, ses réponses… Il est généralement introduit par un verbe.

• Le discours direct

La personne qui rapporte les paroles d'une autre ne modifie rien. À l'écrit, on utilise des guillemets.

• Le discours indirect

La personne qui rapporte les paroles d'une autre le fait **de son point de vue**. Les pronoms, les adjectifs possessifs, les indications de temps, les indications de lieu peuvent donc changer.

Mémento : § J1

Jean, 83 ans, raconte son 14 Juillet à Paris : « J'ai retrouvé ma ville sans voitures, ça a été l'un de mes plus grands bonheurs. Nous étions là avec mes enfants et mes petits-enfants, place de l'Opéra, et nous n'entendions plus le bruit des voitures, des klaxons. Nous n'entendions que le bruit des conversations animées, des rires, des chansons… »

Le discours indirect   G10

Discours direct	Discours indirect
Il dit/il déclare :	*Il dit/il déclare…*
« Je pars en voyage. »	*qu'il part en voyage.*
« Je vais visiter Villeurbanne. »	*…*
Interrogation directe	**Interrogation indirecte**
Il demande :	*Il demande/il veut savoir…*
« Est-ce que le voyage est long ? »	*si le voyage est long.*
« Le voyage est-il cher ? »	*si le voyage est cher.*
« Le voyage est agréable ? »	*…*
« Le train arrive quand ? »	*quand le train arrive.*
« Où est-ce qu'il s'arrête ? »	*où il…*
« Comment sont les paysages ? »	*…*
« Avec qui vais-je voyager ? »	*avec …*
« Qu'est-ce que je vais faire ? »	*ce qu'il …*
« Combien de temps est-ce que je vais rester à Villeurbanne ? »	*…*

Mémento : § J1 et J2

109

Grammaire

5 Complétez la partie 2 de la fiche **G10**.

6 Voici le questionnaire utilisé pour un récent sondage sur les vacances des Français. Réécrivez les questions au discours indirect. Utilisez des verbes introducteurs différents.

▶ *Récemment, on a demandé aux Français…*

1 À quelle tranche d'âge appartenez-vous ?

2 Quelle est votre catégorie socioprofessionnelle ?

3 Êtes-vous parti depuis les douze derniers mois ?

4 Combien de fois par an partez-vous en vacances (au minimum cinq jours) ?

5 Quelle est la durée moyenne de vos séjours ?

7 Relisez les phrases de l'exercice 5 du document D d'*Agir-réagir*. Quelles sont les phrases correspondantes que l'adjoint au maire a prononcées ? À quels temps sont les verbes introducteurs ? À quels temps sont les verbes des paroles rapportées ?

8 Lisez les exemples, complétez les règles et la fiche **G11**.

La concordance des temps dans le discours indirect   **G11**

Le choix des temps dans le discours indirect dépend du verbe principal.

• Après un verbe introducteur au présent ou au futur, les temps…

Discours direct	**Discours indirect**
	*Il me **dit/dira/demande/demandera**…*
« Je vais bien. »	*qu'il va bien.*
« Je suis rentré de voyage hier. »	*qu'il est rentré de voyage hier.*
« Tu viendras me voir demain. »	*si je viendrai le voir demain.*
« J'aimerais discuter avec toi. »	*qu'il aimerait discuter avec moi.*

• Après un verbe introducteur au passé, on applique le schéma suivant :

Discours direct	**Discours indirect**	
« Tu arrives quand ? »	*Il m'a demandé quand j'arrivais.*	Le verbe au présent se met à…
« Tu as bien travaillé ? »	*Il m'a demandé si j'avais bien travaillé.*	Le verbe au passé composé se met…
« Où iras-tu ? »	*Il m'a demandé où j'irais.*	Le verbe au futur simple se met au…
« Tu étais à Paris hier ? »	*Il m'a demandé si j'étais à Paris la veille.*	Le verbe à l'imparfait, au plus-que-parfait
« Est-ce que tu avais déjà acheté ta voiture ? »	*Il m'a demandé si j'avais déjà acheté ma voiture.*	et au conditionnel…
« Pourrais-tu m'aider ? »	*Il m'a demandé si je pourrais l'aider.*	

! **Le cas particulier de l'impératif**

L'impératif du discours direct devient un … introduit par de : *« Attachez vos ceintures. »*
L'hôtesse nous a demandé d'attacher nos ceintures.

Mémento : § J3

9 Écrivez au discours indirect la demande que la rédactrice du journal fait au journaliste.

Participez à la douzième édition de la fête du Livre et de la Lecture en octobre. Rencontrez des auteurs, faites la liste des salons littéraires, trouvez les horaires des lectures, écrivez un bon article sur le sujet et faites aimer aux Français ce rendez-vous de la culture.

DOUZIÈME ÉDITION DE LA FÊTE DU LIVRE ET DE LA LECTURE 14-15 OCTOBRE

cent dix

RECONNAÎTRE

Les changements d'indications de temps

⑩ Comparez les deux phrases et répondez. Quel changement s'est produit dans la référence au temps ?

Noté le 2 juin : « Je pars demain matin pour Paris. »
Le 2 juin, il a écrit dans son journal qu'il partait le lendemain matin pour Paris.

⑪ Associez les éléments des deux colonnes.

Discours direct	Discours indirect
1 Aujourd'hui.	**a** L'avant-veille.
2 Ce matin.	**b** Ce jour-là.
3 Maintenant, en ce moment.	**c** Ce matin-là.
4 Avant-hier.	**d** Le surlendemain.
5 Hier.	**e** Trois jours plus tôt.
6 Demain.	**f** Alors, à ce moment-là.
7 Après-demain.	**g** Le lendemain.
8 Dans deux jours.	**h** Le mois suivant.
9 Il y a trois jours.	**i** Deux jours plus tard.
10 Le mois prochain	**j** La veille.

⑫ Complétez la partie 3 de la fiche G10.

Le passé simple

⑬ Relisez l'exercice 4 du document C d'*Agir-réagir*.

- **Les formes**

Verbes en *-er*	Verbes en *-ir (-issons)*	Autres verbes		
aimer	finir	prendre	pouvoir	venir (tenir)
il/elle aima	il/elle finit	il/elle prit	il/elle put	il/elle vint
ils/elles aimèrent	ils/elles finirent	ils/elles prirent	ils/elles purent	ils/elles vinrent

Autres formes fréquentes

– Terminaisons en -ut, -urent

être	il fut, ils furent
devoir	il dut, ils durent
vouloir	il voulut, ils voulurent
avoir	il eut, ils eurent
mourir	il mourut, ils moururent
conclure	il conclut, ils conclurent

– Terminaisons en -it, -irent

dire	il dit, ils dirent
répondre	il répondit, ils répondirent
attendre	il attendit, ils attendirent
faire	il fit, ils firent
voir	il vit, ils virent
naître	il naquit, ils naquirent

- **L'emploi**

Le passé simple exprime des faits passés, qui ont eu lieu à un moment précis du passé et du présent sans idée d'habitude. Il est seulement utilisé à la troisième personne du singulier et du pluriel à l'écrit. Il peut toujours être remplacé par le passé composé.

Mémento : § K2

⑭ Remplacez les verbes au passé simple par des verbes au passé composé.

Pendant très longtemps, les gens firent le mêtier de leurs parents : les gestes, le savoir-faire se transmirent d'une génération à l'autre. Beaucoup de métiers disparurent parce qu'ils ne furent plus utiles. Les chanteurs publics, par exemple, disparurent à cause du développement des médias.

cent onze

S'EXPRIMER

La nominalisation : les suffixes *-té*, *-eur* et *-esse*

Ils permettent de former un nom à partir d'un adjectif. Ils désignent la qualité exprimée par l'adjectif. Ils sont féminins.
Beau ▶ *la beauté* = qualité de ce qui est beau.
Blanc ▶ *la blancheur* = qualité de ce qui est blanc.
Souple ▶ *la souplesse* = qualité de ce qui est souple.

① Retrouvez les adjectifs qui ont permis de former les noms suivants.

1 La facilité.	**6** La douceur.
2 La simplicité.	**7** La lenteur.
3 La difficulté.	**8** La justesse.
4 La nouveauté.	**9** La jeunesse.
5 La laideur.	**10** La gentillesse.

Observez les modifications :
facile ▶ *facili̲té* mais *difficile* ▶ *difficu̲lté*.

② Complétez la partie 2 de la fiche **V6** .

Formation des mots

Les suffixes *-isme* et *-iste*

Ces deux suffixes permettent la création de nouveaux noms à partir d'un verbe, d'un adjectif, d'un nom, d'un nom propre. Ils sont fréquents dans la presse. Les noms en *-isme* sont masculins ; ceux en *-iste* sont masculins sauf quand ils désignent une femme : ils sont alors féminins.

③ Donnez une définition des noms suivants. Vérifiez leur sens dans un dictionnaire.

1 Féminin ▷ le féminisme, un/une féministe.
2 Romantique ▷ le romantisme.
3 La race ▷ le racisme, un/une raciste.
4 Le piano ▷ un/une pianiste.
5 Bouddha ▷ le bouddhisme, un/une bouddhiste.

④ Cherchez d'autres noms en *-isme* ou en *-iste*. Sur quelle base ont-ils été formés ?

⑤ Complétez la fiche **V7** .

Phonétique

Exprimer une invitation

① Écoutez et répétez les trois manières de dire l'énoncé suivant. Respectez bien l'intonation.

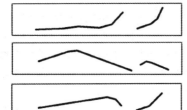

1 *Interrogation* : On dîne ensemble, ce soir ?
(= on demande une information.)

2 *Injonction* : On dîne ensemble, ce soir !
(= Vous devez accepter.)

3 *Invitation* : On dîne ensemble, ce soir ?...
(= On fait une proposition.)

② Écoutez et dites si les énoncés suivants correspondent à une invitation ou à une affirmation.

1 On va dîner chez Bocuse
2 Vous dansez, mademoiselle
3 Vous venez avec nous
4 On s'inscrit au club de judo

Les oppositions [ɔ̃], [ɑ̃], [ɛ̃], [œ̃]

③ Écoutez, lisez chaque série et répétez après le signal sonore. Respectez bien l'intonation.

1 C'est beau et c'est bon, très bon ! ➔ [pɔn], [bɔ̃], [sɛbɔ̃], [sɛpɔn], [sɛpo], [sɛbɔ̃], [sɛbo sɛbɔ̃ tʀɛbɔ̃].

2 Elle a dit : « Ils sont bons ou il sent bon » ? ➔ [anpan], [abɑ̃], [ɑ̃bɔ̃], [sɔnpɔn], [bɔ̃bɔ̃], [sɔ̃bɔ̃], etc.

3 Là, on vend du bon pain. ➔ [ɛnpɛn], [bɛ̃bɛ̃], [bɔ̃pɛ̃], [vɑ̃vɑ̃], [ɔ̃vɑ̃], [dybɔ̃pɛ̃], [ɔ̃vɑ̃dybɔ̃pɛ̃].

4 Elles sont devant l'écran ? ➔ [sɑ̃davɑ̃], [sɔ̃davɑ̃], [sɔ̃dəvɑ̃], [kran], [kʀɔ̃], [kʀɑ̃], [dəvɑ̃lekʀɑ̃], etc.

5 Prends un bon bain et ça passera ! ➔ [kʀɑ̃], [pʀɑ̃], [pʀan], [bɔ̃bɔ̃], [bɔ̃bɑ̃], [œ̃bɔ̃bɛ̃], [pʀɑ̃ œ̃bɔ̃bɛ̃].

Production orale

① **Lisez les *Outils* et complétez-les avec des verbes introducteurs du discours indirect employés dans le document D d'*Agir-réagir*.**
En connaissez-vous d'autres ?

② **À deux, imaginez la situation.**
Vous êtes dans un bus. Le/La contrôleur/ contrôleuse vous demande votre ticket. Vous le cherchez partout… Impossible de le retrouver ! Le/La contrôleur/contrôleuse vous demande votre nom, votre adresse, etc., et quand il/elle veut vous faire payer une amende, le billet tombe de votre journal…
Inventez le dialogue entre vous et le/la contrôleur/contrôleuse. Racontez ce qui s'est passé aux autres étudiants. ....
▶ *J'étais dans le bus. Le contrôleur m'a dit…*
Il m'a demandé… Je lui ai répondu…

③ **La police recherche des témoins dans les deux cas ci-dessous.** ....
1 Formez des groupes de cinq ou six étudiant(e)s.
2 Choisissez l'une des deux situations.
3 Deux ou trois témoins imaginent la situation et la décrivent.
▶ *Il faisait nuit… Nous nous promenions… Tout à coup…*
4 Les témoins racontent ce qu'ils ont vu à la police. Les deux policiers leur posent des questions. Ils prennent des notes.
5 Les deux policiers racontent ce qu'ils ont compris à la classe.
▶ *Les témoins ont dit… vu… raconté… Nous leur avons demandé… Ils ont répondu…*
Les témoins peuvent intervenir pour préciser quelque chose ou corriger une erreur.

rapporter les paroles de quelqu'un

OUTILS POUR…

– Il affirme que…
– Vous avez déclaré que…
– Elle explique que…
– Nous aimerions savoir si…
– Tu t'es demandé si…

Appels à témoins.

a Jeudi 18 avril, vers 23 heures, à Harcourt (95), au carrefour des rues Arago et Blanqui, un automobiliste est passé au rouge et a fait tomber un livreur de pizzas à mobylette. Le livreur a été transporté à l'hôpital dans un état grave. On recherche des témoins pour tous renseignements sur les conditions de l'accident. Adressez-vous au commissariat d'Harcourt (02 31 46 62 17) ou au commissariat de votre ville.

b On a retrouvé le 29 septembre, vers 6 heures du matin, dans le port de Vannes (56) trente et un nains de jardin dans un bateau qui se dirigeait sans pilote vers la mer. L'un des nains portait le message suivant : « Vive la liberté », signé MLNJ (Mouvement de libération des nains de jardin). La police enquête et recherche des témoins de l'opération. Téléphonez au commissariat de Vannes ou au commissariat de votre domicile qui transmettra.

S'EXPRIMER

Les dangers

Est-il encore possible de réagir avec efficacité aux changements climatiques ou est-il déjà trop tard ? Voilà la grande question du début du XXIᵉ siècle.

Incendie de forêts.

DES EFFETS DÉJÀ PERCEPTIBLES

Quand on observe le climat, le niveau de la mer ou la concentration de carbone dans l'air, il faut des dizaines d'années, parfois même plus, pour repérer des changements significatifs. Les décisions que nous prenons aujourd'hui auront encore des conséquences dans plusieurs siècles. Mais quel homme politique est prêt à penser à un avenir aussi lointain quand on sait que les élections ont lieu tous les cinq ans ?

Pourtant, les faits sont là et les effets sont déjà perceptibles. Les inondations, tempêtes, ouragans, cyclones se multiplient. En dix ans, les experts ont compté plus de 500 accidents et catastrophes terrestres causés par le réchauffement planétaire. Le corail meurt dans l'océan Indien, les grandes forêts brûlent.

Plus près de nous, le climat de la France se transforme : les étés sont plus secs, les hivers sont plus humides.

Inondation à Plisson-la-Trinité.

À moyen terme, dans les cinquante prochaines années, le niveau des mers montera de 50 centimètres. La Camargue, la côte du Languedoc, les plages d'Aquitaine seront directement touchées. Aujourd'hui déjà, les plages d'Aquitaine reculent de 1,5 mètre par an. Que restera-t-il de la dune du Pyla, la plus haute d'Europe, dans cinquante ans ? Dans certaines régions de montagne, la durée d'enneigement baissera de près de 30 % et les stations de sports d'hiver devront fermer. Les conséquences économiques seront catastrophiques !

À plus long terme, si rien n'est fait, le niveau des mers augmentera de 3 ou 4 mètres avec la fonte des glaces du pôle Nord et du pôle Sud. Des pays entiers disparaîtront. Les catastrophes naturelles se multiplieront. Avec le

① **Avant de lire l'article, dites ce que vous suggèrent son titre, le chapeau et les titres des différentes parties. Regardez les photos et leurs légendes. Qu'est-ce que vous pensez trouver dans cet article ? Notez vos hypothèses.**

② **Lisez l'article en une seule fois. Vérifiez vos hypothèses.**

③ **Relisez ensuite les passages qui vous ont posé des difficultés. Réfléchissez. Essayez de comprendre l'essentiel sans utiliser le dictionnaire.**

du réchauffement climatique

La zone industrielle de Rouen.

réchauffement, certains insectes des régions chaudes se déplaceront vers le nord, apportant des maladies encore inconnues en Europe et en Amérique du Nord.

IL FAUT FAIRE VITE

L'enjeu est clair. Si on ne fait rien aujourd'hui, il sera de plus en plus difficile d'agir. L'Union européenne, et tout particulièrement la France, suggère que les pays développés donnent l'exemple en lançant des actions au niveau national… Il faut lutter contre le gaspillage, expliquer qu'il faut économiser l'énergie et favoriser le développement des énergies renouvelables.

On doit envisager trois grands types de mesures :
• en direction des industriels : il faut faire payer les entreprises qui polluent l'air et l'eau. Il faut que le prix demandé soit assez cher pour obliger les industriels à agir ;
• en direction des particuliers : il faut réfléchir à une action pédagogique pour que les gens apprennent à économiser l'énergie (pour le chauffage, les appareils électriques, la voiture, etc.) ;
• en direction de l'État et des collectivités locales, enfin : il faut une nouvelle politique des équipements (par exemple : développer le chauffage urbain), une nouvelle politique de l'urbanisme (pour réduire les distances entre le logement, le bureau, les commerces et les lieux de loisirs) et une nouvelle politique des transports en commun (TGV, tramways électriques, bus marchant au gaz naturel, etc.).

D'après Alain Corbin, sénateur.

④ **Faites le résumé de l'article (entre 150 et 180 mots).**
1 Quelle est l'idée principale du texte ?
2 Quelle idée est développée dans chaque partie ? Relevez les faits exposés, les solutions proposées et les exemples.
3 Réfléchissez : qu'est-ce que vous pouvez supprimer ? qu'est-ce qu'il faut garder ? qu'est-ce que vous pouvez simplifier ?
4 Faites le plan précis de votre résumé.

5 Rédigez votre texte en une seule fois. Relisez-le. Est-ce qu'il est clair ? Est-ce qu'on y retrouve les idées essentielles de l'article ?
6 Avec votre voisin(e), échangez vos résumés. Corrigez-les.
7 Rédigez votre version définitive.

⑤ **Un(e) ami(e) vous a conseillé de lire l'article *Les dangers du réchauffement climatique*. Vous lui écrivez pour lui dire ce que vous en pensez.**

Le résumé

Pause-Jeux

❶ Récréation

➡ **Complétez les phrases suivantes à l'aide des verbes qui se cachent dans la grille ci-dessous.**

1 Paul ne ... pas comment consulter un ancien numéro de journal sur Internet. Lucie lui ... qu'il faut d'abord s'abonner.

2 Les Lyonnais ... que pour avoir de l'argent devant soi, il faut d'abord le mettre de côté.

3 À cette question, le témoin ... qu'il a vu la voiture bleue griller le feu rouge.

4 On vient d'... par haut-parleur que le train a trente minutes de retard.

5 À la fin de la soirée, Pascal a dit à Stéphanie qu'il avait des problèmes de cœur. Stéphanie lui ... si ça se voyait sur un cardiogramme ou s'il était amoureux. Pascal lui ... qu'en effet il était amoureux mais qu'il n'osait pas avouer son amour.

6 Le correspondant du *Journal du Dauphiné* ... que Jean Lenoir allait se présenter aux élections, mais celui-ci l'a démenti.

D	E	C	L	A	R	E	R	D	A	R
O	D	B	E	C	E	C	R	I	R	E
N	D	I	C	G	P	J	U	R	L	P
F	E	A	N	N	O	N	C	E	R	O
S	M	F	M	H	N	P	I	M	A	N
S	A	V	O	I	R	E	C	A	N	D
A	N	U	K	I	D	R	I	T	N	R
N	D	A	D	O	E	E	D	I	E	E
O	E	E	X	P	L	I	Q	U	E	R
L	R	L	E	I	L	I	B	R	A	I

❷ Apprendre à apprendre

➡ **À partir des adjectifs ci-dessous, formez des noms pour préciser le comportement social et le caractère que l'on attribue généralement aux enfants, aux adolescents, aux adultes et aux personnes âgées. Comparez vos réponses et celles des autres étudiants.**

Indiscipliné – conformiste – idéaliste – égoïste – aimable – autoritaire – sage – gai – nerveux – pessimiste – discret – agressif – patient – sincère – impatient – timide – optimiste.

1 Les enfants se caractérisent par leur...

2 Les adolescents...

3 Les adultes...

4 Les personnes âgées...

❸ En toute logique

➡ **Voici quelques phrases amusantes trouvées dans la presse. Transformez-les pour les rendre correctes.**

1 M. et Mme André sont heureux d'apprendre la naissance de leur fils Adrien.

2 Le biberon doit être tenu propre : quand le bébé a bu, on le passe sous le robinet.

3 Le directeur adjoint remplacera le directeur décédé jusqu'aux vacances de cet été.

4 Recherche secrétaire expérimentée possédant si possible une langue.

5 Les voleurs sont partis sans attirer l'attention du propriétaire de l'épouse et des gardiens.

❹ Projet

➡ **Vous voulez demander une subvention à un organisme francophone pour améliorer la qualité de vie dans votre région.**

1 Définissez la situation : à qui vous adressez-vous ? Le projet est présenté au nom de qui ? Il concerne quel domaine (transports, éducation, écologie, problèmes d'eau, de pollution de l'air, etc.) ?

2 Présentez le projet : quelle est la situation actuelle ? Quels sont les objectifs ? Quels sont les résultats attendus ? Quelles actions prévoyez-vous ? Quelles entreprises, organismes, associations ou particuliers pensez-vous faire participer à la réalisation du projet ?

3 Rédigez la demande.

❺ Noir sur blanc

➡ **Ponctuez le texte suivant et ajoutez des majuscules si nécessaire.**

Nous n'avons pas trouvé de lien direct entre le temps consacré à lire et le temps passé devant la télévision une consommation intense de télévision peut aussi bien aller de pair avec un haut niveau de lecture qu'avec un niveau très faible l'usage des jeux vidéo est assez éphémère important au collège il diminue au lycée les BD contrairement à ce que l'on croit sont peu lues par les adolescents quant aux magazines ils font lire tout le monde certains adolescents fâchés avec le livre lisent au moins ces imprimés quant aux grands lecteurs de livres ils lisent tous des magazines et souvent en grand nombre plus on passe de temps à lire des journaux plus on en passe un livre à la main

erculturel-Interculturel-Interculturel-Interculturel-Interculturel-Inte
erculturel-Interculturel-Interculturel-Interculturel-Interculturel-Inte
erculturel-Interculturel-Interculturel-Interculturel-Interculturel-Inte
erculturel-Interculturel-Interculturel-Interculturel-Interculturel-Inte
erculturel-Interculturel-Interculturel-Interculturel-Interculturel-Inte
erculturel-Interculturel-Interculturel-Interculturel-Interculturel-Int

6

INTERCULTUREL

Comportements
Les Français et l'écologie

Tout le monde aime la nature

Tout le monde se sent écologiste. Et personne ne l'est vraiment. Tout le monde aime la nature. Et tout le monde la pollue. Tout le monde déteste les plages de mazout, les masses d'immeubles, les rivières chargées de [...] lessive. Tout le monde... L'écologie est le royaume des évidences. On aime tout ça... et on fait le contraire. Plus l'environnement se décompose sous nos yeux, plus l'émotion remonte en surface. [...] On se désole, mais on tue.

B. Voudour-Fagnet, *Les Temps modernes*, n° 465.

Beaucoup d'habitants des grandes villes ne supportent plus le bruit, la pollution, le stress, et certains, dès qu'ils le peuvent, décident de partir vivre hors des centres-villes. Parfois, ils s'installent en banlieue, d'autres fois, c'est à 30 ou 40 kilomètres des centres-villes qu'ils emménagent, à la campagne. Et, pour aller travailler... ils prennent leur voiture ! Ils se retrouvent alors dans les embouteillages des heures de pointe, s'énervent et polluent en même temps. Quel paradoxe de vouloir une meilleure qualité de vie et de passer des heures dans les transports en polluant l'air !

Les citadins ne considèrent plus la voiture comme leur seul moyen de transport. Certains choisissent même de la laisser au garage en semaine. Ils utilisent les transports en commun et le vélo, mais aussi le roller ou la trottinette[1], pratique et très à la mode. Les habitants des villes, les citadins, ont découvert le plaisir de la bicyclette. Grâce aux efforts des municipalités, ils sont de plus en plus nombreux à rouler en deux-roues. Les villes ont mis en place des Plans vélo et ont installé des pistes cyclables. En 2000, à Strasbourg, il y a déjà plusieurs dizaines de rues qui possèdent une voie réservée aux cyclistes.

1. La trottinette s'appelle aussi patinette.

1 Dans le texte *Tout le monde aime la nature*, que reproche l'auteur à ceux qui disent être écologistes ?

2 À trois, imaginez la situation. A aime faire du vélo dans la ville, B pense que c'est très dangereux. C va travailler en voiture tous les jours. Ils se disputent. Chacun fait une liste des idées et des arguments de son personnage. Ensuite, vous préparez ensemble les dialogues et vous les jouez.

MUSÉUM NATIONAL D'HISTOIRE NATURELLE

natures en tête

EXPOSITION À CONSOMMER DU 1er MARS AU 22 MAI 2000

Galerie de Botanique
18, rue Buffon Paris V^e

JARDIN DES PLANTES

Avec la complicité du théâtre Alcyon et du théâtre du Voyageur

LAVAZZA

Cadres de vie
L'environnement

Environnement

Dans le cadre de la semaine *Le printemps de l'environnement* (du 3 au 10 juin 2000), la municipalité de Laval invite ses habitants à participer à des animations sur le thème du recyclage des déchets (ramassage des déchets, exposition sur le tri sélectif, etc.).

La France produit plus de 24 millions de tonnes d'ordures ménagères par an, soit 416 kg par personne.

Faits divers

Lundi matin, à Toulouse, un camion-citerne s'est renversé sur les bords de la Garonne déversant plus de 2 000 litres de fioul dans le fleuve.
Les pompiers sont rapidement intervenus et ont maîtrisé cette pollution chimique grâce à un barrage flottant.

Le sol en danger

Les insecticides, les herbicides et tous les produits chimiques, dont l'emploi s'est généralisé dans l'agriculture, posent de graves problèmes. Les polluants dans le sol transmettent des éléments toxiques aux végétaux. En réaction, la culture biologique se développe de plus en plus : le sol est cultivé de manière traditionnelle, sans engrais ni produits chimiques.

59 % des Français estiment qu'il faut lutter en priorité contre la pollution de l'air, 39 % contre celle de l'eau, 20 % contre les risques du nucléaire, 17 % pour la protection des animaux.

LA POUBELLE BLEUE
Découvrez l'endroit magique où le journal d'hier se transforme en journal de demain.

L'écologie ce n'est pas seulement à la campagne.

La lutte contre la pollution de l'air

Ce sont surtout les gaz des voitures et l'augmentation du trafic automobile qui sont responsables de la pollution de l'air. Une loi sur la qualité de l'air et l'utilisation de l'énergie a donc été votée (loi du 30/12/1996). En cas de pic[1] de pollution, le public est informé et la circulation est limitée. Cela peut aller jusqu'à l'interdiction de rouler pour les voitures ne fonctionnant ni à l'électricité ni au gaz…

1. Lorsque la pollution arrive à un très haut niveau.

---

1 Faites la liste des différents types de pollution cités dans cette page.

2 Comment peut-on expliquer le comportement de l'homme, qui sait qu'il pollue son environnement et continue pourtant à le faire ?

3 Vous organisez un petit sondage dans la classe sur la question : *Quelles sont, d'après vous, les trois sources de pollution les plus dangereuses ?* Interrogez votre voisin(e) puis mettez vos réponses en commun. Quels sont les trois types de pollution les plus cités par la classe ?

Cadres de vie
L'environnement

Pour en savoir plus sur la qualité de l'air
www.environnement.gouv.fr

Lyon.

La voiture électrique

La voiture non polluante existe ! Elle est électrique et silencieuse. Avec elle, fini l'attente aux stations-service. Pour faire le plein, il suffit de la brancher sur une borne d'alimentation électrique. Cependant, malgré ses qualités, cette voiture a encore un grand défaut : son autonomie limitée (seulement une centaine de kilomètres possibles entre deux recharges).

Une voiture électrique.

QUE FAIRE POUR RÉDUIRE LA POLLUTION DE L'AIR À LYON ?

Réponses de Lyonnais et de Lyonnaises

• Valérie, 38 ans, enseignante : « On peut développer les transports en commun et le carburant propre. »

• Florence, 21 ans, étudiante : « Il faut que les gens fassent du vélo, du roller, qu'ils utilisent plus les transports en commun. »

• Hugo, 17 ans, lycéen : « Moi, je pense qu'on pourrait développer les voitures électriques ; comme ça, il y aurait moins de pollution. »

• Catherine, 65 ans, retraitée : « Construire des parkings à l'extérieur de la ville et interdire l'entrée aux voitures de ceux qui n'habitent pas Lyon. »

Entretien avec le maire de Lyon

LE JOURNALISTE : L'air de Lyon est pollué : retrouverons-nous un jour un air pur ?

LE MAIRE : Bien sûr ! En revanche, ce n'est pas pour tout de suite…! Il faut encore attendre une dizaine d'années. Les anciens modèles de voitures seront alors remplacés par les nouveaux, qui suivent les réglementations antipollution. De plus, on verra les effets positifs des mesures prises pour améliorer la qualité de l'air : développement des transports en commun, bus moins polluants ; déchets industriels limités et filtrés. Notre air devrait donc être pur vers 2010.

UNE JOURNÉE SANS VOITURES

Les pays d'Europe organisent, le 22 septembre, une journée sans voitures. Certaines zones des villes sont réservées aux piétons, aux transports en commun et aux véhicules non polluants. On trouve des points de location de vélos et des parkings gratuits autour des grandes villes.

1 Relevez les différentes mesures mises en place pour lutter contre la pollution de l'air.

🌍 Quelles mesures antipollution pensez-vous qu'il faudrait prendre dans votre pays ?

2 Pensez-vous que, dans vingt ans, les espèces seront mieux protégées et que l'air et l'eau seront moins pollués ?

3 En petits groupes, imaginez une campagne de publicité pour la voiture électrique.

119

cent dix-neuf

Interculturel-Interculturel-Interculturel-Interculturel-Interculturel-Interc
Interculturel-Interculturel-Interculturel-Interculturel-Interculturel-Interc

Point·DELF

DELF unité A3 – Écrit 2
Demande d'information sur un sujet de la vie courante

Vous venez de découvrir cette annonce dans un journal. Vous présentez votre candidature. Rédigez la lettre de motivation qui accompagnera votre CV.

> **Recherchons :** Présentateur/trice 18/30 ans, passionné(e) de cinéma, pour animer une émission de variétés pour la télé. La formation de journaliste n'est pas indispensable.
> Envoyez CV, photo et lettre de motivation à :
> **PRODUCTIONS – TRAIT D'UNION**
> Émission variétés – 10, rue Monge – 75005 Paris.
> Entretien le 30 août

Pour préparer l'épreuve

Avant d'écrire la lettre de motivation :

1 Lisez bien l'annonce et répondez aux questions suivantes :
  a Qui a mis cette annonce ? Pourquoi ?
  b Quelle est l'adresse de l'annonceur ?
2 De quoi doit-on parler dans une lettre de motivation ? Qu'est-ce que vous devez mettre en valeur ?
3 Imaginez quelle est la formation idéale pour ce poste.
4 Pensez à la disposition de la lettre (adresse de l'annonceur, votre nom, votre adresse…)

DELF unité A3 – Écrit 2
Demande d'information sur un sujet de la vie courante

Vous avez acheté un séchoir électrique par correspondance. À la réception de votre commande, vous vous rendez compte qu'il ne fonctionne pas. Vous écrivez une lettre de réclamation à la société qui vous l'a vendu et vous renvoyez l'objet. Rédigez la lettre.

BON DE COMMANDE

Article	N° référence	Prix euros
Séchoir électrique	SE 765643	67

date de commande : 27/10/00
date de livraison : 10/11/00

adresse pour les réclamations :
SEF – 27, rue des Peupliers – 92316 Nanterre Cedex

Pour préparer l'épreuve

Avant d'écrire la lettre de réclamation :

1 Lisez bien le bon de commande et cherchez les informations suivantes :
  a À qui faut-il adresser la lettre de réclamation ?
  b À quelle adresse ?
  c Quelle est la référence du séchoir électrique ? Quel est son prix ?
2 Dans la lettre, expliquez avec précision votre problème. Indiquez la date de commande et la date de livraison.
3 Exposez votre réclamation (vous voulez qu'on vous échange le séchoir/qu'on vous rembourse…)
4 N'oubliez pas la formule initiale et la formule finale.
5 Indiquez votre adresse, votre numéro de téléphone… Pensez à la disposition de la lettre (adresse du destinataire, vos coordonnées…)

Module **3**
Au cœur
de la cité

Unité 7
PROJETS

p. 123

Pause-jeux

INTERCULTUREL

Point-DELF

Unité 8
DÉBATS

p. 141

Pause-jeux

INTERCULTUREL

Point-DELF

Unité 9
PROMESSES

p. 159

Pause-jeux

INTERCULTUREL

Point-DELF

AU CŒUR DE LA CITÉ

Lisa Lassale

vit depuis toujours dans
le XIVᵉ arrondissement.
Trente-neuf ans, célibataire,
elle travaille dans une
grande entreprise de transports,
mais sa vie, c'est le centre Didot
et son réseau d'échanges
réciproques de savoirs. Sinon,
on ne lui connaît qu'une passion :
le sculpteur Alberto Giacometti.

Valentin Diop

a trente et un ans.
Il est né au Togo, mais
il a fait ses études en France.
Il travaille en Europe et en Afrique.
Son domaine, c'est l'électronique et
les problèmes de sécurité. Il a fait la
connaissance de Lisa à l'occasion
d'une exposition sur Giacometti :
il s'occupait de la protection des
sculptures et Lisa était responsable
de leur transport. Depuis, ils se
revoient souvent.

Le promoteur, **Robert Ducruet**,
vient d'avoir cinquante-trois ans. Il a commencé à travailler à
seize ans. Il a d'abord fait plusieurs métiers, puis a repris des
études. À trente-deux ans, il était ingénieur. Aujourd'hui, il est
directeur d'une grande entreprise de bâtiment. Il est dur en affaires,
mais il aime trouver des solutions satisfaisantes pour tout le monde.

Les situations

Le personnage principal, c'est le centre Didot. Lisa, les membres de l'association Didot et même Valentin s'engagent
pour le sauver et préserver ainsi l'histoire du XIVᵉ arrondissement. Politiciens, simples citoyens, membres de
l'association ou promoteur immobilier, chacun a ses objectifs et ses moyens d'action. Le rôle des associations,
les élections et la vie politique sont importants dans ce quartier parisien en plein changement. De discussions en
négociations, on trouve des arrangements.

cent vingt-deux

Unité 7

PROJETS

Contrat d'apprentissage

■ communicatif

– proposer de faire quelque chose

– exprimer le but ou l'intention

– exposer, formuler ou préciser une idée, un argument

– exprimer la restriction

■ linguistique

– les pronoms possessifs

– les constructions impersonnelles

– les constructions avec l'infinitif

– l'expression du but

– les noms et les adjectifs composés

■ interculturel

– la solidarité

– la vie associative en France

Rien ne va plus au centre Didot : il va sans doute fermer parce que l'immeuble où il se trouve a été vendu. La résistance s'organise : Lisa distribue des tracts, explique à Valentin l'importance du centre pour la vie du quartier, une réunion d'information a lieu. L'immeuble a même une valeur historique : des artistes y avaient leur atelier.

Regardez le dessin. Que vous suggère-t-il ?
Pour certains, les dangers de la pollution sont le
prix qu'il faut payer pour le progrès et pour le
bien-être des hommes. Qu'en pensez-vous ?
Créez deux groupes, ceux qui sont d'accord et
ceux qui ne le sont pas. Argumentez
et défendez à tour de rôle vos positions.

1. Expression familière pour *Ça ne va pas lui prendre longtemps*
(il n'en a pas pour longtemps).
2. Dégringoler (*fam.*) : tomber.
3. Contraction familière d'*Il y avait*.
4. Forme poétique. L'ordre en français courant serait : *Toujours
penché sur nous*.
5. *Une vie d'arbre à coucher dehors* : jeu de mots à partir des
expressions *Une vie de chien* (une vie difficile, misérable) et *Un nom
à coucher dehors* (un nom difficile à prononcer).
6. La lame de la scie qui va couper l'arbre.

L'arbre va tomber

L'arbre va tomber
Les branches salissaient les murs
Rien ne doit rester
Le monsieur veut garer sa voiture
Nous, on l'avait griffé
Juste pour mettre des flèches et des cœurs
Mais l'arbre va tomber
Le monde regarde ailleurs

L'arbre va tomber
Ça fera de la place au carrefour
L'homme est décidé
Et l'homme est le plus fort, toujours
C'est pas compliqué
Ça va pas lui prendre longtemps[1]
Tout faire dégringoler[2]
L'arbre avec les oiseaux dedans !

Y avait[3] pourtant tellement de gens
Qui s'y abritaient
Et tellement qui s'y abritent encore
Toujours sur nous penché[4]
Quand les averses tombaient
Une vie d'arbre à coucher dehors[5]

L'arbre va tomber
L'homme veut mesurer sa force
Et l'homme est décidé
La lame[6] est déjà sur l'écorce

Y avait pourtant tellement de gens
Qui s'y abritaient
Et tellement qui s'y abritent encore
Toujours sur nous penché
Quand les averses tombaient
Une vie d'arbre à coucher dehors […]

Paroles et musique de Francis Cabrel.
© 1993 by Chandelle productions.
61, rue de Ponthieu – 75008 Paris.
Texte intégral p. 179

FRANCIS CABREL

■ Influencé par Bob Dylan et la musique *country*, Francis Cabrel garde son accent du Sud-Ouest français quand il chante ses chansons. Depuis les années 80, il a apporté une nouvelle note de fraîcheur à la chanson française, grâce à ses mélodies, sa voix et sa guitare. Né le 23 novembre 1953 à Agen, Francis Cabrel a grandi près de Toulouse, dans une famille originaire du Frioul en Italie. Son père était ouvrier dans une usine de gâteaux et sa mère, caissière dans une cafétéria. De ses origines modestes, il a gardé le goût des choses simples et l'esprit de solidarité.

Dans ses chansons, il prend parti pour les causes humanitaires : il dénonce le racisme et la pauvreté dans le tiers-monde, il défend l'environnement, la nature, l'écologie.

« L'arbre va tomber » appartient au huitième album du chanteur, *Samedi soir sur la Terre*. Cet album a reçu une Victoire de la musique et son auteur le Trophée RFI/conseil de la Francophonie pour la chanson « Je t'aimais, je t'aime, je t'aimerai ».

 1 **Écoutez** et **lisez** la chanson.

    1 Dites qui veut couper l'arbre. Pourquoi ?

    2 Repérez les mots et expressions qui traduisent les opinions des personnages.

    3 Francis Cabrel est-il d'accord ? Justifiez votre réponse.

2 **Mettez** la phrase *Rien ne doit rester* à la forme affirmative. Quel en est le sujet ?

3 **Observez** la phrase : *Nous, on l'avait griffé juste pour mettre des flèches et des cœurs.*

    1 Qui met *des flèches et des cœurs* sur les arbres ? Pourquoi ?

    2 Quel est le sens du mot *juste* dans cette phrase ? Peut-on le remplacer par *justement* ou *seulement* ?

 4 **Écoutez** de nouveau la chanson tout entière. **Reconstituez** la dernière partie du texte.

L'arbre …

On se le partage déjà
…
… un morceau de bois
Un …
… trop … des …
Et … qu'on …
L'arbre … … pour de bon[1] !

Y avait …
Qui s'y …
Et toutes ces nuits d'hiver
… les averses …
T'as dû[2] en voir …
Des cortèges de paumés[3]
Des …, des météores
Et toutes ces … d'…
Quand les … tombaient

Une vie d'arbre à coucher dehors
À perdre le …
À … dehors
À coucher dehors.

1. Pour de bon *(fam.)* : réellement.
2. Contraction familière de *Tu as dû*.
3. Paumés *(fam.)* : perdus, marginaux.

5 **Racontez** l'histoire de cette chanson. Quelle en est la morale ?

6 **Apprenez** par cœur une ou deux strophes de la chanson de Cabrel, **chantez**-la.

7 **Dites** quelles sont les chansons et les chanteurs/chanteuses de langue française que vous connaissez. Lesquel(le)s préférez-vous ? Pourquoi ?

8 **Donnez** des exemples. Y a-t-il dans votre pays des chanteurs engagés en faveur de l'environnement, de l'écologie ? Y a-t-il des points communs entre eux et Francis Cabrel ?

cent vingt-cinq

A Le tract

Pour que votre quartier vive, refusez la fermeture du centre Didot ! Rejoignez le comité de défense !

Réunion d'information mardi soir à 20 heures au centre Didot

Le XIVe arrondissement
ne doit pas mourir !
Arrêtons la spéculation immobilière !
Le 27, rue Didot est un lieu historique :
des artistes y avaient leur atelier dans les années 50.
Exigeons de conserver l'immeuble !

Centre Didot, 27, rue Didot, 75014 Paris
tél. 01 45 45 45 45 – fax 01 45 45 44 44
RERS.didot@rs.fr – www.didot.fr

1. **Regardez** l'illustration et **décrivez** la scène.

2. **Lisez** le texte du tract. Quel est l'objectif de ceux qui le distribuent ?

3. Quelles pourraient être les raisons de la fermeture prochaine du centre Didot ? **Faites des hypothèses.**

4. **Écoutez** le dialogue et **répondez** aux questions.

   1 Pourquoi est-ce que le centre Didot doit être fermé ? Comparez avec vos hypothèses.
   2 Qu'est-ce qu'on apprend sur le centre Didot ?

5. **Réécoutez** le dialogue. **Imaginez** la situation, **choisissez** votre personnage, puis **jouez** la scène à deux. Vous pouvez utiliser vos propres mots et modifier les répliques. ....

B Notre but, c'est de mettre les gens en relation

1. **Écoutez** le dialogue et **dites** si les affirmations suivantes sont vraies ou fausses. ....

   1 Le centre Didot est une association qui propose des emplois.

   2 Le centre Didot existe depuis une dizaine d'années.
   3 L'immeuble du centre Didot a été vendu.
   4 Lisa souhaite que des boutiques de luxe s'installent à la place du centre Didot.

LISA :	Valentin, ce soir, je vais à une réunion pour la défense du centre Didot. Tu m'accompagnes ?
VALENTIN :	C'est quoi, le centre Didot ?
LISA :	En fait, il y a dix ans, on a créé un RERS, un réseau d'échanges réciproques de savoirs, avec des amis. On a trouvé un local sympa, pas cher, rue Didot.
VALENTIN :	Bon... mais, concrètement, vous faites quoi ?
LISA :	Notre but, c'est de mettre les gens en relation. D'un côté, tu as des gens qui ont envie d'apprendre à bricoler, à parler espagnol ou à faire le couscous et, de l'autre, tu en as qui peuvent montrer comment on fait. Bien sûr, il ne doit jamais être question d'argent !
VALENTIN :	Et ton association marche bien ?
LISA :	D'abord, je dois préciser que ce n'est pas la

mienne, c'est la nôtre, ou plutôt la leur, celle des habitants du quartier.

VALENTIN : Et vous êtes nombreux ?

LISA : Oh oui ! On propose des échanges dans tous les domaines : musique, sport, cuisine, langues... Tu imagines ? Il faut ajouter qu'on s'occupe aussi de la fête annuelle du quartier.

VALENTIN : Et il s'agit de quoi, ce soir ?

LISA : L'immeuble vient d'être vendu, ça pourrait bien être la mort du centre. On se réunit pour voir ce qu'on peut faire.

VALENTIN : C'est quand même pas un changement de propriétaire qui va tout changer !

LISA : Si justement ! Lis notre tract ! Un promoteur veut détruire l'immeuble. Il veut construire un ensemble avec des commerces de luxe, des appartements...

2 **Réécoutez** le dialogue. À qui l'association du centre Didot s'adresse-t-elle ? Qu'est-ce qu'elle propose ? ....

3 **Lisez** le dialogue et **relevez** dans le texte les expressions utilisées pour introduire ou préciser une idée/un argument.

4 **Réfléchissez. Formulez** d'une autre manière la réplique de Lisa : *Je dois préciser que ce n'est pas la mienne, c'est la nôtre, ou plutôt la leur.* Qu'est-ce que *la mienne, la nôtre, la leur* remplacent ?

C Il n'y a qu'à... faut qu'on...

1 **Écoutez** cet extrait de la réunion pour la défense du centre Didot. Qu'est-ce qui est le plus important pour le président ? ....

2 **Réécoutez** l'enregistrement. ....
  1 Quelles sont les propositions faites par le public ?
  2 Comment est-ce que le président réagit à ces propositions ?

LE PRÉSIDENT DE L'ASSOCIATION :	La situation est grave, mais simple. Ou bien nous quittons bientôt la rue Didot, et nous n'avons qu'un seul problème : trouver de nouveaux locaux ; ou bien nous réussissons à convaincre le promoteur de nous garder, et nous n'avons plus aucun problème.
QUELQU'UN DANS LE PUBLIC :	Si je comprends bien, il faut tout tenter pour convaincre le promoteur.
UNE 2e PERSONNE :	D'accord, à condition que nous cherchions aussi de nouveaux locaux !
LE PRÉSIDENT :	Je ne vois pas d'autre solution. Il n'y a qu'à faire deux groupes : le premier cherche un moyen — n'importe lequel pourvu qu'il soit légal — de convaincre le promoteur, et il faut trouver de bons arguments ; le deuxième utilise ses relations afin de trouver un local.
UNE 3e PERSONNE :	Est-ce que nous devons vraiment nous limiter à ça ? Il n'y a pas d'autre solution ?
UNE 4e PERSONNE :	Aujourd'hui, avec Internet, une organisation comme la nôtre n'a peut-être pas besoin d'un local, vous ne trouvez pas ?
UNE 5e PERSONNE :	C'est vrai. On peut très bien régler les problèmes de gestion de chez nous. Il suffit d'avoir un ordinateur !
UNE 6e PERSONNE :	Pour la fête annuelle, on a d'autres solutions : on pourrait organiser une fête dans la rue ou proposer une excursion. On n'a pas besoin d'une salle de réunion pour ça !
LE PRÉSIDENT :	Si, justement ! Il n'y a pas que la fête annuelle ! Il nous faut un endroit où les gens peuvent se rencontrer, faire connaissance, discuter... L'ordinateur, c'est très bien pour l'administration, mais rien ne remplace le contact direct ! De peur que les gens oublient le chemin de l'association, je répète qu'il nous faut un local.

3 **Lisez** le texte. **Réfléchissez. Par quoi est-ce qu'on peut remplacer** *afin de* **et** *de peur que* **dans le texte ?**
Qu'est-ce que *afin de* et *de peur que* expriment ?

④ Repérez **les expressions de restriction,** utilisez**-les pour donner des conseils.**

1 Pour vivre heureux…

2 Pour faire des progrès en français…

3 Pour se faire des amis…

4 Pour ne plus être fatigué…

Pour que le centre Didot continue à fonctionner normalement…

▶ *il suffit de trouver une salle de réunion.*
Afin d'en trouver une, il n'y a qu'à passer une annonce dans le journal. N'importe quelle salle fera l'affaire à condition qu'elle soit assez grande, pourvu que le loyer ne soit pas trop cher.

D Les réseaux d'échanges réciproques de savoirs

① **Lisez** rapidement les deux textes suivants. À votre avis, lequel explique le mieux le fonctionnement des réseaux d'échanges réciproques de savoirs ? Quel est l'objectif de l'autre texte ?

② **Divisez** votre classe en deux groupes. Le premier groupe travaille sur le texte *Les origines*, le deuxième groupe sur *Les grands principes*.
Lisez le texte, **observez** le plan, **repérez** les mots clés, puis **écrivez** un résumé et **donnez**-le aux étudiants de l'autre groupe.
Répondez à leurs questions.

③ **Relevez** les verbes suivis d'un infinitif dans le texte *Les origines*. **Classez**-les en trois catégories :

1 Verbe + *à* + infinitif.

2 Verbe + *de* + infinitif.

3 Verbe + infinitif.

Complétez vos listes avec des verbes que vous connaissez.

④ Dans le texte *Les grands principes*, **relevez** les expressions qui ont le sujet impersonnel *il*. À quoi servent ces expressions ?

ÉCHANGER LES SAVOIRS

Les réseaux d'échanges réciproques de savoirs font partie du paysage de nombreux quartiers.

LES ORIGINES

Nous sommes au début des années 70, dans une classe de neige.

L'institutrice, Claire Hébert-Suffrin, envoie ses élèves découvrir le village qui les accueille. Le fermier qu'ils ont rencontré n'a pas voulu répondre à leurs questions, mais leur a proposé de revenir afin d'apprendre à traire les vaches. Un groupe d'enfants enthousiastes y va. Un autre va voir le menuisier dans le but de comprendre son travail. D'autres vont rendre visite aux personnes âgées qui leur font découvrir des contes traditionnels. De retour à Orly, Claire appelle l'ouvrier de la chaufferie de la cité HLM voisine pour qu'il la fasse visiter à ses élèves.

L'idée de l'échange de savoirs était née. Au départ, une grande humilité face au savoir : « Je ne sais pas, explique l'institutrice, mais il y a des personnes qui connaissent ce domaine, on va les contacter de manière à ce qu'elles nous enseignent elles-mêmes l'objet de notre question. » Bientôt, l'initiative va être reprise par une commission extramunicipale de la ville d'Évry. Puis c'est l'effet boule de neige : le groupe de départ est composé de vingt à trente personnes, il en compte aujourd'hui un millier.

LES GRANDS PRINCIPES

1. Chacun sait quelque chose et peut transmettre son savoir. Il faut arrêter de considérer les gens à partir de leurs manques ou de leurs difficultés. Au contraire, il faut mettre en avant leurs compétences et leurs savoirs et considérer leurs points faibles comme des besoins qu'il s'agit de combler. Il est donc essentiel de faire le bilan de ce que chacun peut transmettre et de ce qu'il souhaite apprendre.

2. Il faut que les échanges soient réciproques. Dans les réseaux, personne n'est seulement celui qui offre ou celui qui demande, celui qui apprend ou celui qui transmet. L'important, ce n'est pas la valeur marchande de ce qui est proposé, mais que la proposition réponde à un besoin.

3. L'échange de savoirs met deux personnes en relation. Chacune va parler de ce qu'elle offre ou de ce qu'elle attend, accepter ou non de modifier ses propositions. Chacune doit se sentir libre d'accepter ou de refuser. Cette négociation et la relation qui s'établit entre les deux personnes permettent d'apprendre la tolérance, de développer la convivialité, de découvrir d'autres cultures…

D'après *Le Journal de l'animation*, avril 2000, n° 8.

Grammaire

Les pronoms possessifs

① **Complétez les minidialogues suivants.**

1 – Excuse-moi Pierre, mais c'est mon parapluie !

– Ah bon, le mien est pareil !

– Ils sont tous pareils, mais sur le tien il n'y a pas mon nom. Marc aussi a écrit son nom sur le sien.

– Où est … …, alors ?

– Tu l'as peut-être laissé là-bas avec les autres.

– Non, non, je l'ai laissé ici avec les vôtres.

– Moi, quand je suis arrivé je n'ai pas vu … …, il n'y avait que les nôtres.

2 – Marie, tu as vu mes lunettes ?

– Elles sont sur la table, avec les miennes.

– Non, il y a bien les tiennes et deux autres paires, mais pas … … .

– C'est Michel et Anaïs qui ont dû laisser les leurs.

– … … doivent être dans la cuisine, alors.

② **À partir des exemples de l'exercice 1 et du document B d'*Agir-réagir*, complétez le tableau.**

Les pronoms possessifs

Personne qui possède	Masculin singulier	Féminin singulier	Masculin pluriel	Féminin pluriel
	le sac	la valise	les bagages	les clés
Je	C'est …	C'est …	Ce sont *les miens*	Ce sont *les* …
Tu	C'est …	C'est *la tienne*	Ce sont *les* …	Ce sont *les tiennes*
Il/Elle	C'est …	C'est la …	Ce sont *les* …	Ce sont *les* …
Nous	C'est *le nôtre*	C'est *la* …	Ce sont …	
Vous	C'est *le* …	C'est *la* …	Ce sont …	
Ils/Elles	C'est *le leur*	C'est …	Ce sont …	

Mémento : § E5

③ **Complétez avec des pronoms possessifs.**

Ce petit message pour te rappeler que, pendant ton séjour dans mon appartement, fais comme si tu étais dans … . Tu peux prendre ma voiture, je sais que … est au garage. N'oublie pas de nourrir mes poissons, mais tu as l'habitude avec … ! Le réfrigérateur est en panne, mais les voisins, qui sont absents, m'ont laissé leurs clés et m'ont permis d'utiliser … . Nous te laissons notre numéro de portable, pense à nous laisser … pour que nous puissions t'appeler.

Les constructions impersonnelles

④ **Regardez les illustrations suivantes. Quel temps fait-il ?**

1 Il … .　　**2** … du vent.　　**3** … des nuages.　　**4** … chaud.

cent vingt-neuf

Grammaire

⑤ Relevez, dans le document B d'*Agir-réagir*, les constructions où apparaît le pronom *il*. Quelles sont les constructions impersonnelles, c'est-à-dire celles où le pronom *il* ne remplace rien ?
Retrouvez, dans le document D, les constructions impersonnelles qui sont reformulées dans les énoncés suivants.
1 <u>Nous devons</u> arrêter de considérer les gens à partir de…
2 <u>Nous devons</u> mettre en avant leurs compétences…

3 … comme des besoins que <u>nous voulons combler</u>.
4 <u>Nous trouvons essentiel</u> de faire le bilan de…
5 Les échanges <u>doivent être réciproques</u>.

⑥ Pourquoi, d'après vous, a-t-on employé, dans *Le Journal de l'animation*, des constructions impersonnelles au lieu des constructions personnelles ?

⑦ Complétez la fiche G12 en donnant un exemple pour chacun des emplois.

Les constructions impersonnelles G12

Dans les constructions impersonnelles, le sujet du verbe est le pronom … . Ce pronom est seulement une marque grammaticale et ne remplace rien.

Les expressions impersonnelles s'emploient :
– pour donner des indications météorologiques, par exemple : … ;
– pour indiquer l'heure, par exemple : … ;
– quand on veut exprimer d'une manière impersonnelle une obligation, un conseil, une nécessité, une constatation, etc., par exemple : *Il est interdit d'ouvrir les portes avant l'arrêt du train.*
Il est inutile de téléphoner après 20 heures. Il est important qu'il aille en Italie.

! Dans la langue parlée, le *il* des expressions impersonnelles du type il + est + adjectif + que/de est souvent remplacé par c' :
Il est agréable de sortir avec des amis. = C'est sympa de sortir avec des copains.

---

⑧ Comme pour les constructions personnelles (voir unité 2 p. 35), le mode du verbe qui suit dépend du verbe principal. Complétez, dans la fiche G5, la partie 1c sur les constructions impersonnelles.

⑨ Relisez la fiche G5. Quand faut-il employer obligatoirement l'infinitif dans la subordonnée ?

⑩ Classez les verbes et expressions suivants dans le tableau ci-dessous et complétez-le.
Il est dommage – il est bon – il est heureux – il faut – apprécier – il est nécessaire – il est sûr – il vaut mieux – il n'est pas certain – il est étonnant – il est agréable – il est naturel – il semble – il est défendu – regretter.

Le choix du mode après les verbes personnels/impersonnels ou expressions personnelles/impersonnelles G5

Quand on exprime :

une appréciation	la volonté	la négation	la certitude
un jugement subjectif	la nécessité	le doute	
un sentiment	l'interdiction	la possibilité	

il faut choisir entre le mode infinitif ou le mode … .   il faut utiliser le mode … .

Mémento : § F2d

⑪ Mettez les verbes à la forme qui convient.

Il est nécessaire que nous (lutter) contre la pollution et que nous (prendre) des décisions. Il est certain que nous (devoir) mettre en place une nouvelle politique de transport. Il est urgent que l'on (réduire) la place de l'automobile. Il semble que l'aménagement de voies réservées aux cyclistes et piétons (être) efficace.

Il est aussi indispensable que la lutte contre le bruit (faire partie) du programme. Il se peut que vous (voir) bientôt circuler dans vos villes des autobus municipaux silencieux, des véhicules électriques.

Enfin, il est insupportable que notre patrimoine (être) détruit par des graffitis.

L'expression du but

⑬ Relisez le texte *Les origines*, dans le document D d'*Agir-réagir*, et complétez les énoncés suivants.

1 L'objectif des jeunes, en allant voir le fermier, est de … .

2 Le but des jeunes qui vont voir le menuisier est de … .

⑭ Repérez dans le texte *Les origines* toutes les expressions que l'on pourrait remplacer par *pour* ou *pour que*.

1 Lesquelles sont suivies d'un verbe à l'infinitif ? Lesquelles d'un verbe au subjonctif ?

2 Dans quels cas emploie-t-on une expression qui peut être remplacée par *pour que* et dans quels cas une expression qui peut être remplacée par *pour* ?

⑫ Reformulez les conseils en utilisant des structures impersonnelles introduites par *il* et suivies d'un infinitif ou d'un subjonctif.

▶ *Il ne faut pas oublier de se protéger…*

Quelques conseils pour faire du roller :

– les orteils ne doivent pas toucher le bout de la chaussure ;

– ne pas oublier de se protéger : acheter un casque et des protections adaptés à sa taille. Ne pas hésiter à demander au vendeur comment les régler et les fixer ;

– éviter de s'entraîner sur les chaussées ou les trottoirs.

⑮ Complétez la fiche G13 **.**

⑯ Reformulez les énoncés ci-dessous en utilisant des expressions de but.

Je prends toujours le métro :

1 circuler plus économiquement et plus rapidement ;

2 ne pas avoir à chercher de place pour garer ma voiture ;

3 rester coincé dans les embouteillages ;

4 pouvoir lire mon journal, un livre ;

5 la pollution diminue.

L'expression du but   G13

Expressions suivies d'un verbe au subjonctif	Expressions suivies d'un verbe à l'infinitif
pour que	pour
afin que	…
de peur que	…
…	…

Mémento : § H1

S'EXPRIMER
Les noms et les adjectifs composés

Formation des mots

1. **Vous avez déjà rencontré ces noms composés. Donnez une définition pour chacun d'eux.**
   1. Une classe de neige.
   2. Le prêt-à-porter.
   3. Un faire-part.
   4. Une carte de visite.

2. **Essayez de trouver le sens des noms composés suivants.**
   1. Une sortie de secours.
   2. Un coffre-fort.
   3. Un sac à dos.
   4. Un haut-parleur.
   5. Une auberge de jeunesse.
   6. Un porte-clés.
   7. Un autoradio.
   8. Un timbre-poste.
   9. Une grand-mère.
   10. Une robe de chambre.

3. **Classez les noms composés des exercices 1 et 2 dans les rubriques suivantes.**
   1. Deux noms. 2. Deux noms et une préposition.
   3. Un adjectif et un nom. 4. Un verbe et un nom.
   5. Autre.
   Complétez ces rubriques avec six noms composés que vous connaissez.

4. **Cherchez le pluriel des noms des exercices 1 et 2 dans un dictionnaire, puis complétez, dans la fiche V8 , les parties sur les noms composés.**

5. **Que signifient les adjectifs composés soulignés ?**
   1. Un enfant sourd-muet.
   2. Une commission extramunicipale.
   3. Les relations franco-russes.
   4. Une veste gris clair.

6. **Complétez, dans la fiche V8 , les parties sur les adjectifs composés.**

Phonétique

Interrogation directe et interrogation indirecte

1. **Écoutez l'enregistrement. Comparez l'interrogation directe et l'interrogation indirecte. Repérez les syllabes qui correspondent aux sommets intonatifs.**
   1. a Il demande à Lisa : « Ton association marche bien ? »
      b Il demande à Lisa si son association marche bien.
   2. a Il demande à Lisa : « Vous faites quoi, dans ton association ? »
      b Il demande à Lisa ce qu'ils font dans son association.

2. **Réécoutez l'enregistrement et répétez après le signal sonore.**

Style direct et style indirect

3. **Écoutez l'enregistrement. Comparez les phrases en style direct et en style indirect. Repérez les sommets intonatifs. Répétez après le signal sonore.**
   1. Le président lance un appel à tous : « Défendez le centre Didot ! »
   2. Le président demande à tous de défendre le centre Didot.
   3. Le président a dit qu'il faut défendre le centre Didot.

Production orale

exprimer le but ou l'intention

OUTILS POUR…

1 Notre objectif, c'est…
2 Faites le nécessaire…
3 Essaie de t'arranger…
4 Je vais te chercher…
5 Je viens prendre…

(1) **Associez les *Outils pour exprimer le but* avec les éléments suivants pour faire des phrases.**

  a de gagner le plus d'argent possible sans nous fatiguer.
  b à la sortie de la réunion.
  c pour que tout soit prêt avant tes vacances.
  d pour être prêt vers 19 heures.
  e de tes nouvelles.

(2) **Lisez les *Outils pour exprimer la restriction* et *pour exposer, formuler ou préciser un argument/une idée*. À deux, complétez-les avec des expressions que vous connaissez déjà.**

(3) **À deux, imaginez la situation, inventez un dialogue, puis jouez-le.** ....
  Un(e) ami(e) français(e) veut apprendre votre langue. Vous lui indiquez la manière la plus rapide/agréable de le faire. Vous lui donnez des explications, des exemples.

(4) **Travaillez à deux. Faites une liste des conseils, dites pourquoi ils sont utiles, donnez des exemples. Choisissez votre rôle, puis jouez la scène.** ....
  Vous passez des vacances en France et vous avez envie de faire la connaissance de Françaises et de Français de votre génération. Vous demandez à un(e) ami(e) de vous dire comment faire.

exprimer la restriction

OUTILS POUR…

– C'est le seul moyen !
– Il n'y a qu'une chose à faire/rien d'autre à faire.
– Rien/personne ne peut… sauf/à part…
– À moins que *(+ subjonctif)*/de *(+ infinitif)*…, je ne vois pas ce qu'on peut faire.

exposer, formuler ou préciser un argument/une idée

OUTILS POUR…

– Voici un exemple/Je vais/peux vous donner un exemple : …
– Voilà : …
– Il s'agit de…
– C'est-à-dire…
– Non seulement… mais encore…

(5) **À deux, imaginez la situation. Inventez le dialogue, puis jouez-le.** ....
  Vous dînez pour la première fois avec une personne sympathique que vous venez de rencontrer. Quand le garçon apporte l'addition, vous constatez qu'on vous a volé votre portefeuille avec votre argent, vos papiers et votre carte bancaire.

  1 Réfléchissez d'abord aux solutions que vous avez (demander à l'autre de payer, téléphoner à un ami, partir sans payer, etc.).
  2 Faites le plan de votre dialogue : annoncez qu'on vous a tout volé ; faites réagir l'autre personne, exposez votre solution et discutez des chances de réussite, trouvez une fin amusante.
  3 Notez les expressions importantes que vous voulez utiliser et jouez le dialogue une première fois entre vous.
  4 Jouez-le sans vos notes devant la classe.

Le CINEV en bref...

Le centre d'Initiation à la Nature
et à l'Environnement est
une association loi 1901, née en 1985,
près de la réserve naturelle du Pinail,
au cœur du pays de Vienne et de Moulière.

GRENOUILLE VERTE

Apprendre à connaître et à aimer la forêt...

• Les objectifs

Le CINEV sensibilise et informe pour que chacun se sente responsable
de l'équilibre de son environnement.

• La démarche

La pédagogie qu'il emploie doit permettre à chacun de participer
à un projet et de devenir acteur à part entière de sa découverte.

• Les programmes

Le CINEV vous propose la découverte de la nature et de l'environnement
de manière interactive et ludique pendant des sorties-découvertes.
Seul, en famille, avec vos amis ou vos collègues, vous pourrez découvrir
les richesses de la nature et associer détente, convivialité, randonnée
et observation.
Pour répondre à vos besoins, les types d'intervention sont multiples :
conférences, vidéoprojections, expositions…
Le CINEV est par ailleurs initiateur d'un projet innovant, le jardin des
Sens, à Poitiers. Ce cadre au patrimoine végétal unique est destiné à
éveiller vos sens ou bien à vous permettre d'échanger sur la nature et
le jardinage avec d'autres passionnés.
Le CINEV organise également des animations spéciales pour les élèves
(écoles élémentaires, collèges, lycées), les enfants hospitalisés et les
personnes âgées.

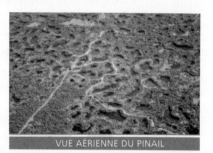

VUE AÉRIENNE DU PINAIL

*Le jardin des Sens : découverte
sensorielle de son patrimoine
végétal et animal.*

Renseignements pratiques

- Accès au CINEV, maison de la Nature,
  28, avenue Mendès-France, 86210 Vouneuil-sur-Vienne :
  – par route : autoroute A 10 (sortie Naintré) ;
  – en train : gares de Châtellerault ou de Poitiers.
- Heures d'ouverture de la maison de la Nature :
  du lundi au vendredi, de 9 h à 12 h, et de 14 h à 18 h
- Tél. : 05 49 85 11 66
  Fax : 05 49 02 83 07
  E-mail : cinev@wanadoo.fr
  Site Internet : perso.wanadoo.fr./cinev

Animations découvertes...

① **Regardez le document. De quel type de document s'agit-il ? À qui s'adresse-t-il ?**

② **Lisez le texte une première fois rapidement pour savoir de quoi il parle, sans tenir compte des mots que vous ne connaissez pas.**

③ **Repérez les phrases du texte qui répondent aux questions suivantes.**
   1 Quels sont les buts du CINEV ?
   2 Qu'est-ce qu'il propose ?
   3 À qui ?
   4 Où ? Comment ?
   Comparez vos réponses avec celles des autres étudiants.

④ **À deux, rédigez un texte de quatre à six lignes pour présenter le CINEV à des amis qui veulent passer une semaine de vacances à côté de Poitiers.**

⑤ **Présentez dans une petite lettre à un(e) ami(e) français(e) une association de votre pays. Travaillez à deux.**
   1 Réfléchissez : de quelle association allez-vous parler (association sportive, comité de quartier, association des élèves de votre école, etc.) ?
   2 Posez-vous les questions suivantes :
     – Quels sont ses objectifs ? son programme ?
     – À qui s'adresse-t-elle ?
     – Quels avantages a-t-elle pour ses membres ?
   3 Rédigez chacun votre texte en une seule fois. Puis échangez vos textes et critiquez-les.
   4 Rédigez la version définitive de votre lettre.

En raison de travaux importants dans le bâtiment C, la salle de documentation française est fermée pour une durée indéterminée.

La direction

⑥ **Rédigez le texte d'une pétition.**
   Vous faites un stage et vous ne pouvez pas travailler sérieusement si vous n'avez pas accès à la salle de documentation de l'établissement. Avec les autres stagiaires, vous décidez de faire une pétition qui sera adressée à la direction et au comité d'entreprise pour demander la réouverture de la salle ou la mise à disposition d'un local provisoire pour travailler.

   1 Travaillez en groupe.
   2 Imaginez la situation.
   3 Faites la liste de tous les arguments qui vous viennent à l'esprit.
   4 Choisissez les meilleurs arguments.
   5 En groupes de deux, rédigez le texte de la pétition.
   6 À partir des différents textes, rédigez un texte unique pour l'ensemble de la classe.

Pétition

Pause-Jeux

❶ Récréation

➡ Jeu des homonymes.

Les mots de chaque série se prononcent de manière identique mais ont un sens différent et s'écrivent de façon différente selon leur définition : ce sont des homonymes.

Trouvez ces mots et copiez-les. Prononcez-les à haute voix.

1 a Il dirige une commune.
   b On en a tous une.
   c Je l'aime avec de grosses vagues.

2 a Il n'est pas beau.
   b Je l'aime dans mon café.

3 a C'est la couleur de l'espoir.
   b On s'en sert pour boire.
   c Les poètes en produisent beaucoup.
   d J'indique une direction.
   e Il produit de la soie.

❷ Apprendre à apprendre

➡ Transformez les énoncés ci-dessous en énoncés impersonnels à l'aide des constructions suivantes :

il faut – il est interdit – il est dangereux – il a été décidé – il a été trouvé.

1 Ne jouez pas de la batterie après dix heures du soir.

2 Ne montez pas aux arbres.

3 L'ancienne usine Bondez sera démolie pour construire un hôtel.

4 Mangez pour vivre et ne vivez pas pour manger.

5 Nous avons trouvé une bague en or dans les toilettes.

❸ En toute logique

➡ Les noms composés ci-dessous sont formés d'un verbe et d'un nom dont vous connaissez le sens. Essayez de déduire le sens du nom composé et employez-le dans une phrase. Vérifiez dans un dictionnaire.

1 Un ouvre-boîte.
2 Un gagne-pain.
3 Un porte-monnaie.
4 Un coupe-papier.
5 Un porte-bagages.
6 Un couvre-lit.
7 Un porte-document.
8 Un serre-tête.
9 Un cache-nez.
10 Un casse-pieds.
11 Un porte-parole.
12 Un tire-bouchon.

❹ Projet

➡ Organisez un échange de savoirs dans la classe.

1 Précisez le type de services et de savoirs que l'on peut échanger.

2 Établissez les règles de fonctionnement : comment se joindre les uns les autres, comment offrir/demander un service, quelles sont les exigences minimales et maximales...

3 Définissez la participation de chacun(e) : les aptitudes, les besoins (réels ou imaginaires), la disponibilité de chacun(e).

4 Jouez de courtes scènes où des membres de la classe négocient un échange de savoirs.

❺ Noir sur blanc

➡ Vous avez reçu ce texte par courrier électronique : il manque les accents. Mettez-les.

Exp:	diffusion@yahoo.fr	CC:	
Dest.:	alain@wanadoo.fr	CM:	
Objet:	le livre		

Message :

Vous pouvez laisser trainer un livre sur le sable, l'oublier sur un banc, le couvrir de taches. Vous pouvez vous y attarder cinq minutes, ou bien une journee entiere, et meme toute une nuit. L'ouvrir par le milieu, le relire ou le commencer par la fin. Personne ne s'en plaindra. Ce qui est sur, c'est que le livre aura toujours la meme consistance et le meme poids. Vous pourrez le reposer a la place ou vous l'avez pris ou le preter a un ami qui l'ouvrira a l'endroit ou vous vous etiez arrete ou ailleurs. Le livre sera demeure intact.

La devise des mousquetaires, dans *Les Trois Mousquetaires* d'Alexandre Dumas, est : *Un pour tous, tous pour un*.

En France, la solidarité se retrouve dans des initiatives bénévoles individuelles ou de petits groupes et dans le développement du réseau associatif.

Lorsque les inondations touchent un village, c'est toute la région qui est solidaire et apporte son aide ; souvent même, c'est toute la France.

Pendant l'hiver 1999-2000, la « tempête du siècle » a touché le pays, des millions d'arbres ont été déracinés, des dizaines de milliers de personnes se sont retrouvées sans téléphone, sans électricité, sans abri. Les amis, les voisins, les municipalités ont secouru les victimes rapidement et leur ont trouvé un endroit où dormir. Le plan ORSEC (Organisation des secours) a été déclenché au niveau national.

La solidarité est une notion très présente en France. Sociétés privées, pouvoirs publics et associations mettent leurs compétences et leur force en commun pour lutter contre :
– l'injustice ;
– la violence ;
– l'inégalité et la discrimination ;
– la drogue ;
– la privation de logement ;
– le racisme ;
– le chômage ;
– la pauvreté ;
– les conséquences des maladies et des handicaps.

Intempéries dans le sud de la France.

1 Lisez la liste des problèmes de société ci-dessus. En petits groupes, classez-les par ordre d'importance. Quels sont les trois problèmes les plus cités dans la classe ?

🌐 Quelle forme prend la solidarité dans votre pays ? Y a-t-il des associations humanitaires ? Lesquelles ?

2 Avec laquelle de ces affirmations êtes-vous le plus d'accord ? Justifiez votre réponse.
1 *Donner, ce n'est pas seulement ouvrir son porte-monnaie et soulager sa conscience.* (G. Garibal, philosophe)
2 *L'âme humaine n'est pas faite pour être seule.* (Antoine de Saint-Exupéry)
3 *Après le verbe « aimer », « aider » est le plus beau verbe du monde.* (Baronne Bertha von Suttner)
4 *La main qui donne est toujours plus haute que celle qui reçoit.* (Proverbe africain)
5 *Chacun en ce monde est responsable de chacun.* (Alexandre Soljenitsyne, prix Nobel de littérature en 1970)

Les Français consacrent chaque année environ 4 % de leurs revenus pour aider financièrement d'autres familles. Il y a aussi des aides en nature (services rendus, cadeaux) : bricolage, jardinage, entretien du linge, ménage, préparation des repas, courses, garde des enfants, démarches administratives… L'aide affective joue un grand rôle.

Cadres de vie
La vie associative en France

VER-SUR-MER

120 PERSONNES RÉUNIES À LA KERMESSE

L'association Saint-Jacques a organisé sa traditionnelle kermesse, dimanche dernier à la salle des fêtes de la plage. Le midi, les bénévoles de l'association ont préparé et servi plus de 120 repas.

Le but de l'association est le partage du savoir : l'atelier, qui se tient le mardi soir de 20 heures à 22 heures, permet aux participants d'apprendre ou d'enseigner la couture, le tricot et différents travaux manuels.

Ouest France du 10 /07/2000.

Fondation Claude Pompidou Du temps pour les autres
Tél. 0 825 099 100
www.fondationclaudepompidou.asso.fr

ON PEUT TRÈS BIEN FAIRE DU SURF TOUTE LA SEMAINE ET S'OCCUPER D'UN ENFANT HANDICAPÉ LE DIMANCHE. ÊTRE BIEN, C'EST VIVRE POUR SOI, ET UN PEU POUR LES AUTRES.

Aide aux handicapés

L'association la FNATH (Fédération nationale des accidentés du travail et des handicapés) aide les accidentés du travail et les handicapés.

Un membre de l'association nous précise ses missions : « Avec près de 300 000 adhérents, la FNATH est la première association de personnes accidentées ou handicapées de France. Depuis sa création en 1921, la fédération exerce une action de revendication auprès des ministères, du Parlement, des administrations et organismes sociaux, afin de faire évoluer les lois en faveur des victimes d'accidents du travail ou de maladies professionnelles. Elle assure aussi la défense juridique individuelle [...]. Pour bénéficier de nos services, il faut adhérer à la FNATH (cotisation annuelle de 64 euros). »

FNATH
20, rue Tarentaise
BP 520
42007 Saint-Étienne Cedex 1

1 Lisez les deux textes. Dites quels sont les buts des deux associations.

2 Trouvez, à l'aide du contexte et d'un dictionnaire, le sens des mots suivants :
association – bénévoles – adhérents.

3 Sur le modèle du texte *Aide aux handicapés*, écrivez un petit article de presse présentant l'action de l'association du centre Didot.

4 Citez d'autres associations françaises ou internationales que vous connaissez. Quel est leur but ? Comment les avez-vous connues ?

Cadres de vie

La vie associative en France

Vous avez une passion ? Vous voulez la partager avec d'autres ? Avec un ami, vous pouvez créer une association à but non lucratif[1] mais à but culturel, sportif, humanitaire ou religieux. C'est ce qu'on appelle les associations loi 1901. Ainsi, on peut faire partie d'une association pour faire du judo, prendre des cours de théâtre ou répondre au téléphone pour parler et aider des personnes en difficulté. Certaines associations fonctionnent presque comme des entreprises et emploient des salariés, mais la plupart font encore appel au bénévolat.

1. Non lucratif : dont le but n'est pas de gagner de l'argent.

43 % des Français déclaraient faire partie d'une association en 1997, contre 37 % en 1980. On compte aujourd'hui environ 800 000 associations contre 200 000 dans les années 70.

Une association de pêcheurs.

De plus en plus d'associations développent des activités commerciales pour répondre à de nouveaux besoins sociaux (environ 40 % des revenus des associations qui emploient des salariés). Ce sont de véritables acteurs économiques, qui représentent un million de salariés, soit près de 5 % des emplois rémunérés.

Alternatives économiques, n° 175.

Une classe d'alphabétisation.

Le bénévolat, c'est rendre service gratuitement et sans y être obligé. En France, un adulte sur cinq est bénévole dans une association pour une durée moyenne de 4,5 heures par semaine. Cela représente l'équivalent de 800 000 emplois.

1 Retrouvez la définition d'une association loi 1901.

🌐 Est-ce que ce type d'organisation existe chez vous ? Sinon, quelles sont les formes de regroupements ou d'organisations sportives, culturelles, etc. ?

2 Êtes-vous membre d'une association ou d'une organisation ? Aimeriez-vous en créer une ? Dans quel but ?

3 Avez-vous déjà été bénévole ?

DELF unité A3 – Oral
Analyse du contenu d'un document simple

Lille ne brade pas sa populaire brocante
En dix ans, la braderie a doublé sa fréquentation.

Par HAYDEE SABERAN – *Lille, correspondance*

Un tour-opérateur italien en a fait un point fort de son programme. <u>Les Anglais débarquent par bus entiers.</u> Il n'y a plus une chambre d'hôtel libre à moins de 40 km : on conseille de réserver de six mois à un an à l'avance. Sur le boulevard Lebas, les brocanteurs campent deux semaines à l'avance pour être sûrs d'avoir une place. La braderie sent toujours les moules-frites et la bière. Mais, en dix ans, la fréquentation a doublé, deux millions de personnes devraient envahir les rues de la ville et, cette année, pour la première fois, la municipalité envisage de porter plainte contre les revendeurs de place. Les **riverains**, qui ont le droit de brader devant leur pas de porte, cèdent parfois leur place au marché noir, entre 150 et 2 000 euros le week-end. « <u>Ça pervertit l'esprit de la braderie</u> », explique l'adjoint au maire. « *Ceux qui paient pour une place sont les gens qui ont de l'argent. Or, la braderie, c'est d'abord les vide-greniers, elle doit rester cet immense acte spontané où la foule choisit son camp entre chiner ou vendre.* »

Cette braderie à Lille, c'est depuis toujours le grand événement de l'année. Depuis le Moyen Âge – à l'époque, les domestiques étaient autorisés à vendre les vieux vête-ments de leurs maîtres sur les trottoirs –, c'est le moment fort de la vie locale. Les riverains sortent sur le trottoir leur **bric-à-brac**. Les filles vendent leurs vieilles poupées, les garçons leur bicyclette. Les associations viennent faire leur pub. Et <u>toutes les autorités, le maire en tête, mettent un point d'honneur à vider une chope devant les caméras.</u>

Reste un mystère : malgré son grand succès, malgré les deux millions de personnes, la braderie **ne dégénère pas**. Pas de blessés, à part quelques malaises. Pour le SAMU, c'est même un week-end calme, parce qu'il y a moins de circulation automobile. La presse lilloise parle de « miracle permanent », qu'elle met sur le compte de la culture locale. « *C'est aussi serein parce que les Lillois génèrent cette ambiance*, résume l'adjoint au maire. *Si un barbecue tombe, tout le monde s'écarte et c'est tout. C'est calme, festif, grégaire. D'autres villes viennent nous consulter, pour pouvoir organiser la même chose. Mais ça ne marchera jamais aussi bien ailleurs.* »
La braderie démarre cet après-midi, à 15 heures. Elle se tiendra, sans interruption, jusqu'à demain minuit.

D'après *Libération*, 02/09/2000.

LEXIQUE
- Brader : vendre à bas prix.
- Un tour-opérateur : organisateur de voyages.
- Chiner : chercher des articles d'occasion.
- Une chope : grand verre avec une anse dans lequel on boit la bière.
- Le SAMU : sigle du Service d'aide médicale d'urgence.

Vous ferez devant le jury une présentation de ce document.

Pour préparer l'épreuve

1 **Dites si les affirmations suivantes sont vraies (V) ou fausses (F). Quand elles sont fausses, corrigez-les.**
   a La braderie de Lille n'est pas connue à l'étranger.
   b À Lille, on peut trouver facilement des chambres d'hôtel pendant la braderie.
   c Les boissons alcoolisées sont interdites.
   d La braderie de Lille existe depuis le XVIIe siècle.
   e La braderie de Lille dure trois jours.

2 **Choisissez les mots qui peuvent remplacer les expressions en gras.**
   a Les **riverains** cèdent parfois leur place.
   • personnes qui habitent dans la rivière ;
   • résidants d'un endroit ;
   • personnes qui arrivent d'une autre ville.

   b Les riverains sortent sur le trottoir leur **bric-à-brac**.
   • leurs instruments de musique ;
   • leurs vieux objets, bibelots, affaires, etc. ;
   • leurs vieilles voitures.

   c La braderie **ne dégénère pas**.
   • change d'emplacement ;
   • ne génère pas de bénéfices ;
   • se déroule sans problèmes d'ordre public.

3 **Expliquez, en trente mots maximum à chaque fois, les expressions soulignées.**
   a <u>Les Anglais débarquent par bus entiers.</u>
   b <u>Ça pervertit l'esprit de la braderie.</u>
   c <u>Toutes les autorités, le maire en tête, mettent un point d'honneur à vider une chope devant les caméras.</u>

Unité 8

DÉBATS

Contrat d'apprentissage

■ communicatif

– exprimer la cause et la conséquence

– s'opposer

– répondre à un argument

– justifier sa position

– formuler des interdictions

– exprimer son approbation, sa désapprobation

■ linguistique

– l'expression de la cause et de la conséquence

– l'ordre et l'interdiction (révision)

– l'expression de l'opposition

– les préfixes négatifs

■ interculturel

– logement

– les Français et l'art

Comme partout à Paris, on détruit des bâtiments anciens et sans confort dans le XIVᵉ arrondissement pour construire des immeubles modernes. Le promoteur affirme qu'il est le vrai défenseur du patrimoine. Lisa serait d'accord avec lui s'il était possible de garder certains témoins historiques, comme l'atelier de la rue Didot. Réussira-t-elle à convaincre le promoteur ?

DÉBATS

Voici une photo de l'intérieur de la pyramide du Louvre.
Regardez les groupes de visiteurs. Qu'est-ce qu'ils font ?
Dans un des groupes qui a un guide francophone,
il y a des personnes de votre pays et des Français.
Faites-les parler.

Bruegel l'Ancien.

1

■ Où est-ce que tu vas maintenant, Michel ?

● À la section peinture, il faut que j'aille voir les tableaux des peintres hollandais et surtout un tableau de Bruegel l'Ancien…

■ C'est une drôle d'idée pour quelqu'un qui ne s'intéressait qu'à l'égyptologie…

● Ne m'en parle pas, ce n'est pas par goût, c'est le prof qui nous a demandé un travail sur la peinture du XVIᵉ siècle et, en plus, pour dans quinze jours, alors je suis bien obligé…

2

■ Véronique, vous reconnaîtrez qu'il est difficile de visiter le Louvre à cette époque-ci de l'année… Franchement, avec tous ces gens, c'est pénible…

● Tout à fait de votre avis. Il y a tellement de touristes qu'on ne peut plus s'approcher des tableaux. Cela devient insupportable, mais c'est comme ça toute l'année, vous savez…

Théodore Géricault.

3

■ Ah ben ça alors, je n'aurais jamais cru ça : sur les photos, on la voyait toute petite, cette pyramide, mais de l'intérieur, c'est immense… Tu as vu, Francine ?…

● Oui, oui, mais parle moins fort, Nicolas. Tu vas nous faire remarquer…

Joseph M. William Turner.

4

■ Bon, d'accord, c'est très grand, moderne, organisé ; mais, moi, j'aimais bien comme c'était avant et, cette pyramide, quoi qu'en disent les gens, je trouve qu'elle ne va pas avec le reste.

● Ah toi, alors, qu'est-ce que tu peux être vieux jeu !

 1 **Écoutez les dialogues 1 à 4, puis répondez.**

1 Dites qui vient au Louvre pour la première fois et qui sont les habitués.

2 Est-ce que tous les interlocuteurs ont le même âge ? Imaginez quel peut être le métier de chacun d'eux.

2 **Trouvez dans les dialogues trois mots introduisant :**

1 la cause ;
2 la conséquence ;
3 l'opposition.

3 **Parlez de vous. Avez-vous déjà visité le Louvre ou un autre musée français ? Lequel ? Dans quelle ville ? Quels peintres et sculpteurs français connaissez-vous ?**

4 **Présentez brièvement à la classe un musée et un ou deux artistes de votre pays (peintres ou sculpteurs, comme Giacometti). Présentez-en un à votre voisin(e).**

 5 **Écoutez les indications des guides. Prenez des notes sur la visite prévue et l'ordre des salles. Observez les reproductions ci-dessus et complétez le tableau. Vous pouvez aussi consulter le site du Louvre : http://www.louvre.fr.**

Ordre des salles	Pays/ Salle	Peintre	Dates	Titre
			1791-1824	Le Radeau de la méduse
			1775-1851	Paysage avec rivière et une baie dans le lointain
			1525-1569	Les Mendiants

A Nous sommes les vrais défenseurs du XIVᵉ... 🔊

1 **Lisez** les notes du promoteur venu présenter le projet aux membres de l'association Didot.

2 **Écoutez** l'exposé. .... 🔊

1 Quel est l'objectif du promoteur ?

2 Par rapport à ses notes, qu'est-ce que le promoteur n'a pas dit ? Qu'est-ce qu'il a ajouté ? Pourquoi le promoteur a-t-il modifié son exposé ?

3 **Relisez** les notes du promoteur et **réécoutez** son exposé. .... 🔊

1 Quelles raisons donne-t-il pour justifier son projet ?

2 À qui profitera le projet ?

4 **Réfléchissez. Quel lien le promoteur fait-il entre le fait que les appartements sont petits et mal équipés et le prix des loyers ?**

Exposé : le projet de la rue Didot
– un bâtiment ancien, mal entretenu, entouré d'immeubles de standing
– des appartements petits et mal équipés
– prix des travaux d'aménagement très élevé
– un atelier d'artiste sans fonction définie
– un jardin non exploité
– des loyers très bas
– le manque de places de parking
– un quartier agréable à vivre et très apprécié d'un public assez riche
– un immeuble moderne, de grand standing
– parking en sous-sol
– des magasins de luxe, une galerie d'art
– des jardins privatifs
– une meilleure rentabilité
– un projet en harmonie avec le quartier, donc profitable à tous

5 **À deux, résumez** les arguments du promoteur avec vos propres mots.

6 **Réfléchissez. Est-ce que vous pensez que le promoteur est *le vrai défenseur du XIVᵉ arrondissement* ? Justifiez** votre réponse.

7 **Imaginez** que vous habitez le quartier et que vous assistez à la réunion : quelles questions poseriez-vous au promoteur ?

B N'essayez pas de noyer le poisson ! 🔊

1 **Écoutez** le dialogue entre Lisa et le promoteur. Quel est le sujet de leur désaccord ? .... 🔊

2 **Lisez** le texte et **réfléchissez. En quoi consiste le compromis proposé par le promoteur ? Pensez-vous que cette proposition soit réaliste et soit une bonne solution pour l'association ? Donnez** des arguments qui justifient votre réponse.

3 **Relisez** le texte et **repérez** les expressions qui expriment l'opposition.
Quelles autres expressions connaissez-vous ?

4 **À deux, imaginez** la suite du dialogue entre Lisa et le promoteur, puis **jouez**-la. .... 🎭

LISA :	En vérité, nos intérêts, notre conception de la vie, tout nous oppose !
LE PROMOTEUR :	Mais nous nous ressemblons pourtant. Vous défendez votre association comme moi je défends les intérêts de mes clients... Mais bon, il y a une différence : vous souhaitez une société où l'argent ne joue aucun rôle, tandis que mon but est d'en gagner. Et vous me désapprouvez.
LISA :	N'essayez pas de noyer le poisson ! Au lieu de philosopher, parlons plutôt de ce que nous voulons garder : l'atelier !
LE PROMOTEUR :	Cette ruine qui fera le désespoir des gens qui habiteront ici !
LISA :	Vous aurez beau faire, je ne changerai pas d'avis sur ce point. De plus, vous méconnaissez totalement sa valeur. Alberto Giacometti y a même travaillé pendant quelques mois... Je pense qu'on n'a pas le droit de le détruire, je dirais même que c'est un plus pour la résidence. Au lieu de le détruire, il faut le restaurer et l'intégrer.
LE PROMOTEUR :	Vous n'êtes pas en train de me demander de vous aménager un local pour votre association, par hasard ?
LISA :	Pour l'instant, c'est plus à l'atelier qu'à l'association que je pense !
LE PROMOTEUR :	C'est ce que vous dites, mais ce n'est peut-être pas ce que vous pensez...
LISA :	Ne soyez pas désagréable.
LE PROMOTEUR :	Excusez-moi. Vous ne voyez pas ce que j'essaie de vous faire comprendre. Aidez-moi plutôt à trouver une solution acceptable pour tout le monde. Supposons que nous gardions l'atelier. Il faut bien que nous lui trouvions une fonction... S'il convenait à l'association, ce serait parfait. Pour une galerie ou un magasin, il faudrait faire des transformations trop importantes... En revanche, si cela vous convient...
LISA :	Bien que j'aie beaucoup de mal à vous croire, j'ai envie de vous faire confiance...
LE PROMOTEUR :	Et vous avez bien raison, malgré tout ce qui nous sépare.

C Des chiffres convaincants

1 **Décrivez** la maison ou l'immeuble où vous habitez. Quels sont ses avantages et ses inconvénients ?

2 **Réfléchissez.** À qui s'adresse la publicité suivante ?

PARIS 14ᵉ

32 logements répartis sur deux petits bâtiments de quatre étages, du studio au six-pièces (28 m² à 106 m²), dont un cinq-pièces duplex avec terrasse et quatre trois-pièces avec jardins privatifs au rez-de-chaussée.

Travaux en cours.
Prix hors parking : à partir de 4 000 euros/m².
Parking ou box en sous-sol : entre 30 000 et 45 000 euros.
Livraison : premier tiers, fin de l'année
          deuxième tiers, mars prochain
          troisième tiers, été prochain

LA CITÉ DES SCULPTEURS

Cette résidence, située au calme sur une voie où la circulation n'est autorisée qu'aux seuls riverains, est au cœur d'un quartier vivant, près des commerces de la rue d'Alésia et des transports (métro et bus), à 400 mètres des écoles (crèche et collège). L'accès au boulevard périphérique et à l'autoroute A 6 est à moins de cinq minutes de la résidence.

Information et vente : emg, 2, rue Carpeaux, 75018 Paris
tél : n° azur 0 801 122 102 (prix appel local)
http://www.emg-immobilier.com
Visite de l'appartement témoin :
lundi, mardi, jeudi et vendredi de 10 h 00 à 19 h 00.
Dimanche et jours fériés de 14 h 00 à 18 h 00.

③ L'un(e) de vos ami(e)s a l'intention d'acheter un appartement à Paris. À partir de la publicité page 145, donnez-lui le plus de renseignements possible sur les appartements proposés et dites-lui ce que vous en pensez (avantages et inconvénients). Prenez des notes et jouez la scène à deux. ...

D Un fast-food peut-il sauver notre patrimoine ?

POUR
Éric Raoult
président du comité de défense du patrimoine architectural

Notre seul but est de sauver la Maison des ducs. La municipalité n'est pas assez riche pour réaliser les travaux de réparations, c'est pourquoi nous sommes pour la proposition faite par une chaîne de restauration rapide. Celle-ci accepte de prendre tous les travaux à sa charge et s'engage à respecter l'architecture du bâtiment et à la mettre en valeur. Elle promet de restaurer l'intérieur et de choisir un mobilier classique au lieu du plastique habituel. En revanche, l'entreprise n'accepte aucun compromis en ce qui concerne sa carte, malgré les souhaits exprimés par la mairie. On peut le regretter, pourtant c'est sûrement le meilleur moyen de faire découvrir à nos concitoyens, en particulier aux jeunes, la richesse architecturale de notre ville.
Quoiqu'elle affirme vouloir défendre la culture et la tradition, nous pensons que l'Association des commerçants refuse la solution proposée parce qu'un nouveau restaurant représenterait une trop grande concurrence pour ses membres.

CONTRE
Claude Métayer
attachée de presse de l'Association des commerçants

Il est évident que nous vivons du commerce, mais nous sommes respectueux de l'histoire, de la culture et de la tradition de notre ville. Installer un fast-food dans une belle maison ancienne est tout simplement scandaleux. Nous pensons que la municipalité ou une association devraient racheter la Maison des ducs de manière à ce qu'elle soit utilisée pour des activités culturelles et non pas dans un but commercial. Même si cette chaîne de fast-food n'a que de bonnes intentions, elle reste un danger pour notre image. La Maison des ducs pourrait très bien abriter l'office du tourisme et accueillir des expositions, ce qui devrait répondre aux attentes des visiteurs, contrairement à une chaîne de restauration qui, elle, pourrait choquer. Sous certaines conditions, nous pourrions accepter l'installation d'une librairie ou d'un magasin travaillant dans le domaine culturel, mais nous nous opposons fermement à toute exploitation de notre patrimoine historique dans un but purement commercial.

① Lisez les deux prises de position. Quel est le problème posé par la Maison des ducs à la municipalité ?

② Retrouvez les deux arguments forts mis en avant par Éric Raoult.

③ Résumez l'argumentation de Claude Métayer en une phrase.

④ Est-ce que vous êtes plutôt pour ou contre la solution proposée ? Trouvez de nouveaux arguments qui justifient votre choix.

⑤ Travaillez à deux : l'un est pour, l'autre contre la solution du fast-food. Trouvez une solution acceptable pour vous deux.

⑥ Exposez votre solution à la classe.

⑦ Rédigez un texte de quelques lignes pour proposer votre solution dans la rubrique *Courrier des lecteurs* du magazine.

Grammaire

L'expression de la cause et de la conséquence

1 Lisez les phrases suivantes et dites, dans chaque cas, quelle est la cause et quelle est la conséquence indiquées. Repérez les mots ou expressions qui expriment une relation de cause et ceux qui expriment une relation de conséquence.

1 Étant donné son état, il serait de toute façon impossible d'atteindre le confort des immeubles voisins.

2 Le jardin est si peu utilisé que la nature y est redevenue sauvage.

3 Son propriétaire n'a rien fait à cause du prix des travaux…

4 La municipalité veut rendre le quartier plus attrayant. C'est pourquoi elle encourage la construction d'immeubles.

5 Grâce à son cadre, à l'aménagement du jardin, et surtout parce que les appartements seront plus grands et plus confortables, la vie y sera plus agréable.

6 Les propriétaires pourront facilement demander des loyers plus élevés, et ils pourront donc mieux entretenir leur immeuble, pour le bien de tous.

7 Lisa a été tellement convaincante que le promoteur a accepté.

8 Comme Lisa et le promoteur se sont entendus, l'atelier est sauvé.

9 Puisque l'association garde son local, Lisa est contente.

10 Par conséquent, tout le monde est satisfait.

2 Classez les mots ou expressions de l'exercice précédent selon leurs constructions. Remplissez les deux tableaux des fiches **G14** et **G15**.

3 Employez chaque expression dans une phrase et complétez les fiches **G14** et **G15**.

L'expression de la cause

G14

Cause exprimée par	introduite par	nuance apportée
un verbe conjugué	…	sans nuance particulière
à l'indicatif	*comme*	cause connue
	…	cause connue
	…	…
un nom/pronom	*à cause de*	…
	…	positive
	…	…

! La cause introduite par *comme* est toujours placée dans la phrase avant la conséquence.

Mémento : § H2

Grammaire

L'expression de la conséquence		G15
Conséquence exprimée par	**introduite par**	**nuance apportée**
un verbe conjugué	*c'est pourquoi*	sans nuance particulière
à l'indicatif	*alors*	…
	…	…
	si bien que	…
	…	intensité
	si + adj. + *que*	…
	si + adverbe + *que*	…
	… + adj. + *que*	…
	tellement de + nom + *que*	…
	verbe + *tellement que*	…

Mémento : § H3

④ **À l'aide des expressions ci-dessus, associez les énoncés pour former des phrases qui indiquent la cause ou la conséquence. Comparez vos réponses avec votre voisin(e).**

1 Hier soir j'ai trop mangé. – Cette nuit j'ai mal dormi.

2 Le feu est rouge. – Les voitures s'arrêtent.

3 Il y avait seulement dix inscrits pour l'excursion. – Le prix était très élevé.

4 Ils ont pu trouver un nouveau local. – L'intervention du maire.

5 Ils ont dû quitter leur local. – L'état de l'immeuble.

6 Elle a travaillé. – Elle a obtenu ce qu'elle voulait.

⑤ **Réécrivez le texte en remplaçant les expressions de cause par des expressions de conséquence.**

Grâce à son fonctionnement à l'énergie électrique, le tramway pollue moins et il est peu bruyant. Comme il est plus rapide et plus confortable que le bus, il peut remplacer plus facilement la voiture. En raison de son coût de fonctionnement faible, il est plus rentable pour les municipalités. Du fait de tous ces avantages, les villes de plus de 100 000 habitants développent l'utilisation du tramway.

▶ *Le tramway fonctionne à l'énergie électrique, donc il pollue moins.*

L'ordre et l'interdiction (révision du niveau 1)

⑥ **Relevez, dans le document B d'*Agir-réagir*, les expressions qui indiquent un ordre ou une interdiction. Complétez cette liste avec d'autres expressions. Quel est le mode qui exprime l'ordre ou l'interdiction ?**

⑦ **Complétez la fiche** G16 .

⑧ **Vous louez votre appartement pendant une semaine. Donnez des consignes aux locataires en utilisant l'impératif dans des expressions qui indiquent l'ordre et l'interdiction.**

1 Lire les instructions placées au-dessus des appareils avant leur utilisation : lave-vaisselle, lave-linge, etc.

2 Ne pas débrancher le répondeur.

3 Utiliser l'ordinateur sans dépasser le forfait Internet de 20 heures.

4 Ne jamais sortir sans fermer les fenêtres et la porte à clé.

5 Ne pas garer la voiture sur le parking en face de l'immeuble, les places y sont réservées.

6 Se garer sur le parking de la gare.

L'expression de l'opposition

9 **Relisez les deux phrases tirées du document B d'*Agir-réagir*.**

1 Au lieu de le détruire, il faut le restaurer et l'intégrer.
2 Bien que j'aie beaucoup de mal à vous croire, j'ai envie de vous faire confiance…

Réfléchissez : quelle est la relation entre *le détruire* et *le restaurer* ? Entre *que j'ai beaucoup de mal à vous croire* et *j'ai envie de vous faire confiance* ? Y a-t-il une contradiction entre ces éléments ? Quels sont les mots et expressions qui montrent cette relation ? Quels sont les modes utilisés dans ces phrases ?

10 **Relisez les documents B (exercice 3) et D d'*Agir-réagir*. Cherchez d'autres expressions qui ont la même valeur ou une valeur proche. Complétez la fiche** G17 **.**

L'expression de l'opposition G17

Mode du verbe	…	Indicatif	…
Expression	*au lieu de* + …	*tandis que* + …	*bien que* + …
	avoir beau + …	*alors que* + …	*quoique (rare)* + …
	…	…	…

Mémento : § H4

---

11 **Cherchez d'autres mots ou expressions qui ont la même valeur mais qui servent à introduire des noms ou des phrases.**

▶ *Et vous avez bien raison,* **malgré** *tout ce qui nous sépare.*

12 **Complétez les messages à l'aide des expressions suivantes : *avoir beau – mais – bien que – au lieu de – quand même*.**

1 Coucou Pierre, ici Laura, je te propose d'aller dans le petit bar à vins en face de la mairie … retourner dans la boîte de jazz. Ça changera !

2 Je suis désolé de notre dispute … tout n'est pas de ma faute. … d'essayer de me comprendre, tu m'accuses de tout. … je veuille te parler de mes problèmes, tu ne m'écoutes pas. Tu … dire que tu m'aimes, j'ai des doutes. Je suis … prêt à en rediscuter avec toi.

L'expression de la mesure

Généralement, on écrit les mesures en chiffres. Les unités de mesure sont représentées par des abréviations.
Il fait 20 m (20 mètres) de long sur 7 m de large.
Il mesure 8 m de haut.
La surface du côté est de 120 m² (120 mètres carrés).
Le volume est de 2 400 m³ (2 400 mètres cubes).
50 % des immeubles sont neufs = un immeuble sur deux est neuf = la moitié des immeubles sont neufs.

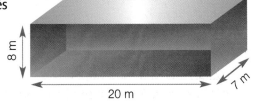

S'EXPRIMER

Les préfixes négatifs

Formation des mots

① **Repérez les mots suivants dans le document B d'*Agir-réagir*. Que signifient-ils ? Comment sont-ils formés ?**
　ı Désagréable.　　　2 Méconnaître.

② **Essayez de deviner le sens des mots suivants, puis vérifiez dans un dictionnaire.**
　ı Décentraliser.　　4 Démasquer.
　2 Défaire.　　　　5 Déplaire.
　3 Déformer.　　　　6 Une désillusion.

③ **Réfléchissez. Quand emploie-t-on les formes *dés-* ou *més-* au lieu de *dé-* ou *mé-* ?**

④ **Faites une description de sens contraire.**
On le dit <u>agréable</u>, <u>honnête</u> et <u>tolérant</u>. Il semble <u>discret</u> et <u>prudent</u>. Ce sera un homme <u>efficace</u>.

⑤ **Réfléchissez. Quelle différence faites-vous entre *un artiste inconnu*, *méconnu* ou *mal connu* ?**

⑥ **Complétez la partie 2 de la fiche　V2 .**

• Le préfixe dé-/dés- exprime la négation, la privation. Il permet de former des mots de sens contraire :

adjectif :　　organisé　　▷　désorganisé (qui n'est pas organisé)

nom :　　　　avantage　　▷　désavantage (inconvénient)

verbe :　　　conseiller　▷　déconseiller (conseiller de ne pas faire quelque chose)

• Le préfixe mé-/més- exprime la négation ou donne un sens péjoratif :

adjectif :　　content　　　▷　mécontent (qui n'est pas content)

nom :　　　　connaissance　▷　méconnaissance (une mauvaise connaissance)

verbe :　　　dire　　　　　▷　médire (dire du mal)

Phonétique

La phrase déclarative simple

① **Écoutez et faites un geste de la main qui reproduise la courbe intonative. Repérez bien la syllabe qui correspond au sommet de la courbe.**

　ı On ne peut pas ignorer les questions financières.　　2 Au lieu de détruire l'atelier, il faut le restaurer.

　3 Pour une galerie ou un magasin, il faudrait faire des transformations trop importantes.

② **Écoutez, puis, après chaque signal sonore, répétez en lisant.**

La phrase complexe (1) : les propositions relatives

③ **Écoutez et répétez après le signal sonore. Quelle différence de sens percevez-vous entre les deux prononciations ?**

　ı Les membres du centre Didot qui habitent dans le XIVᵉ veulent conserver les ateliers d'artistes

　2 Les membres du centre Didot, qui habitent dans le XIVᵉ, veulent conserver les ateliers d'artistes

S'EXPRIMER

Production orale

① **Lisez les *Outils*, puis complétez-les.**

répondre à un argument

OUTILS POUR...

– Oui, mais…
– À ceci, j'opposerai…
– Est-ce que vous pouvez préciser cet argument/donner un exemple ?
– Ce n'est peut-être pas aussi simple…
– Au contraire, on pourrait dire…

justifier sa position

OUTILS POUR...

– J'ai choisi/Je pense que… parce que…
– Je m'appuie sur l'étude/l'enquête de…
– Comme vous avez pu le lire…
– Voici quelques chiffres/une statistique pour confirmer ce que j'avance…
– On le voit très bien dans/quand…
– Comme le dit…

exprimer son approbation/ sa désapprobation

OUTILS POUR...

– Vous avez parfaitement raison.
– Je suis entièrement de cet avis.
– J'irais peut-être même encore plus loin…
– Je suis absolument contre/Je m'oppose absolument à cela.
– Cette idée me semble inacceptable.

② **Que pensez-vous du jugement suivant sur le cinéma français ? Aidez-vous des *Outils* ci-dessus pour répondre.**

En quantité, la production cinématographique française est la première d'Europe. Les Européens aiment le cinéma français, qui occupe la troisième place après les cinémas américain et britannique.
On associe au cinéma français les idées d'amour, de romantisme, d'intelligence, mais aussi de lenteur, d'ennui et une conception du monde « trop française ».
Les Français eux-mêmes vont plus souvent voir des films américains (traduits en français !) que des films français :
54 % de films américains contre
35 % de films français.

5 livres X 1 an = -40% !

③ **Un club propose des livres moins chers que dans les librairies. Pour bénéficier de la réduction de 40 % sur les titres du catalogue, il faut acheter obligatoirement cinq livres par an.**

1 Êtes-vous pour une telle pratique ?
2 Faites le compte des pour et des contre dans votre classe.
3 En groupes, faites ensuite une liste d'arguments pour et une liste d'arguments contre.
4 Discutez. Essayez de convaincre les participants qui ne sont pas d'accord avec vous.
5 Après la discussion, faites à nouveau le compte des pour et des contre. Comparez les deux résultats.

Unité 8 / **Forum** / **Lettre de protestation** / **S'EXPRIMER**

① Vous avez envoyé un chèque à l'artisan qui a réparé votre réfrigérateur. Il vous adresse une deuxième facture pour la réparation d'un chauffage électrique. Vous lui envoyez un courrier pour mettre les choses au clair.

Complétez la lettre avec les expressions suivantes :
en revanche – mes salutations distinguées – pour – confirmer – il s'agit d'une erreur.

Armelle Bideau
15, rue Lecourbe
75015 Paris

Société CETEC
14, rue Falguière
75014 Paris

27/07/2000

Monsieur,

Je viens de recevoir une facture de 331 euros … la réparation d'un chauffage électrique. De toute évidence, …, car je n'ai pas de chauffage électrique. …, vous avez réparé mon réfrigérateur le 8 juin et je vous ai envoyé un chèque de 102,80 euros le 17 juin pour payer le dépannage (votre facture n° 1278 du 12/06).

Je vous renvoie la facture et vous remercie de me … par écrit que tout est réglé.

Je vous prie d'agréer, Monsieur, …

A. Bideau

② Votre agence de voyages vous réclame 1 780 euros pour un voyage à la Martinique. Vous avez déjà payé cette somme dix jours plus tôt, par chèque. Vous devez partir dans deux semaines. L'agence explique qu'elle ne vous donnera pas vos billets si vous ne payez pas. Rédigez une lettre pour dire que vous n'êtes pas d'accord.

③ Lisez les deux points de vue du forum, puis envoyez un message pour donner votre avis (tous les services gratuits ? droit d'entrée forfaitaire ? consultation gratuite et emprunt payant ? tous les services payants ?) et expliquer votre choix.

1 Faites la liste des arguments pour et des arguments contre.

2 Réfléchissez : à qui va l'argent ? quelle est la fonction d'une bibliothèque ou d'une médiathèque ?

3 Rédigez le brouillon de votre message en une seule fois.

4 Avec votre voisin(e), échangez vos textes. Discutez.

5 Rédigez le texte définitif de votre message.

Participez à un forum sur Internet
Pour ou contre la gratuité des bibliothèques et des médiathèques ?

POUR
Seule la gratuité des services des bibliothèques et des médiathèques permet à tout le monde d'avoir accès à la culture. C'est le devoir de la société de donner les mêmes chances et les mêmes possibilités à tous les citoyens.

CONTRE
On ne peut pas demander aux gens qui ne fréquentent pas les médiathèques ou les bibliothèques de financer par leurs impôts quelque chose qu'ils n'utilisent pas.
D'autre part, il n'est pas juste que des dizaines de personnes lisent le même livre ou regardent le même film gratuitement : les auteurs doivent être payés pour leur travail !
La seule question qui se pose, c'est de savoir comment faire payer les utilisateurs :
– demander une petite somme à chaque emprunt ?
– faire payer un forfait une fois par an ?
– proposer des services gratuits et des services payants ?
– ne pas faire payer les chômeurs et les étudiants ?

LE PRIX DE LA LIBERTÉ

À tous les accros de la glisse du quartier Saint-Jean

Depuis quelques mois, vous êtes nombreux à vous retrouver derrière les garages de la mairie pour pratiquer votre sport favori, le roller-blade. Vous installez vos tremplins et vos parcours de slalom, et vous vous amusez en toute liberté, sans aucun règlement. Et vous ne dérangez personne !

Cependant, vous êtes sur un terrain municipal et, en cas d'accident, la mairie aurait sa part de responsabilité.

La municipalité vous propose donc d'aménager des pistes, des tremplins, etc., et vous demande, en échange, d'observer les règles élémentaires de prudence et d'avoir un comportement responsable.

Nous aimerions réaliser ce projet avec vous.

Votre avis nous intéresse. Faites-nous part de toutes vos suggestions.

Le comité du quartier Saint-Jean

④ Lisez le message du comité du quartier Saint-Jean. De quoi s'agit-il ?
Que font les amateurs de roller ? Que veut la mairie/le comité de quartier ?

⑤ Quels avantages et quels inconvénients aurait la proposition de la mairie pour les sportifs ?

⑥ Vous êtes vous-même un amateur de roller-blade et vous répondez au comité du quartier Saint-Jean. Travaillez à deux.
1 Réfléchissez : voulez-vous garder votre liberté (pour combien de temps encore ?) ou profiter de l'offre de la mairie (meilleur équipement, mais à quel prix !) ?
2 Rédigez votre réponse.
3 Relisez votre texte et corrigez-le.

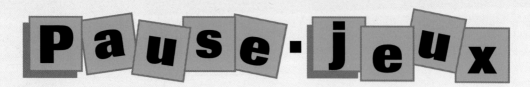

Pause-jeux

❶ Récréation

➡ Certaines lettres du texte suivant se sont effacées. Retrouvez le texte original.

Michel Bardou cambriolé

Michel Bardou, actuellem… hospitalisé, a
été vict… d'un import… cambriol…,
mercre… mat…, vers trois heures, à …
domicile de Neuilly. Les voleurs sont
entr… dans … apparte…, … faire de bruit
et sans attirer l'attent… des gardiens et de
Noémie, l'épouse du chant… .
Ils … emporté de l'arg… et des bij…
avant de disparaître …la voiture du
ch…teur.

❷ Apprendre à apprendre

➡ Reliez les propositions suivantes à l'aide d'un mot de liaison (plusieurs solutions sont parfois possibles).

Il a tout raconté à sa copine	même si	il n'a pas trouvé de travail
Il est déprimé	donc	il veut toujours avoir raison
Il est sympa	mais	je lui avais dit de se taire
Il peut sortir avec nous ce soir	parce que	nous allons commencer la réunion
Il quitte la ville	pourtant	il ne travaille pas demain
Paul ne va pas venir aujourd'hui	puisque	

❸ En toute logique

➡ Lisez la publicité suivante.

> **Comment devenir heureux grâce à la nouvelle voiture *Ciao* ?**
>
> La *Ciao* roule aussi bien en ville que sur la route
> Donc vous n'arrivez jamais en retard à votre bureau
> Donc votre chef est content
> Donc il vous laisse sortir un peu plus tôt
> Donc vous avez plus de temps libre
> Donc vous pouvez aller souvent au cinéma avec vos amis
> Donc vous êtes heureux !

Retrouvez les arguments de cette publicité.
Imaginez d'autres argumentations en suivant le modèle ci-dessus.

1 Comment devenir riche grâce au nouveau stylo *Impec* ?
2 Comment rester en bonne santé grâce aux chaussures de sport *Marchex* ?

❹ Projet

➡ Les habitants de votre quartier se plaignent du bruit fait par les personnes qui fréquentent les cafés le soir. Le commissaire du quartier a décidé de convoquer les habitants, les propriétaires des cafés, les serveurs et les clients.

1 Définissez la situation : qui sont les plaignants (âge, sexe, profession…) ? Que reprochent-ils aux clients ? Comment les clients se défendent-ils ? Le commissaire est-il sévère ?
2 Distribuez les rôles et préparez le débat en petits groupes en notant les arguments des différents participants.
3 Rédigez le compte rendu du débat pour un journal local.

❺ Noir sur blanc

➡ La personne qui a tapé le texte ci-dessous n'a pas séparé les mots. Corrigez le texte.

Letourismepermetdefaireévoluerlesmentalités. Cette évolutionsetraduitparuneplacepluslargementaccordée auxrelationshumaines, auxactivitésfamilialeset personnelles, parlavalorisationdepratiquescomme larecherchedeséjoursenmilieururalouparle développementdelaparticipationàdesspectacles ouàdesactivitésdetourismeculturel.

Comportements
Le logement

Le logement représente la plus grosse part du budget des Français, avant l'alimentation. Cela s'explique en partie par l'augmentation des charges et des dépenses d'entretien due à l'importance de plus en plus grande du foyer dans les modes de vie. Les Français passent en effet de plus en plus de temps chez eux. Ils s'y sentent en sécurité et au calme tout en étant reliés au monde extérieur par les moyens de communication électroniques (téléphone, Internet, Minitel, radio, télévision…). Le foyer est le lieu privilégié de la convivialité, des loisirs et du repos.

D'après G. Mermet, *Francoscopie* 1999
© Larousse-Bordas, 1998.

Pour une partie de la population française, posséder sa propre maison, avec un jardin, dans une zone résidentielle, a longtemps été le signe d'une certaine réussite et un but à atteindre. Cela reste encore assez vrai, même si les rêves et les styles de vie des Français sont de plus en plus variés.

Marseille. ▶

Maisons individuelles HLM.

En vingt ans, les logements sociaux (HLM) sont passés de 700 000 à plus de 3 millions. Cela représente 14 % des résidences principales et 41 % des logements loués. La plupart sont situés dans des immeubles collectifs, mais, depuis les années 80, un quart des HLM construites sont des maisons individuelles.

G. Mermet, *Francoscopie* 1997, © Larousse-Bordas, 1996.

LES VILLES FRANÇAISES

Il y a en France 36 640 villes et villages. On les appelle aussi communes. Trente-six villes comptent plus de 100 000 habitants. Voici les neuf plus grandes :

	Habitants par ville	Agglomération (Ville + banlieues)
1 Paris	2 152 400	10 990 000
2 Marseille	800 300	1 100 000
3 Lyon	422 500	1 100 000
4 Toulouse	366 000	610 000
5 Nice	345 000	475 000
6 Nantes	259 000	546 000
7 Strasbourg	256 000	400 000
8 Bordeaux	210 500	640 900
9 Lille	172 200	1 067 600

Marseille et Lyon, comme Paris, sont divisées en arrondissements. Chaque arrondissement est géré comme une municipalité et a son propre maire.

1 D'après G. Mermet, qu'est-ce que représente le foyer pour les Français ?

2 Et pour vous, que représente votre foyer ?

🌐 Combien d'habitants est-ce qu'il y a dans votre ville, dans votre pays ?

🌐 Et chez vous, les gens habitent plutôt en ville ou plutôt à la campagne ? Est-ce qu'il y a beaucoup de grandes villes ? Citez les cinq plus grandes villes de votre pays. Présentez-les en une ou deux phrases.

Cadres de vie
Les Français et l'art

Ateliers d'artistes

Depuis 1991, l'association Sonamou regroupe des artistes coréens, peintres, sculpteurs et photographes, dans une ancienne usine des bords de Seine.

« Comme ils ne voulaient pas se retrouver dans un ghetto, les Coréens ont décidé d'accueillir des artistes français, canadiens, américains… », commente Anne Vignal, présidente de l'association. On compte quarante-six ateliers de 60 à 70 m^2 avec un petit loyer. Point faible : en hiver, il fait aussi froid dedans que dehors.

Chaque année, en septembre, les ateliers ouvrent leurs portes au public.

Le problème est que, à très court terme, une démolition va obliger l'association à déménager. La mairie, qui souhaite garder ces artistes à Issy-les-Moulineaux, devrait pouvoir leur trouver un hébergement.

Sonamou : 247, quai de Stalingrad,
Issy-les-Moulineaux.
Site : www.artsenal.free.fr

D'après *À nous Paris*, du 24/01/2000.

ATELIERS PORTES OUVERTES

53 ARTISTES
peintres • sculpteurs • photographes
VOUS INVITENT A VENIR LES RENCONTRER

vendredi 28 avril
de 18 h à 21 h.

Sam. 29, dim. 30 avril,
et lundi 1er mai 2000
de 15 h à 21 h.

INVITES
LES EDITEURS DE POESIE
CINQ ARTISTES DE CALCUTTA

Points info :   75020 PARIS
librairie **Équipages** - 61, rue de Bagnolet (15 h à 20 h)
bar-restaurant **Le 20e ART** - 46, rue des Vignoles

1 Si on vous dit *Paris* et *artiste*, à quels noms, à quels mots pensez-vous ? En petits groupes, faites une liste de mots, de noms et classez-les (par genres, par époques…).

2 Expliquez ce que signifie l'expression *portes ouvertes*. Cherchez l'équivalent dans votre langue.

3 Présentez une œuvre d'art (peinture, sculpture, architecture…) que vous aimez beaucoup. Qui l'a faite, quand ? Pourquoi vous touche-t-elle ?

Cadres de vie
Les Français et l'art

Palettes

C'est le nom d'une collection de vingt cassettes qui reprennent des émissions sur l'art et qui ont été diffusées sur Arte. L'originalité du réalisateur Alain Jaubert, c'est qu'il présente un peintre et l'une de ses œuvres à travers une véritable enquête autour de l'origine, des techniques et des caractéristiques de l'œuvre. Des procédés modernes de traitement de l'image, comme le scanner ou les rayons x, permettent d'entrer dans les profondeurs de tableaux comme *Le Moulin de la galette* de Renoir, *La Liberté guidant le peuple* de Delacroix, la tapisserie *La Dame à la licorne* ou encore *Olympia* de Manet.

Palettes dix ans — arte

PRATIQUES ARTISTIQUES

Un conservatoire régional de musique.

• 22 % des Français de quinze ans et plus pratiquent des activités artistiques. 47 % en ont pratiqué au cours de leur vie. Les enquêtes réalisées par le ministère de la Culture montrent que ces activités se développent depuis le début des années 70, surtout auprès des enfants et des adolescents. Les cinq activités les plus étudiées sont la musique, le théâtre, la danse, l'écriture et les arts plastiques (dessin, peinture, sculpture).

• 10 % des Français de quinze ans et plus déclarent faire de la peinture pendant leurs loisirs (11 % des femmes et 8 % des hommes).

13 % des Français pratiquent le dessin (14 % des femmes et 12 % des hommes).

Ces activités ont connu un réel développement au cours des dernières années chez les jeunes : 42 % des 15-19 ans pratiquent le dessin, contre 3 % des 65 ans et plus ; 10 % des 15-19 ans font de la peinture ou de la sculpture, contre 3 % des 65 ans et plus.

Cette passion traduit le besoin de s'exprimer et de réaliser soi-même quelque chose de ses mains. La peinture, le dessin et la sculpture sont souvent des activités solitaires ; la majorité des pratiquants ne cherchent pas à exposer leurs œuvres.

D'après G. Mermet, *Francoscopie* 1997, © Larousse-Bordas, 1996.

Cours de peinture dans une MJC.

1 Faites la liste des activités artistiques citées dans cette page. Est-ce que ce sont les hommes ou les femmes qui pratiquent le plus les arts plastiques ?

2 Pratiquez-vous une activité artistique (danse, musique, théâtre, etc.) ? Si oui, quelle est votre motivation (avoir du plaisir, devenir un professionnel...) ? Si non, expliquez pourquoi.

 Est-ce qu'il y a des émissions comme *Palettes*, à la télévision, dans votre pays ?

3 En quelques lignes, écrivez un petit commentaire sur la tapisserie de *La Dame à la licorne*. (Qu'est-ce qu'elle représente ? De quand date cette tapisserie, à votre avis ? Est-ce que vous l'aimez ?)

Point·DELF

DELF unité A4 – Écrit 1
Pratique de la langue écrite

Locataires, vos papiers, SVP !
Les bailleurs de logements exigent maintenant des garanties multiples.

Les loyers flambent en région parisienne. Seuls les locataires ayant un bail en cours sont protégés par la loi : la hausse annuelle du loyer ne peut être supérieure à l'indice du coût de la construction (+ 1,01 % en 1999). En revanche, la liberté des prix prévaut pour les appartements vides remis en location. *« Les « entrants » subissent la rude loi de l'offre et de la demande dans un contexte très défavorable »,* analyse Michel Mouillart, professeur d'économie à l'université de Paris-X et spécialiste de l'habitat.

« Les familles qui ont besoin d'un logement plus grand déménagent. Beaucoup de jeunes trouvent du travail et vivent seuls. Tout cela provoque un afflux de locataires sur un marché où l'offre de logements n'est pas élastique. Conséquence : le montant des loyers demandés augmente. »

Une lecture rapide des petites annonces donne une idée de la frénésie qui s'est emparée du marché : 600 euros pour un deux-pièces de 40 m², dans le XIIᵉ arrondissement ; 700 euros, 54 m² dans le XVIIIᵉ ; 1 200 euros, 80 m² dans le Xᵉ…

Désormais, il faut souvent compter au moins 15 euros le m² pour se loger dans Paris intra-muros, y compris dans les quartiers populaires du nord et de l'est. Même chose dans les villes plus ou moins résidentielles de la première couronne. Selon une étude publiée par la FNAIM (Fédération nationale de l'immobilier), les loyers ont progressé de 5,8 % sur un an à Paris et de 3,6 % en moyenne nationale. En trois ans, les augmentations successives ont porté à presque 15 % l'inflation des loyers.

Dans ce contexte de pénurie, les files d'attente réapparaissent dans les cages d'escalier. La moindre annonce donne lieu à une trentaine de visites. À la hausse des loyers, s'ajoute du coup un tri impitoyable des locataires. Inutile de se porter candidat sans revenus mensuels quatre fois supérieurs au montant du loyer ou, à défaut, sans un garant solide qui doit gagner parfois jusqu'à six fois ce même loyer. En plus des trois derniers bulletins de salaire exigés habituellement, les bailleurs demandent maintenant une attestation de l'entreprise certifiant du caractère durable de l'emploi du futur locataire, les deux derniers avis d'imposition, les deux dernières quittances de loyer ou d'EDF-GDF (Électricité de France-Gaz de France). À ces documents servant à prouver la solvabilité du candidat, la plupart des agences ajoutent le relevé d'identité bancaire ou postal, la carte de Sécurité sociale, le livret de famille ou la fiche familiale d'état civil.

D'après Tonino Serafini, *Libération*, 16 juin 2000.

LEXIQUE

- Un bail : contrat par lequel un propriétaire (le bailleur) loue un appartement.
- Un avis d'imposition : document montrant le montant des impôts qu'on a payés.

- Une quittance de loyer : reçu du loyer payé.
- Prouver la solvabilité du candidat : prouver que le candidat a les moyens de payer.

---

1 **Dites si les affirmations suivantes sont vraies (*V*) ou fausses (*F*). Si elles sont fausses, corrigez-les. Si elles sont vraies, justifiez votre réponse.**

1 Les loyers en région parisienne sont en baisse.
2 Les petites annonces des journaux permettent de voir ce qui se passe avec les loyers.
3 Les bailleurs de logements ne choisissent pas leurs locataires.
4 À moins de 15 euros le m² on trouve à se loger à Paris.
5 Les files d'attente réapparaissent parce qu'il y a beaucoup de logements à louer.
6 À Paris, il ne faut pas présenter de documents pour louer un appartement.

2 **Résumez ce texte en cent mots.**

3 **Rédigez une description à partir d'images.**
Un propriétaire décide de louer sa maison de campagne pendant le mois d'août. Il écrit à une agence immobilière pour passer une annonce. Faites la description de la maison. Aidez-vous du dessin ci-dessous, soyez le plus précis possible.

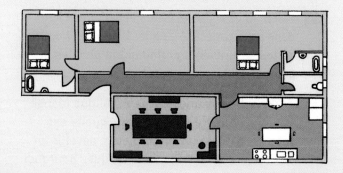

Unité 9

PROMESSES

Contrat d'apprentissage

■ communicatif

– démontrer

– persuader, essayer de convaincre

– nuancer, relativiser

– se donner du temps pour réfléchir

– interrompre quelqu'un

– ne pas laisser la parole à quelqu'un

■ linguistique

– les pronoms relatifs composés

– le futur antérieur

– l'infinitif passé

– les mots qui structurent le discours

– la formation des verbes : les suffixes *-er* et *-ir*

■ interculturel

– références et symboles

– les institutions politiques

– la France : une terre d'immigration

Les élections municipales sont une chance pour le centre Didot, puisque tous les partis ont promis de lui apporter leur soutien. Ni la droite ni la gauche n'obtiennent la majorité dans le XIVe arrondissement, et c'est finalement l'indépendant Jean Léoni, le grand défenseur de l'association, qui va décider de l'avenir.

PROMESSES

Regardez la photo, lisez les pancartes. Où est-ce que nous sommes ? Que font ces jeunes ? Imaginez ce qu'ils chantent ou ce qu'ils crient. Dites pourquoi ils le font. Faites-les parler.

Nous sommes réalistes, nous ne demandons que ce qui est possible !

Un, deux, trois, c'est gagné, Tous ensemble pour la MJC !

Ras le bol d'attendre, nous la voulons avant décembre !

Jeunes de tous les quartiers, unissez-vous !

Nous la voulons et nous l'aurons !

On est très sérieux quand on a dix-sept ans : On veut notre MJC immédiatement !

• Vous, vous consommez ; nous, on veut se cultiver !
• Messieurs les conseillers, prenez nos désirs pour des réalités.
• Exagérer, c'est commencer à inventer.
• Lycéens, ne prenez pas l'autobus, prenez le pouvoir !
• La culture, c'est la vie ; relogeons-la à Nailly !
• Et si on réinventait le joli mois de mai ?
• Les municipalités passent, les jeunes restent.

1

■ Alors, à qui il a parlé, Cédric ?

● Où ? À la mairie ? Je ne sais pas : à un des membres de la commission, sans doute…

■ Et qu'est-ce qu'il lui a dit ?

● Oh, rien de concret, comme d'habitude. En tout cas, la décision sur la MJC[1] ne sera pas prise avant février de l'année prochaine…

■ C'est pas vrai !…

2

■ Tout de même, ils sont drôles, ces jeunes… Ils s'imaginent qu'il n'y a qu'à crier pour avoir ce qu'ils veulent… Ce n'était pas pareil, de notre temps, n'est-ce pas, madame Roquefort ?

● Ah ça non, madame Toutain. Et allez savoir ce qu'ils veulent au juste. Mais, si on leur donnait leur Maison des jeunes, peut-être qu'ils traîneraient moins dans les rues et qu'ils feraient moins de bruit avec leurs motos…

3

■ Et Joëlle, où est-ce qu'elle est passée ?

● Ah ! Je ne sais pas, moi : elle aura encore oublié l'heure de la manif !

■ Et toi, tu ne rates jamais une occasion de la critiquer…

4

■ Je me demande si on a bien choisi les mots d'ordre. Ils auraient dû être plus revendicatifs…

● C'est ça, pour qu'on nous dise que nous sommes des irresponsables…

▶ Non, pas forcément… Dans la liste que nous avons établie à la dernière AG[2], il y avait aussi des revendications et, en plus, on s'en prenait aux responsables.

● Et tu l'as, cette liste ?

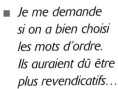

1. Maison des jeunes et de la culture.
2. Assemblée générale.

1 Écoutez et lisez les dialogues. Qui sont les personnages qui parlent : des manifestants ou des passants ?

2 Relisez le dialogue 1. Qu'apprend-on sur les raisons de la manifestation ?

3 Donnez votre avis. Que pensez-vous de l'attitude des personnages dans les dialogues ?

4 Réfléchissez. Dans le dialogue 3, est-ce que la personne qui dit : elle aura encore oublié l'heure de la manif est sûre que Joëlle a oublié l'heure de la manif ?

5 Réfléchissez. Classez les slogans des pancartes et de la liste page 160 selon qu'ils expriment un ordre, une affirmation, une identification, une suggestion, etc. Quels slogans vous semblent les plus revendicatifs, les plus originaux, les plus ironiques, etc. ?

 6 Écoutez l'enregistrement et répondez.

1 Qui parle et au nom de qui ? À qui s'adresse-t-il ?
2 Quel est le motif et l'objectif de ce discours ?
3 Quel rapport voyez-vous avec la photo de la page de gauche ?
4 Imaginez, d'après la situation, la réponse donnée à ce discours par les personnes interpellées.

7 Donnez votre avis sur ces MJC françaises. Dans votre pays, où les jeunes se réunissent-ils dans leurs moments de loisirs ? Quelles sont leurs principales activités ?

cent soixante et un

AGIR – RÉAGIR

A ... parce que, vous et moi, nous aimons le XIVᵉ !

Je vais être franc avec vous. Je souhaite être élu parce que j'aime notre arrondissement, parce que je veux apporter des solutions aux problèmes qui nous sont posés et parce que je crois que je peux vraiment répondre à vos attentes. Bien que mes objectifs puissent sembler ambitieux, ils sont réalistes. Les candidats de gauche et de droite auxquels je dois me mesurer font des promesses, même si tout le monde sait qu'ils ne pourront pas les tenir. Ce sont vos voix qu'ils veulent. Après les élections, ceux qui auront été élus retrouveront leur parti et oublieront rapidement les intérêts du quartier. Certains semblent vouloir me faire les mêmes reproches. Je serais candidat par intérêt personnel, mon but serait de sauver l'association Didot à laquelle je serais très attaché. Tout le monde le sait : je suis très attaché à cette association, et je ferai tout pour l'aider. Pourtant, personne ne peut me reprocher d'agir pour mon propre compte. Je suis bénévole comme toutes celles et tous ceux avec lesquels je travaille dans cette association – qui est la plus grande organisation véritablement démocratique du XIVᵉ. Alors, je n'ai pas peur d'affirmer que, si vous me donnez votre voix et que je suis élu dimanche prochain, je défendrai vos intérêts et ceux du quartier avec le même engagement.

1 **Regardez** l'affiche, puis **écoutez** le discours de Jean Léoni. Sur quel argument repose tout son discours ? ....

2 **Lisez** le discours et **écoutez** l'enregistrement. Qui est Jean Léoni ? D'après lui, qu'a-t-il de plus que les autres candidats ? ....

3 **Repérez** dans le texte la phrase *Je serais candidat par intérêt personnel, mon but serait de sauver l'association Didot à laquelle je serais très attaché.* **Réfléchissez.**

1 Qui est *je* dans cette phrase ?
2 Est-ce que Jean Léoni présente le contenu de la phrase d'une manière neutre, comme quelque chose de certain ou comme quelque chose de faux qu'on raconte ?

4 **Réfléchissez. Quelle est la fonction du conditionnel dans la phrase de l'exercice 3 ?**

5 **Relevez** dans le texte les verbes qui permettent à Jean Léoni de présenter ce qu'il dit de trois manières :

1 avec conviction et fermeté ;
2 comme une supposition ;
3 avec une idée de doute.

6 **Lisez** le discours à haute voix devant la classe en respectant le ton. N'hésitez pas à faire des gestes. ....

7 **Repérez** dans le texte les formes *auxquels, à laquelle, avec lesquels.* **Quels mots de la phrase représentent-ils ? Reformulez** les phrases sans utiliser ces formes.

▶ *Auxquels = les candidats de gauche et de droite. Je dois me mesurer à des candidats de gauche et de droite qui font des promesses que personne ne pourrait tenir.*

Unité 9

B Didot gagne les élections !

1 Écoutez la conversation entre Lisa et Valentin. Justifiez le titre du dialogue : *Didot gagne les élections.* ....

2 Réécoutez le dialogue et retrouvez qui défendra le centre Didot au conseil municipal : la droite, la gauche, Jean Léoni ? Pourquoi ? ....

3 Lisez le texte. Pourquoi Lisa a-t-elle eu raison de ne jamais se présenter aux élections municipales ?

4 Relisez la première réplique de Valentin. Est-ce que les élections ont déjà eu lieu ?

5 Réfléchissez. Est-ce que les événements de la phrase suivante se situent avant ou après le temps du dialogue ?
Quand on aura mis en place le nouveau conseil municipal, on aura une bonne équipe.
Dans cette phrase, dans quel ordre ont lieu les événements ?

6 Relevez les conjonctions suivies du subjonctif.

VALENTIN : On peut dire que les élections auront été une vraie chance pour le centre Didot !

LISA : Oui, deux jours après avoir pris contact avec nous, les candidats nous promettaient tous de nous aider !

VALENTIN : C'est normal, après tout. Aux élections municipales, ce qui compte, c'est surtout les avantages concrets des programmes...

LISA : Quand on aura mis en place le nouveau conseil municipal, on aura une bonne équipe.

VALENTIN : Tu crois ? La gauche et la droite sont presque aussi fortes l'une que l'autre. Ça ne va pas être facile de trouver une majorité...

LISA : Pour l'association Didot, ça n'a pas d'importance. À droite, je connais assez bien Paul Lambert. Nous n'avons pas les mêmes idées, mais il veut absolument montrer qu'il défend la culture. Avec lui, on devrait garder l'atelier. En plus, il a de bons rapports avec la société qui doit construire le nouvel immeuble, alors...

VALENTIN : Et à gauche ?

LISA : Je ne vois pas de problèmes non plus. Comme la gauche a mis en avant sa volonté de s'engager sur le plan local, elle est sûrement pour un bon compromis. De toute façon, c'est l'indépendant Jean Léoni qui décide, et comme il a construit sa campagne sur le centre Didot... Je pense que tout le monde sera d'accord pour qu'on reste où on est. Je suis très optimiste. J'espère que tout aura été réglé avant qu'on parte en vacances !

VALENTIN : Et toi, tu n'as jamais voulu te présenter aux élections municipales ?

LISA : Si, j'y ai pensé il y a quelques années, mais, finalement, je ne regrette pas de ne pas l'avoir fait. Aujourd'hui, je négocie avec tout le monde sans qu'on puisse me reprocher de mélanger la politique, les intérêts de l'association et mes intérêts privés. Et cela ne m'a jamais empêchée de m'engager, au contraire.

AGIR - RÉAGIR

C La Boîte à idées 🎞

1 Comment attirer les visiteurs, comment faire connaître notre ville ? C'est la question que les commerçants de la petite ville de Palisy se posent. Un café, la Boîte à idées, a organisé une discussion, dont voici quelques extraits. Écoutez-les. Est-ce que tout le monde est du même avis ? .... 🎞

2 Réécoutez l'enregistrement pour repérer les différentes idées. Prenez des notes. .... 🎞

3 À deux ou en petits groupes, mettez vos notes en commun et retrouvez le plus grand nombre d'informations. Jouez la scène. .... 🎭

4 Quels types d'arguments distinguez-vous ? Classez-les.

5 Réfléchissez. Quelles suggestions vous semblent :
1 intéressantes ?
2 peu sérieuses ?
3 irréalisables ?

D Compte rendu : rendez-vous sur Internet

1 Lisez le compte rendu du débat donné sur Internet. Complétez vos notes.

2 Réfléchissez. Est-ce que le compte rendu est rédigé dans un ordre logique ou dans un ordre chronologique ?

3 Combien de parties y a-t-il dans le texte ? Donnez un titre à chacune d'elles.

4 Est-ce que le compte rendu est objectif ? Justifiez votre réponse.

5 Envoyez un mél à la Boîte à idées pour réagir au compte rendu du débat. Faites quelques critiques ou/et quelques suggestions.

À la demande des commerçants, les habitants de Palisy se sont réunis à la Boîte à idées. Ils ont fait des suggestions pour que les visiteurs viennent plus nombreux cette année.

Certains veulent tout simplement copier les manifestations des villes voisines : défilés historiques, concerts, festivals, semaines commerciales… Ces premières propositions sont rejetées, car elles ne peuvent avoir du succès que dans des villes déjà connues, or ce n'est pas le cas de Palisy. D'autres pensent qu'il faut chercher l'inspiration dans le patrimoine historique : Palisy a beau posséder les ruines d'un vieux château, sa richesse vient surtout, selon certains, du grand nombre de personnages célèbres qui y ont séjourné. Pourtant, là encore, les propositions sont refusées : le passage de Napoléon ou de la marquise de Pompadour dans une auberge aujourd'hui détruite n'intéresse personne.

Non, ce qu'il faut, c'est quelque chose de nouveau, qui donne envie de venir à Palisy et dont les voyageurs soient informés sans que cela coûte trop cher. Le but de l'opération est de gagner de l'argent, pas d'en dépenser ! Quelqu'un suggère alors d'utiliser la publicité faite par les villes voisines et de proposer aux touristes le petit complément à voir absolument et qui se trouve justement à Palisy. L'idée semble séduisante, mais où trouver ce petit quelque chose si intéressant ? Ce que l'on n'a pas, il faut l'inventer ! Malgré l'enthousiasme créé par cette idée, on se rappelle quand même qu'une grande partie de la population aime le calme et ne souhaite pas voir de touristes. Mais ni les commerçants ni les esprits inventifs n'ont osé poser la question.

De cette première réunion, on retient finalement que, si Palisy n'a pas beaucoup d'intérêt, elle devra montrer qu'elle a des idées. On peut imaginer que les touristes apprendront bientôt que Palisy a été la source d'inspiration de grands poètes, un lieu de réflexion pour les hommes politiques, un village témoin des aventures amoureuses de personnages historiques…

Faites vos suggestions : p.boitaidees@argo.fr.

Unité 9

Grammaire

Les pronoms relatifs composés

1 **Observez les phrases ci-dessous.**
  1 … l'association Didot **à laquelle** je serais très attaché.
  2 … tous ceux **avec lesquels** je travaille dans cette association.
  3 L'immeuble dans **lequel** se trouve le centre Didot doit être détruit.

Lequel et les pronoms relatifs composés

Après une préposition, on emploie généralement le pronom relatif composé lequel. Il s'accorde en genre et en nombre avec le nom qu'il représente.

• Quand le pronom relatif représente une personne, on peut aussi employer le pronom relatif qui.
Le conseiller sur lequel je comptais n'a pas été élu.

▶ *Le conseiller sur qui je comptais n'a pas été élu.*

• Les prépositions *à* et *de* devant *le* et *les* donnent les formes contractées auquel, auxquel(le)s et duquel, desquel(le)s.
Les candidats de gauche et de droite auxquels je dois me mesurer…

• Pour les indications de lieu et de temps, on emploie plutôt où.
Le pays dans lequel j'habite… ▶ *Le pays où j'habite…*
Le balcon duquel je vois la mer… ▶ *Le balcon d'où je vois la mer…*

! Dont remplace un complément introduit par *de* : *Le promoteur dont je vous parle…*

! Comme *dont* ne peut pas être séparé du nom auquel il se rapporte, on emploie le pronom relatif composé duquel (ou de qui pour les personnes) après les expressions *à côté de, en face de, à cause de, au milieu de,* etc.
La boulangerie en face de laquelle se trouve l'association…

Mémento : § E6c

---

2 **Complétez, dans la fiche** **G3** **, la partie sur les pronoms relatifs composés.**

3 **Complétez le tableau.**

Le pronom relatif précédé d'une préposition · G3

Lequel	Qui
Les gens pour *lesquels* je m'engage…	Les gens pour *qui* je m'engage…
Le Premier ministre *auquel* je pensais…	Le Premier ministre à … je pensais…
La voisine avec *laquelle* j'ai un problème…	…

Mémento : § E6c

---

4 **Complétez avec des pronoms relatifs.**

Le chanteur pour … j'ai le plus d'admiration, c'est Jacques Brel. La chanson … je préfère s'appelle *Ne me quitte pas*. C'est celle … tout le monde se souvient le mieux. Il parle très bien de l'amour – … est un des sujets préférés des poètes –, des femmes … il a été amoureux, mais aussi des lieux … il a vécu et de son pays d'origine pour … il a des sentiments partagés. Je suis émue par les valeurs … il croit et par sa sensibilité … lui a permis de créer certaines des plus belles chansons écrites en français.

Grammaire

Le futur antérieur

5 Observez.

1 Quand on aura mis en place le nouveau conseil municipal, nous aurons une bonne équipe.

2 J'espère qu'on aura tout réglé quand on partira en vacances.

J'espère maintenant   *on aura tout réglé*   Départ en vacances

6 Complétez la règle de formation du futur antérieur.

FORMATION

On forme le futur antérieur avec le … de l'auxiliaire … ou … et le … du verbe.
Relisez les exercices 4 et 5 du document B d'*Agir-réagir*.

Emploi du futur antérieur

Pour exprimer une action qui sera passée à un moment du futur, on utilise le **futur antérieur**.

Il exprime :

• une action future considérée comme terminée :
Nous aurons fini demain.

• une action qui aura lieu avant une autre dans le futur :
Quand tu auras lu ce livre, tu auras envie de visiter mon pays.

! S'il est dans une phrase simple, le futur antérieur peut exprimer un passé (hypothèse ou nuance affective).
Elle aura encore oublié l'heure de la manifestation.

Mémento : § F2a

---

7 Complétez la partie 2b de la fiche G11 .

8 Mettez les verbes entre parenthèses au futur ou au futur antérieur.

– Philippe n'a pas du tout aimé le dernier livre que tu lui as prêté.
– Il ne (comprendre) sans doute pas tout.
– Il dit que les personnages n'étaient pas intéressants.
– Il (trouver) peut-être ça trop sentimental. Mais peut-être que toi, tu le (aimer) ?
– Tu me le (prêter) quand il te le (rendre) ?
– Si tu penses que tu le (finir) dans dix jours.
– Pourquoi ?
– Il faut que je le rende à Marie avant les vacances. Je le (garder) quatre mois !

L'infinitif passé

9 Observez.

1 Deux jours après avoir pris contact avec nous, les candidats nous promettaient tous de nous aider.

2 Je ne regrette pas de n'avoir rien fait.

10 Complétez la règle de formation de l'infinitif passé.

FORMATION

On forme l'infinitif passé avec … de l'auxiliaire … ou de l'auxiliaire … et le participe passé du verbe.

RECONNAÎTRE

Emploi de l'infinitif passé

L'**infinitif passé** exprime une action qui a eu lieu avant l'action exprimée par le verbe principal.

! *Pour* + infinitif passé peut exprimer la cause :

Il a dû quitter son appartement pour ne pas avoir payé son loyer pendant trois mois.

! Après est suivi de l'infinitif passé, tandis que avant de est suivi de l'infinitif présent.

Avant de déjeuner, j'ai bu un jus de fruits.

Après avoir vu le film, j'ai eu envie de lire le livre.

Mémento : § F2e

11 **Complétez le texte en mettant les verbes à l'infinitif présent ou passé.**

Je suis très heureux de (travailler) … avec vous cette année et je regrette de (partir) … mais je dois (retourner) … chez moi pour (finir) … mes études. Je vous remercie de me (donner) … ce stage et de me (faire) … confiance pendant un an. C'est formidable de (avoir) … une première expérience professionnelle aussi riche et de (être) … encouragé dès le début. Merci aussi de (être) … patient avec moi et de me

(apprendre) … autant de choses. J'espère (rester) … en contact avec vous grâce à Internet. Merci encore.

Les mots qui structurent le discours

12 **Relisez les documents A et D d'*Agir-réagir*. Relevez dans le texte les mots et expressions utilisés pour relier des faits ou des idées.**

▶ *Ces propositions sont vite rejetées **car** elles ne peuvent pas avoir de succès.*

13 **Reportez-vous au document D d'*Agir-réagir*, relisez les exercices 2 et 3 et répondez. Quels sont les mots qui, selon vous, mettent en évidence l'organisation du texte ?**

14 **Classez dans le tableau tous les mots et expressions qui indiquent le rapport entre deux propositions et remplissez le tableau.**

15 **Faites une phrase avec chacune des expressions de l'exercice précédent et complétez la fiche G18 .**

Les mots qui structurent le discours G18

Rapport exprimé	Avec subordination	Sans subordination
Addition	…	*et*
Opposition	…	…
Cause	*parce que*	…
Conséquence	…	…
Condition	…	…
But	…	…

Mémento : § H5

S'EXPRIMER

La formation des verbes : les suffixes *-er* et *-ir*

• Les suffixes *-er* et *-ir* (ou *-cir*) permettent de former des verbes en *-er* et en *-ir* à partir d'un adjectif ou d'un nom. Les verbes se conjuguent comme *chanter* et *finir*.

• On forme un nouveau verbe à partir d'un adjectif en *-al* en ajoutant le suffixe *-iser*.

• De nombreux néologismes sont créés en utilisant le suffixe *-er* : *cliquer*, *faxer*.

① **Lisez les exemples de formation suivants et donnez la définition des verbes ainsi formés.**

  1 Le film   ▷   filmer.

  2 Le groupe   ▷   grouper.

  3 Calme   ▷   calmer.

  4 Noir   ▷   noircir.

  5 Régional   ▷   régionaliser.

  6 Verbal   ▷   verbaliser.

② **Les formations sont parfois plus compliquées. Sur quels mots sont formés les verbes suivants ? Donnez une définition pour chacun d'eux.**

  1 Franciser.   **4** Plastifier.

  2 Tutoyer.   **5** Tabler.

  3 Européaniser.   **6** Seconder.

③ **Complétez la fiche** **V9** .

Phonétique

La phrase complexe (2) : coordination et relations logiques

① **Observez les courbes et écoutez. Repérez les pauses et le sommet intonatif. Répétez après le signal sonore.**

  1 Mes objectifs peuvent sembler modestes mais ils sont réalistes.   *phrase complète*

  2 Mes objectifs peuvent sembler modestes   *idée première*

  3   mais ils sont réalistes.   *idée seconde*

② **Relevez dans le document A d'*Agir-réagir* trois phrases contenant des relations logiques et prononcez-les.**

Exercice de style

③ **Un même énoncé peut avoir des sens différents selon l'intonation avec laquelle il est prononcé. Écoutez les réalisations suivantes et répétez après chaque signal sonore.**

Et vous, vous n'avez rien à nous proposer

1   *question*   **2**  *étonnement*

3   *ironie, sarcasme (on se moque car ils ne font pas de propositions)*

4   *sollicitation (on demande de faire de propositions)*

5   *ordre (on interdit de faire des propositions)*

Production orale

① **Lisez les *Outils*, puis complétez-les.**

OUTILS POUR... | **se donner du temps pour réfléchir**

– Excusez-moi, mais je ne vous suis pas.
– Qu'est-ce que vous entendez/voulez dire par là ?
– Si j'ai bien compris, vous voudriez…
– Je ne vois pas ce que vous voulez dire…
– Comment ?/(Hein ?)
– Évidemment…/(Euh…)

OUTILS POUR... | **ne pas laisser la parole à quelqu'un**

– Soyez gentil, ne m'interrompez pas/ laissez-moi finir…
– S'il vous plaît, respectez mon temps de parole.
– Je vous en prie, les autres ont aussi des choses à dire.

OUTILS POUR... | **nuancer, relativiser**

– Ce n'est pas le seul aspect…
– Il faut également tenir compte de…
– Je suis d'accord avec vous, cependant/mais…
– On pourrait dire que…

OUTILS POUR... | **interrompre quelqu'un**

– Vous permettez ?/ Permettez-moi de préciser…
– Je voudrais juste ajouter/préciser que…
– Excusez-moi, mais…

---

② **Retenez les formules qui vous semblent utiles dans un débat. Entraînez-vous à trois : choisissez un sujet de conversation simple (un film récent, le téléphone portable, un sport, etc.). ....**

• A donne son avis : *Je viens de découvrir… C'est extraordinaire… En plus…*
• B n'est pas d'accord et explique pourquoi : *Pas du tout… Au contraire…*
• C veut prendre la parole à tout prix : *Vous permettez : pour moi…*

③ **Prendre une année sabbatique ? Beaucoup en rêvent, certains osent. Qu'en pensez-vous ? Qu'en pense votre classe ? Organisez un débat.**

1 Lisez d'abord les extraits de presse pages 170-171 et relevez les arguments pour et les arguments contre une année sabbatique.
2 Divisez votre classe en deux groupes : A (plutôt pour) et B (plutôt contre).
3 Dans chaque groupe, faites une liste d'arguments. Pour compléter les arguments donnés dans les témoignages, organisez un remue-méninges.
4 Choisissez dans chaque groupe six arguments et cherchez des exemples pour les illustrer.
5 Notez les arguments et choisissez deux étudiants pour présenter la position de votre groupe et convaincre l'autre groupe.
6 Vous pouvez prendre la parole pour :
   – demander ou donner des précisions ;
   – donner des contre-arguments avec des exemples.
7 Après cet échange, vous travaillez avec un(e) étudiant(e) de l'autre groupe et vous tirez vos conclusions du débat.
8 Vous rédigez ensuite un compte rendu du débat (voir page 170).

S'EXPRIMER

Écrit

Témoignages

Prendre une année sabbatique

• Annick et Joël, 28 et 29 ans

Dix-neuf mois pour faire le tour du monde, mais quelques problèmes au retour.

« Nous venions de finir nos études de psychologie et nous voulions voyager avant de travailler. Nous avons mis dix-neuf mois pour faire le tour du monde à pied, en bateau, en car, en train, et même à dos de chameau ! Nous avons partagé les difficultés et les joies de nombreuses personnes. Nous n'avons pas connu de jours sans problèmes, mais nous les avons tous surmontés. Je suis très contente de ma vie professionnelle, confie Annick, mais Joël a eu et a toujours des problèmes d'adaptation. Heureusement, nous avons une vie familiale harmonieuse. »

Sébastien, 35 ans

Je n'ai pas pu reprendre mon métier à mon retour.

« J'avais prévu mon départ plus d'un an à l'avance. Je voulais réaliser mon rêve : partir photographier la vie en Inde. Mon voyage s'est bien passé, même si la vie là-bas n'a pas toujours été facile. Je n'aurais aucun regret si j'avais pu reprendre mon métier de prof. Malheureusement, j'ai plus de problèmes qu'avant mon départ et je n'ai plus envie de faire cours dans mon collège de banlieue. Depuis mon retour, je ne sais plus quoi faire. »

Guillaume, 21 ans

Un tour de France et cent petits boulots pour devenir adulte.

« J'avais raté mon bac, mes parents avaient du mal à me comprendre et j'avais peur de faire n'importe quoi.

① **Rédigez le compte rendu de la discussion en classe sur l'année sabbatique.**

1 Travaillez à deux.

2 Relisez les listes d'arguments (pour et contre) et notez ceux qui ont été utilisés. Classez-les selon les points qui ont été discutés.

3 Notez les conclusions (les conditions de réalisation, les idées de compromis, par exemple).

4 Rédigez les différents points et la conclusion.

5 Relisez : est-ce que tout est clair ?

6 Rédigez la version définitive de votre compte rendu.

② **Vous écrivez à un(e) ami(e) pour lui annoncer que vous prenez une année sabbatique.**

1 Relevez les arguments les plus convaincants

dans le compte rendu du débat ou dans les témoignages ci-dessus.

2 Notez vos arguments personnels : comment avez-vous l'intention d'utiliser cette année et dans quel but ?

3 Éventuellement : notez les raisons qui vous ont fait hésiter.

4 Réfléchissez au contenu de la lettre. Retenez les meilleurs arguments, cherchez des exemples.

5 Faites un plan, classez les arguments. Faites une liste des expressions utiles pour structurer votre texte (voir la fiche **G18**).

6 Rédigez la lettre en une fois.

7 Avec votre voisin(e), échangez vos textes. Discutez.

8 Rédigez la version définitive de votre lettre.

Je suis parti parce que je voulais revenir plus sérieux, plus mûr, plus adulte. Je n'avais que quelques francs en poche et ça n'a pas été rose tous les jours : j'ai travaillé sur les marchés, j'ai déchargé des camions, j'ai travaillé dans une ferme. La plupart du temps au noir… C'était dur, mais je voulais à tout prix réussir mon année, et je l'ai réussie. Je repasse mon bac dans deux mois, cette fois, je suis sûr de l'avoir. Et je m'entends parfaitement avec mes parents. »

Delphine, 20 ans

Après un an au pair en Australie, je suis pratiquement bilingue.

« Je crois que j'ai toujours voulu faire des études d'anglais, mais on ne fait pas grand-chose au lycée. C'est pourquoi j'ai décidé d'apprendre l'anglais avant d'entrer à l'université. Les enfants dont je m'occupais étaient gentils, leurs parents charmants. Je suis à la fac depuis deux mois. Non seulement, je suis parmi les meilleurs en langue, mais je suis l'une des seules à connaître un pays anglophone de l'intérieur. »

Roman, 23 ans

Parti pour un an à New York, je suis rentré à Lille au bout de deux mois.

« Je ne connaissais que l'Amérique des séries policières à la télé et je croyais naïvement que je pourrais me débrouiller là-bas comme serveur dans un restaurant. J'étais parti pour un an, mais je n'ai tenu le coup que pendant sept semaines et demie. Le travail était trop dur et vraiment mal payé. Et puis, le premier week-end, j'avais déjà le mal du pays. **»**

③ **Vous avez bien de la chance ! Vous ne l'avez jamais rencontré(e), pourtant un(e) correspondant(e)/un(e) client(e) français(e) que vous ne connaissez que par ses lettres et les conversations au téléphone vous prête sa maison de vacances en Normandie pour trois semaines au mois de juillet. Vous ne savez pas si vous devez accepter et vous demandez conseil à un(e) ami(e) par mél.**

• Vous décrivez la situation.
• Vous dites ce qui vous plaît dans la proposition.
• Vous exposez ce qui vous dérange, par exemple :
— vous n'avez jamais rencontré cette personne ;
— vous ne savez pas comment la remercier ;
— vous vous demandez si la personne attend quelque chose en échange.

1 Faites une liste d'arguments pour et une liste d'arguments contre.
2 Faites le plan de votre mél, classez vos arguments. Cherchez des exemples pour les préciser.
3 Faites une liste des expressions utiles pour structurer votre texte (voir la fiche **G18**).
4 Rédigez le mél en une fois.
5 Avec votre voisin(e), échangez vos textes. Discutez.
6 Rédigez la version définitive de votre mél.

Pause-Jeux

① Récréation

➠ **Jouez au petit bac.**

En groupes, choisissez une lettre de l'alphabet. Chacun reproduit sur une feuille la grille ci-dessous et écrit dans chaque colonne un mot commençant par la lettre choisie. Le premier qui a rempli une ligne complète obtient cinq points. Chaque participant obtient un point par mot trouvé, s'il est le seul à le proposer. Recommencez avec une autre lettre. Vous pouvez changer les catégories de la grille (*animaux, pays, plantes, verbes du premier groupe, mots grammaticaux...*).

Métier	Vêtement	Partie du corps	Qualité/ défaut	Plat
Boulanger	*Blouse*	*Bouche*	*Beau*	*Bouillabaisse*
D ...	...	...	...	...

② Apprendre à apprendre

➠ **À quoi sert la presse ?**

1 Lisez les opinions suivantes.

- Elle donne des informations pratiques : adresses, spectacles, numéros de téléphone, etc.
- Elle permet aux citoyens d'exprimer leurs opinions.
- Elle est souvent peu objective.
- Elle contribue à l'appauvrissement de la langue : erreurs de construction, anglicismes...
- Elle a une influence sur notre manière de penser.
- Elle fait connaître les décisions des pouvoirs publics.
- Elle fait la publicité des nouveaux produits.
- Elle ne respecte pas la vie privée des gens.
- Elle nous sensibilise aux grands problèmes de notre temps.

2 Classez les opinions ci-dessus selon qu'elles sont positives ou négatives.

3 Relevez les mots ou expressions (verbes, noms, adjectifs) qui vous ont permis de les classer. Comparez avec les autres étudiants.

4 À partir des opinions ci-dessus, rédigez un petit texte sur les fonctions de la presse.

③ En toute logique

➠ **À partir des énoncés suivants, faites le récit de la journée de M. Filiolet pendant une grève de métro. Utilisez des mots de liaison.**

a Il y avait des embouteillages.

b Il y avait une grève.

c J'ai pris un taxi.

d J'ai raté mon avion.

e J'avais un avion à prendre.

f Je suis arrivé en retard à l'aéroport.

g Je suis sorti du bureau plus tôt que d'habitude.

h Le métro et le RER ne fonctionnaient pas.

④ Projet

➠ **Vous organisez une action en faveur ou contre un comportement collectif (la propreté des rues, le tri des déchets, la sécurité routière, l'énergie nucléaire...).**

1 Définissez l'action que vous proposez de réaliser : dans quel but, à qui elle s'adressera, etc.

2 Trouvez des arguments qui justifient l'action :
- les problèmes de santé, d'économie, de sécurité, de préservation du patrimoine, etc. ;
- le comportement des gens, de l'administration, d'un particulier...

3 Proposez des moyens d'action : pétitions, visites, courriers, réunions, contacts avec la presse, etc.

4 Réalisez quelques actions proposées :
- rédaction d'écrits, d'affiches, de banderoles ;
- simulation de débats, de visites, etc.

⑤ Noir sur blanc

➠ **La personne qui a tapé le texte n'a pas distingué les phrases prononcées par Rolande Foix des phrases écrites par le journaliste. Soulignez les phrases de Rolande Foix et mettez-les entre guillemets. Justifiez votre choix.**

J'ai neuf petits-enfants et je les aide dès que je le peux, raconte Rolande Foix, une jeune grand-mère de soixante ans. La plupart habitent trop loin pour venir régulièrement, mais, si c'était possible, j'aimerais tous les avoir à la maison tous les jours ! Seuls deux petits-fils vivent tout près de chez elle, à La Saussaye, non loin de Rouen (Seine-Maritime). Jérémie, dix ans et Julien, quatorze ans, viennent chaque mardi soir après l'école. Après le goûter, je leur fais faire leurs devoirs. Ils dorment à la maison et le lendemain, mercredi, on travaille à nouveau une heure et demie. Rolande estime que c'est sa façon de soulager les parents, de leur éviter de payer un soutien scolaire et une garde d'enfants. Je suis la scolarité de Jérémie depuis le CP.

erculturel-Interculturel-Interculturel-Interculturel-Interculturel-Inte
erculturel-Interculturel-Interculturel-Interculturel-Interculturel-Inte
erculturel-Interculturel-Interculturel-Interculturel-Inte

9

INTERCULTUREL

Comportements
Références et symboles

Dans ses titres, ou pour ne pas répéter le même mot, la presse française utilise souvent des références, bien connues des Français, mais pas toujours explicites quand on n'a pas grandi en France. Ces références concernent les grands symboles de différents domaines : les institutions peuvent être représentées par les lieux où elles se trouvent, les sportifs par les couleurs du drapeau, les noms de lieux par la forme qu'ils évoquent, etc.

1 Retrouvez à quoi correspond chaque nom.

1 Le Quai des Orfèvres.
 a Une pièce de théâtre.
 b Le quartier général de la police française.
 c Un célèbre magasin de bijoux.

2 L'Élysée.
 a Le palais présidentiel.
 b Un prénom féminin.
 c Le nom d'un vent.

3 Le Palais-Bourbon.
 a Un bar à whisky.
 b L'Assemblée nationale.
 c Une résidence royale espagnole.

4 Le palais Brongniart.
 a La Bourse de Paris.
 b Un musée parisien.
 c Un restaurant de Lyon.

5 L'Étoile.
 a Un poisson.
 b Une médaille.
 c Une place parisienne.

6 La dame de fer.
 a Une femme ministre.
 b La copie de la statue de la Liberté, à Paris.
 c La tour Eiffel.

7 Matignon.
 a La résidence du Premier ministre.
 b Un fruit exotique.
 c Une danse.

8 Le Quai d'Orsay.
 a Le musée de l'Impressionnisme.
 b Le ministère des Affaires étrangères.
 c Un port.

9 L'Hexagone.
 a Une figure géométrique à cinq côtés.
 b La France.
 c Les services secrets.

10 Marianne.
 a Une voiture des années 50.
 b Le symbole de la République française.
 c Une liqueur.

11 La ville rose.
 a Paris.
 b Bordeaux.
 c Toulouse.

▲ *Le palais Brongniart.*

◀ *L'Élysée.*

12 Les Tricolores.
 a L'équipe de France, quel que soit le sport.
 b Les maires de France.
 c Des chapeaux anciens.

13 Les Bleus.
 a Des petits gâteaux.
 b Le surnom des joueurs de l'équipe de France de football.
 c Des fleurs.

🌐 Quels sont, pour vous, les symboles forts qui représentent votre pays ? À deux, faites une liste de cinq éléments (monuments, objets, personnes, etc.)

Cadres de vie
Les institutions politiques

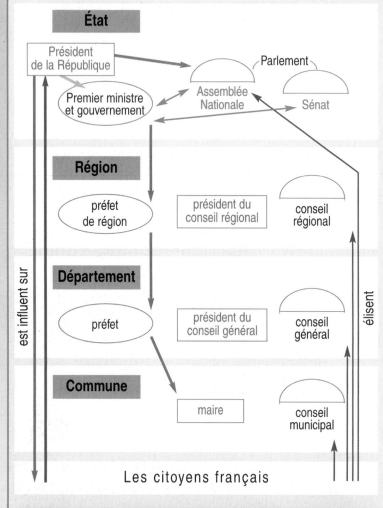

État

Président de la République

Premier ministre et gouvernement

Parlement

Assemblée Nationale

Sénat

Région

préfet de région

président du conseil régional

conseil régional

Département

préfet

président du conseil général

conseil général

Commune

maire

conseil municipal

est influent sur

élisent

Les citoyens français

Le Sénat dans le jardin du Luxembourg à Paris.

Le président de la République
Le chef de l'État est élu pour cinq ans au suffrage universel direct. Il nomme le Premier ministre qui propose les membres du gouvernement.

Le Premier ministre et le gouvernement
Sous la direction du Premier ministre, le gouvernement détermine et dirige la politique de la nation.

Le Parlement
Il est composé de deux assemblées :
– le Sénat réunit 321 sénateurs ;
– l'Assemblée nationale réunit 577 députés.
Les deux assemblées contrôlent le gouvernement, mettent les lois au point et les votent.

Le conseil régional
Il gère les affaires de la région pour l'éducation, les services sociaux, le tourisme, l'environnement, la culture, la jeunesse et le sport. Il y a vingt-deux régions en France.

Le conseil général
Il gère les affaires du département (quatre-vingt-dix-sept départements en France). C'est le préfet, nommé par le Conseil des ministres, qui représente l'État dans le département.

Le conseil municipal
Il est composé d'habitants de la ville élus au suffrage universel direct et s'occupe des affaires de la commune.

🌐 Quelles sont les principales différences entre le système politique de votre pays et celui de la France ?

1 Quelles personnalités du monde politique français connaissez-vous ?

9

INTERCULTUREL

Cadres de vie
La France : une terre d'immigration

Émigrer : quitter son pays pour aller s'établir ailleurs.
Immigrer : entrer dans un pays autre que le sien pour s'y établir.

Jusque vers 1920, les travailleurs immigrés viennent surtout d'Italie et de Pologne. À cette immigration de travail s'ajoute l'accueil de réfugiés : Grecs, Arméniens, Russes, Espagnols… Après la Seconde Guerre mondiale, les immigrants sont de jeunes travailleurs venus d'Italie et d'Espagne, puis du Maghreb et du Portugal, d'Afrique noire, du Proche-Orient et, enfin, d'Asie.

En 1974, des lois réduisent l'immigration pour le travail. Le nombre d'entrées diminue alors et change de nature : ce ne sont plus de jeunes hommes qui arrivent, mais des femmes qui rejoignent leur mari, avec leurs enfants. Les origines se diversifient aussi, avec une augmentation du nombre de personnes venues d'Asie et d'Amérique latine ainsi que, plus récemment, des pays d'Europe de l'Est.

On estime qu'un Français sur quatre a des origines étrangères. L'apport culturel de ces différentes vagues d'immigrants est plus que riche : toutes ont apporté à la France un grand nombre d'artistes (peintres, sculpteurs, poètes, chanteurs), de sportifs, d'intellectuels, de soldats, de cuisiniers, d'ouvriers…

Le couscous, le riz cantonais ou la pizza font maintenant parti du quotidien des familles françaises. Impossible donc d'imaginer la France sans Marie Curie (née Sklodowska, en Pologne), sans Dalida (chanteuse d'origine égyptienne), sans Eugène Ionesco (auteur dramatique d'origine roumaine), sans Nicolas de Staël (peintre d'origine russe), sans Zinedine Zidane (dont le père est d'origine algérienne), etc.

◄ Eugène Ionesco.

Dalida. ►

PARIS MULTICULTUREL

Certaines communautés ont installé leurs magasins et commerces dans la même zone. Ainsi, on trouve des magasins chinois et vietnamiens avenue de Choisy dans le 13e arrondissement, la Turquie est dans la rue du Faubourg-du-Temple et les boutiques indiennes et sri lankaises sont plutôt dans la rue du Faubourg-Saint-Martin. Le quartier israélite est le Marais, autour de la rue des Rosiers (4e arrondissement), l'Afrique du Nord et beaucoup de grands restaurants asiatiques se sont installés à Belleville (19e arrondissement).

Un Magasin à Belleville. ►
Des magasins dans le 13e arrondissement.

1 À part l'émigration de travail, quelle est l'autre cause qui a poussé certaines personnes à quitter leur pays ? Expliquez leur(s) motivation(s).

2 Souhaiteriez-vous partir vivre à l'étranger ? Où et pourquoi ? Si ce n'est pas le cas, expliquez votre position.

🌍 En France, pour être candidat à certaines élections, il faut avoir la nationalité française : pensez-vous que c'est normal ? Est-ce aussi le cas chez vous ?

Point·DELF

DELF unité A3 – Oral
Analyse du contenu d'un document simple

Un impératif pour les écoles de commerce : développer les programmes d'échanges internationaux

Développer des stratégies à l'international, voilà le nouveau mot d'ordre des directeurs des écoles de commerce et de gestion françaises. Mondialisation de l'économie oblige : la carrière des futurs managers sera internationale ou ne sera pas.

C'est dans les années 1970 que les écoles de commerce et de gestion ont commencé à développer des programmes d'échanges d'étudiants, voire des partenariats avec des universités étrangères. Certaines en sont restées là. D'autres en ont fait la base de leur enseignement. « *L'international ne doit pas être une spécialité mais une dimension naturelle de l'école. C'est un élément de base dans la demande de nos clients* », remarque le directeur général de l'ESCP-EAP. Cette école bénéficie en effet de l'expérience de l'EAP, organisée depuis sa création, en 1973, autour de quatre pôles : Paris, Berlin, Madrid et Oxford, avec la participation de professeurs et de futurs managers « mobiles ».

Une stratégie à l'international ne repose pas simplement sur des échanges d'étudiants et le développement de partenariats. Il faut aussi qu'elle s'accompagne d'échanges de professeurs et de diplômes communs. L'ESSEC, qui dispose d'un réseau de treize partenaires à travers le monde en plus des soixante et un programmes d'échanges, l'a bien compris. Près d'un quart de ses professeurs sont d'origine étrangère. Quant à HEC, qui compte quarante partenaires, elle participe au réseau CEMS (Community of European Management School), composé d'établissements de seize pays européens qui offrent un diplôme commun, un mastère en cinq ans.

La situation diffère quelque peu dans les universités. L'élaboration d'une stratégie à l'international est souvent très récente. Mais les circulaires du ministère de l'Éducation nationale sont claires : les universités doivent aussi se positionner au niveau international.

Le développement des partenariats n'a pas que des vertus éducatives. Il vise aussi à couper l'herbe sous le pied des concurrents. « *Si nous avons un accord d'exclusivité avec un partenaire, nos concurrents ne pourront pas l'avoir* », annonce clairement le directeur international de HEC. C'est aussi pour se protéger des concurrents que les professionnels européens de la formation au management viennent de leur fournir un soi-disant remède : un label de qualité européen, EQUIS.

Reste à savoir si cette course à l'internationalisation ne risque pas de conduire à une standardisation des enseignements. D'après le directeur de l'ESCP-EAP, « *nous en sommes venus à la conclusion qu'il est vrai que les conseils et les outils devenaient universels alors que la matrice était la même. Mais, dès lors qu'il y a des hommes en jeu, il ne peut y avoir d'uniformisation du management. Nous devons former les managers à gérer les différences en leur offrant des formations pluriculturelles et transnationales* ».

D'après Gwenola Posseme-Regeau, le web du *Monde*, 15 /16 mai 2000.

LEXIQUE
- Un manager : dirigeant d'une entreprise.
- Un partenariat : relations, échanges.
- ESCP : École supérieure de commerce de Paris.
- EAP : École européenne des affaires.
- ESSEC : École supérieure des sciences économiques et commerciales.
- HEC : École des hautes études commerciales.
- Un label de qualité : marque attribuée par un organisme officiel qui garantit la qualité.
- Un management : ensemble de techniques d'organisation et de gestion d'une entreprise.

Vous ferez devant le jury une présentation de ce document.

Pour préparer l'épreuve

1 Répondez aux questions suivantes.

  a De quel genre de document s'agit-il (lettre, article, annonce, publicité, etc.) ?

  b À qui s'adresse-t-il ? Dans quel type de publication a-t-il pu paraître ?

  c De quoi parle le texte ? Quels sont les lecteurs qui peuvent être les plus intéressés ?

  d Dans quels passages l'auteur donne-t-il la parole à quelqu'un d'autre ? À qui ? Pourquoi ?

  e Que veut dire dans le texte l'expression *couper l'herbe sous le pied des concurrents* ?

  f Quelles sont les informations importantes données dans le texte ?

  g Ce texte vous paraît-il intéressant ? Pourquoi ?

2 Exposez oralement le contenu de ce texte.

TRANSCRIPTIONS DES ENREGISTREMENTS

dont le texte ne figure pas dans les unités

Unité 1
Forum p. 13

2 et **6** ■ Bonjour, je vous présente John. J'ai préféré passer le chercher à l'hôtel plutôt que de lui donner rendez-vous directement ici.
● Bonjour Patrick, bonjour John, je m'appelle Séverine.
▶ Moi, Patricia.
◆ Bonjour. Excusez-nous pour le retard.
● Ce n'est pas grave, nous regardions cet artiste.
▶ Tu es arrivé quand ?
◆ Avant-hier.
● On entre tout de suite ? Si on allait d'abord dans un café, là… ?

Agir-réagir
C La Maison des associations p. 16

L'EMPLOYÉE MUNICIPALE :	La Maison des associations, bonjour.
JULIE :	Bonjour, madame. Le service culturel de la mairie m'a dit de m'adresser à vous…
L'EMPLOYÉE MUNICIPALE :	De quoi s'agit-il ?
JULIE :	Nous proposons un spectacle de rue, des petites scènes comiques, avec un accompagnement musical, et nous voudrions participer à l'animation de votre ville pendant quelques jours, cet été.
L'EMPLOYÉE MUNICIPALE :	J'aime mieux vous prévenir tout de suite : nous ne retenons que des animations de qualité.
JULIE :	Vous avez raison, et c'est dans l'intérêt de tout le monde. Mais nous, nous avons plusieurs années d'expérience.
L'EMPLOYÉE MUNICIPALE :	C'est très bien. Envoyez-nous un dossier, le plus complet possible, avec des photos.
JULIE :	J'ai même des coupures de presse !
L'EMPLOYÉE MUNICIPALE :	Envoyez-les, c'est le meilleur argument !
JULIE :	Quelles sont les conditions financières ?
L'EMPLOYÉE MUNICIPALE :	C'est la mairie qui décide, mais ce n'est pas très cher, 10 à 15 euros par jour pour le groupe. Bon, envoyez d'abord votre dossier, indiquez bien la période qui vous intéresse. Il faut que votre spectacle s'harmonise avec les animations que la ville a prévues. Normalement, vous recevrez une réponse – positive ou négative – au bout d'une quinzaine de jours.
JULIE :	Je vous remercie beaucoup, madame.
L'EMPLOYÉE MUNICIPALE :	Je vous en prie, et bonne chance !
JULIE :	Merci.

Point-DELF p. 28
DELF unité A1 – Oral 1

Le train part à onze heures et quart. Martine a horreur d'arriver en retard et de rater le train. Ça fait vingt minutes qu'on est là. Martine, c'est ma femme. Depuis qu'elle est sortie de l'hôpital, je dois reconnaître qu'elle a une attitude très positive. Dans le taxi, elle a déjà commencé à me parler de ses erreurs, de ses regrets. Quand le train roulera, elle me parlera sûrement de la nouvelle vie qui nous attend et de l'enfant qu'elle voudrait… Bref, il est onze heures deux minutes et tout va bien. J'ai une belle vie et une femme qui m'aime.

Unité 2
Forum p. 31

3 Devinez qui est qui.
1 Il est né un 30 juillet à Casablanca, au Maroc, il y a un peu plus de quarante ans. Ses parents sont d'origine espagnole, mais il est de nationalité française. Quand on le regarde, on a toujours l'impression qu'il ne s'est pas rasé depuis trois jours. Depuis *Le Grand Bleu*, de Luc Besson, il a beaucoup de succès.
2 Brune, les cheveux longs, à peine quarante ans, elle a un petit air de famille pour les lecteurs de *Forum 1*, qui la connaissent bien. Très intelligente et pleine d'humour, elle écrit des scénarios et pièces de théâtre avec Jean-Pierre Bacri et est aussi réalisatrice.
3 Dans sa jeunesse, il a été un grand sportif, un boxeur et faisait la plupart des cascades dans ses films. Maintenant, ses cheveux ont blanchi, mais il a toujours autant de succès, au cinéma comme au théâtre.
4 Avec son air mystérieux et sensible, elle est maintenant connue partout et a même obtenu à trente-trois ans l'Oscar du meilleur second rôle féminin. Brune, charmante, elle s'est occupée d'un célèbre patient anglais.

Agir-réagir
A J'ai bien peur que vous ne trouviez rien… p. 32

JULIE :	Bonjour, monsieur, pour les spectacles de rue, c'est bien ici ?
L'EMPLOYÉ :	Oui, c'est pour quoi ?
JULIE :	Je suis du groupe *À propos*, et on vient d'arriver. Alors je voulais…
L'EMPLOYÉ :	Ah oui, asseyez-vous. Je prends votre dossier… Voilà. Voyons, tout semble complet.
JULIE :	Et pour l'hébergement ?
L'EMPLOYÉ :	C'est réglé : il est prévu que vous logiez au foyer des jeunes travailleurs. Cinq personnes, pendant une semaine.
JULIE :	Oui, mais nous sommes six maintenant. On a une nouvelle musicienne.
L'EMPLOYÉ :	Est-ce que vous nous avez communiqué ce changement ?
JULIE :	Bien sûr. J'ai téléphoné en avril, et j'ai confirmé par lettre.
L'EMPLOYÉ :	Je m'étonne qu'il n'y ait rien dans votre dossier. De toute façon, la subvention ne change pas.
JULIE :	Oui, mais où va loger notre musicienne ?
L'EMPLOYÉ :	Ah ça, c'est un autre problème. Je crains qu'il n'y ait plus de places au foyer, et j'ai peur que vous ne trouviez rien d'autre.
JULIE :	Oh… Qu'est-ce que je peux faire ? On a besoin d'elle, et je n'ai pas envie de la voir rentrer à Paris !
L'EMPLOYÉ :	Attendez. D'abord, je vais téléphoner au foyer. Avec un peu de chance, peut-être que quelqu'un n'a pas pu venir et qu'il reste une place. Je reviens tout de suite…
JULIE :	Alors ?
L'EMPLOYÉ :	Désolé, le foyer est complet, mais vous avez quand même de la chance. Il y a une chambre libre au centre de vacances. Je regrette que vous ne soyez pas ensemble…
JULIE :	C'est loin du foyer ?
L'EMPLOYÉ :	Non, non, c'est juste en face.
JULIE :	Super ! Je vous remercie beaucoup…

B Qu'est-ce qu'ils jouent bien ! p. 32

1 et 2 – Bravo ! Ils sont vraiment drôles.

– Et comment !

– Et la musique ! Qu'est-ce qu'ils jouent bien, surtout la fille !

– Extraordinaire !

– Ah ! ce que c'est beau !

– Oh !

– C'est quand même toujours un peu la même chose.

– Ouais, ça se répète.

– C'est un peu ennuyeux !

– Oh non ! C'est pas possible. Ce type se fout de nous !

– C'est pas croyable. Il sort d'où, celui-là ?

– J'en ai marre. On s'en va !

Unité 3

Forum p. 49

2 ■ Vous avez vu ce sondage ?

● C'est sur quoi ?

■ Ils ont demandé à des jeunes quelle idée ils se font de leur avenir.

● Et qu'est-ce que ça donne ?

■ Ben, d'après le sondage, ils ont plutôt le moral.

▶ Fais voir, Sandra. C'est quelle revue ?

■ Non, je propose qu'on le fasse d'abord entre nous.

◆ Ben, justement, montre.

■ Mais non ! Vous regarderez après. Sinon, ça va vous influencer.

◆ Moi, ça ne risque pas : j'ai des idées très précises sur ce que je vais faire dans la vie !

Agir-réagir

A Ça me ferait plaisir p. 50

PHILIPPE : Allô, c'est Annick Bihan ?

ANNICK : Ah, bonjour, Philippe. J'ai tout de suite reconnu ta voix. Je m'attendais à ce que tu appelles. On parle de la troupe dans le journal de ce matin, il y a même une photo !

PHILIPPE : Oui, on est à Vannes pour quatre jours.

ANNICK : Quatre jours seulement… Eh bien, ce n'est pas encore le retour au pays !

PHILIPPE : Malheureusement, non, tu le sais bien. Et j'ai bien peur que ce ne soit pas pour demain ! Il n'y a pas assez de théâtre ici.

ANNICK : Tu pourrais monter ton propre spectacle ?

PHILIPPE : J'y pense souvent, mais pas en Bretagne. Il faut faire ça dans une grande ville.

ANNICK : Bon, on ne va pas parler de ça au téléphone. De toute façon, il faut qu'on se voie. Dis, vous êtes nombreux dans ta troupe ?

PHILIPPE : Euh… avec moi, on est six.

ANNICK : Vous ne jouez pas dimanche soir ?

PHILIPPE : Non, le dimanche soir, on ne voit personne…

ANNICK : Alors, vous pourriez tous venir à la ferme de mes parents. Je pourrais aussi inviter quelques anciens du lycée et on se ferait une petite fête sympa.

PHILIPPE : Ah ! ça serait formidable ! J'ai tellement de choses à te raconter. Et puis, ça me ferait plaisir de revoir les copains.

ANNICK : Écoute, je vais voir. Et, de ton côté, demande à ta troupe. On se rappelle demain. Je suis toute la journée à la boutique.

PHILIPPE : C'est ça. À demain. Je t'embrasse.

ANNICK : Moi aussi. Salut.

Unité 4

Forum p. 69

5 Les publications des entreprises et des collectivités locales (mairies, associations, clubs, etc.) offrent aussi de nombreux métiers aux jeunes journalistes. Les métiers de l'édition recrutent également des rédacteurs, des correcteurs, des photographes, des documentalistes… De même, le multimédia recherche des animateurs de site Internet. Enfin, si vous voulez travailler à la télévision, vous pouvez aussi choisir un métier technique : électricien, monteur, ingénieur du son…

Agir-réagir

C Le bulletin météo p. 72

– Il paraît que l'émission la plus regardée à la télé, c'est la météo !

– Je sais, et c'est normal. Tout le monde veut savoir le temps qu'il fera le lendemain. D'ailleurs, la publicité l'a bien compris. Une semaine, le bulletin météo est sponsorisé par une banque, la semaine d'après par un magasin de bricolage…

– C'est vrai, mais la météo, à la télé, ce n'est pas tellement le temps qu'il va faire, c'est plutôt l'occasion de proposer quelques instants de détente aux téléspectateurs.

– Tout à fait… Ça met de bonne humeur pour la soirée : après une journée de bureau, ce n'est pas désagréable.

– Bien sûr, mais ce n'est pas ce qu'on attend d'elle !

– Je trouve que si, justement. Le temps, de toute façon, on ne peut pas le changer, et les prévisions ne sont pas très exactes. Alors…

– Tu as peut-être raison. Mais moi, le spectacle, je m'en moque. Je veux savoir le temps qu'il fera, pour aller à la pêche ou faire de la randonnée…

– Évidemment, si la météo t'intéresse vraiment, ce n'est pas la télé qu'il faut regarder !

– Là, tu es d'accord avec moi !

– Tu peux toujours consulter un service officiel, sur Internet, par exemple.

Unité 5

Forum p. 87

4 Écoute, je n'ai pas beaucoup de temps. Je connais le mot de passe de l'ordinateur : c'est DP543. Maintenant, c'est à toi de jouer : mais il faut que tu sois très forte et surtout prudente. Le docteur est très soupçonneux. Nous nous verrons plus tard, quand tout cela sera passé. Moi, si on m'interroge, je vais tout prendre de haut, et surtout n'essaie pas de me joindre…

Agir-réagir

B Le commissaire aime jouer aux boules p. 89

PIERRE TISSOT : Commissaire Tissot. Bonsoir, madame Mignot. Je vous écoute.

ÉLISE MIGNOT : Bonsoir, commissaire. Je suppose que votre secrétaire vous a transmis notre message. Nous avons programmé un débat sur la vie sportive à Villeurbanne. Si cela vous était possible, nous aurions aimé que vous y participiez.

PIERRE TISSOT : Vous savez, madame Mignot, les forces de l'ordre, malheureusement, ne font pas plus de sport que le reste de la population…

ÉLISE MIGNOT : Oui, oui, bien sûr… En tout cas, vous avez la réputation d'être imbattable aux boules…

PIERRE TISSOT : Mais, ma parole, vous savez tout sur moi… Imbattable… franchement, c'est beaucoup dire. Enfin… j'imagine que ce n'est pas en tant que joueur de boules que vous voulez m'interroger…

ÉLISE MIGNOT : Justement, si ! Mais c'est surtout sur les problèmes de sécurité que posent le sport et les sportifs, les problèmes de dopage… Dimanche dernier, les policiers étaient vraiment très nombreux pour le match de football !…

PIERRE TISSOT : Oui, en effet. Vous savez, c'était un Villeurbanne-Lyon et, là, tout peut arriver. Heureusement, tout s'est bien passé. À mon avis, et c'est aussi le point de vue du ministère, le travail de la police doit se faire avant les matchs et non pas après, en prévenant plutôt qu'en réprimant. Si, malgré tout, il y a des trouble-fête, alors, naturellement, nous faisons notre devoir. C'est de cela que vous voulez que je parle ?

ÉLISE MIGNOT : Non, pas forcément. D'après nous, l'animateur pourrait commencer en posant une ou deux questions et chaque participant prendrait ensuite la parole…

PIERRE TISSOT : Bon, écoutez, je ne vois pas très bien ce que vous attendez de moi, mais j'y serai. C'est bien lundi à 13 heures ?
ÉLISE MIGNOT : Oui, tout à fait.
PIERRE TISSOT : Eh bien, à lundi alors.
ÉLISE MIGNOT : Au revoir, commissaire, et merci.

Unité 6
Forum p. 105
3 Alexandra, agent de la SNCF, 29 ans
« Je viens d'avoir mon premier enfant et j'ai pris quelques kilos. J'ai donc décidé de faire un petit régime pour retrouver la ligne. Je mange des viandes grillées, du poisson en papillote, des légumes verts et j'évite les féculents. Lorsque j'aurai à nouveau mon poids habituel, je continuerai à me surveiller. »
Isabelle, étudiante, 25 ans
« Je fais attention depuis l'histoire de la vache folle. Avant, je ne regardais rien. Maintenant, j'essaie de bien équilibrer mes repas : je mange des légumes verts et du poisson. Sauf avant d'aller faire du vélo, parce que là il faut consommer des féculents et des produits énergétiques. J'aime bien aussi les produits bio. Mais on a tous le droit à un petit écart de temps en temps ! »

Agir-réagir
A Revue de presse p. 106
– Je vous laisse maintenant en compagnie de Patrick Delaunay pour la revue de presse de ce vendredi 15 juillet.
– Merci, Sarah. Chères auditrices, chers auditeurs, bonjour. Ce sont évidemment les manifestations du 14 Juillet qui occupent la une de tous les journaux de ce matin. *Le Figaro* nous montre en première page le président de la République et le Premier ministre au traditionnel défilé des Champs-Élysées. *Le Monde* et l'ensemble de la presse régionale préfèrent parler du déjeuner offert par le Sénat à tous les maires de France. *Libération* et *France-Soir*, eux, s'intéressent aux problèmes de circulation sur les autoroutes pour ce long week-end. Ils s'inquiètent tous les deux du grand nombre d'accidents au moment des départs et conseillent la plus grande prudence pour les retours.
En dernière page de toute la presse, nous trouvons des photos et des commentaires sur les festivités, les bals populaires qui ont eu lieu un peu partout en France. On y retrouve aussi le grand pique-nique d'hier organisé le long d'une ligne Dunkerque-Perpignan pour fêter l'an 2000. J'aime beaucoup la très belle photo de *Ouest France*, qui montre jeunes et vieux mangeant et buvant dans la bonne humeur sous la pluie. Le mauvais temps de ce mois de juillet est l'occasion pour *Le Monde* et *Libération* de parler des changements climatiques.
À l'étranger, rien de particulier, mis à part les problèmes de politique étrangère qui divisent toujours les pays de l'Union européenne, au moment où la France vient d'en prendre la présidence… Voilà, je vous laisse à mon tour en compagnie de Robert Vidal, pour la météo. Bon week-end à tous.

Unité 7
Forum p. 125
4 L'Arbre va tomber
L'arbre va tomber
Les branches salissaient les murs
Rien ne doit rester
Le monsieur veut garer sa voiture
Nous, on l'avait griffé
Juste pour mettre des flèches et des cœurs
Mais l'arbre va tomber
Le monde regarde ailleurs

L'arbre va tomber
Ça fera de la place au carrefour
L'homme est décidé

Et l'homme est le plus fort, toujours
C'est pas compliqué
Ça va pas lui prendre longtemps
Tout faire dégringoler
L'arbre avec les oiseaux dedans !

Y avait pourtant tellement de gens
Qui s'y abritaient
Et tellement qui s'y abritent encore
Toujours sur nous penché
Quand les averses tombaient
Une vie d'arbre à coucher dehors

L'arbre va tomber
L'homme veut mesurer sa force
Et l'homme est décidé
La lame est déjà sur l'écorce

Y avait pourtant tellement de gens
Qui s'y abritaient
Et tellement qui s'y abritent encore
Toujours sur nous penché
Quand les averses tombaient
Une vie d'arbre à coucher dehors

L'arbre va tomber
On se le partage déjà
Y a rien à regretter
C'était juste un morceau de bois
Un bout de forêt
Avancé trop près des maisons
Et pendant qu'on parlait
L'arbre est tombé pour de bon !

Y avait pourtant tellement de gens
Qui s'y abritaient
Et toutes ces nuits d'hiver
Quand les averses tombaient
T'as dû en voir passer
Des cortèges de paumés
Des orages, des météores
Et toutes ces nuits d'hiver
Quand les averses tombaient

Une vie d'arbre à coucher dehors
À perdre le nord
À coucher dehors
À coucher dehors.

(Paroles et musique de Francis Cabrel
© 1993 by Chandelle productions - 61, rue de Ponthieu – 75008 Paris)

Agir-réagir
A Le tract p 126
LISA : Informez-vous ! Tenez, monsieur !
UN PASSANT : Merci. C'est quoi ?
LISA : Vous êtes du quartier ?
LE PASSANT : Oui, j'habite dans le XIVᵉ…
LISA : Alors, ça vous concerne directement. Il est question de fermer le centre Didot, et nous ne sommes pas d'accord. C'est pour vous inviter à une réunion d'information.
LE PASSANT : Le centre Didot, ce n'est pas là qu'il y a l'Association d'échanges de savoirs ?
LISA : Si, si, c'est notre association.
LE PASSANT : Et pourquoi est-ce qu'on doit fermer le centre ?
LISA : L'immeuble a été vendu. On veut le détruire pour construire des appartements de standing, des boutiques de luxe, une galerie…

LE PASSANT : Vous ne pourrez pas louer quelque chose dans le nouvel immeuble quand les travaux seront finis ?

LISA : C'est beaucoup plus compliqué que ça. Tout d'abord, notre association n'a pas beaucoup d'argent, et puis il nous faut une grande salle de réunion… Écoutez, le mieux, c'est d'assister à la réunion mardi soir.

LE PASSANT : Oui. Ça m'intéresse. Je vais m'arranger pour venir. Au revoir !

LISA : À mardi, alors…

Unité 8
Forum p. 143

5 ■ Messieurs dames, s'il vous plaît, un instant d'attention ! Ceux qui se sont inscrits aux antiquités orientales et aux arts de l'islam m'attendent ici même : je reviens dans un instant. Par contre, ceux qui ont choisi la peinture se regroupent autour de Bertrand, la visite commence immédiatement… C'est à toi, Bertrand…

● Merci. Comme Stéphanie vient de vous le dire, la visite commence tout de suite. En premier, nous irons voir la *Joconde*. Ensuite, nous irons dans la salle des peintres anglais où nous pourrons voir les peintures de Turner et dans la salle des artistes français du XIXᵉ siècle où sont exposées les œuvres de Géricault. Nous terminerons par les peintures des Pays-Bas. Suivez-moi, s'il vous plaît, ne vous éloignez pas du groupe !

Agir-réagir
A Nous sommes les vrais défenseurs du XIVᵉ… p. 144

« Avant de répondre à vos questions, je vous remercie de me permettre de vous présenter notre projet.

Comme vous le savez, nous sommes ici dans un bâtiment ancien. Les appartements sont petits et mal équipés, et il faudrait engager des travaux longs et d'un prix élevé pour en faire un immeuble agréable. Étant donné son état, il serait de toute façon impossible d'atteindre le confort des immeubles de grand standing voisins.

Le jardin, qui est assez grand, est si peu utilisé que la nature y est redevenue sauvage. L'atelier d'artiste qui s'y trouve ne sert à personne et son propriétaire n'a rien fait à cause du prix des travaux qu'il aurait fallu faire. Je ne vous parlerai pas du manque de parking…

Pour toutes ces raisons, les loyers sont restés bas – et c'est tant mieux pour votre association –, mais les propriétaires souhaitent autre chose. D'autre part, la municipalité veut depuis longtemps rendre le quartier plus attrayant. C'est pourquoi elle encourage la construction de beaux immeubles modernes.

Avec notre projet, nous sommes les vrais défenseurs du XIVᵉ arrondissement. En effet, en achetant ce vieux bâtiment pour le détruire et construire un immeuble de grand standing à la place, nous pensons répondre aux vœux de tous. Grâce à son cadre agréable, à l'aménagement du jardin et au parking qui se trouvera en sous-sol, et surtout parce que les appartements seront plus grands et plus confortables, la vie y sera plus agréable. Les locataires vivront mieux. Les propriétaires pourront facilement demander des loyers plus élevés, et ils pourront donc mieux entretenir leur immeuble, pour le bien de tous.

L'association doit pouvoir garder sa place dans ce nouveau complexe : le loyer d'un local non aménagé en sous-sol reste bon marché, et l'aménagement ne pose aucun problème à une association comme la vôtre. »

Unité 9
Forum p. 161

6 « Messieurs dames du conseil, je parle au nom des représentants des associations des jeunes de la ville. Nous savons que la municipalité a maintenant des locaux, boulevard Carnot, que l'on pourrait parfaitement aménager en Maison des jeunes. L'année dernière, vous nous aviez promis de régler définitivement cette revendication des jeunes de Nailly. Or, vous n'avez rien fait… Nous avons été très pacifiques et très patients jusqu'à maintenant, mais ça ne va pas durer : il faut que vous preniez des mesures, sinon… »

Agir-réagir
C La Boîte à idées p. 164

– Partout, dans la région, il y a des défilés historiques en costumes, des festivals. Si ça marche chez eux, ça devrait aussi marcher chez nous, non ?

– Je ne pense pas : ce sont des villes connues qui organisent ce genre de chose, et, en plus, ça coûte très cher. C'est pas pour nous. Pourquoi aller à Palisy quand on peut aller à Chambord ou à Angers ?

– Je crois que nous avons besoin d'un regard extérieur : on pourrait demander de nous envoyer des suggestions par mél, par exemple.

– Je ne sais pas, moi. Pourquoi est-ce qu'on ne proposerait pas un concert ou une semaine commerciale ? Ça marche toujours, les semaines commerciales…

– C'est comme pour les festivals. Les touristes ne se déplaceront pas pour notre semaine commerciale !

– Et notre château, il n'intéresse personne, notre château du XIIIᵉ siècle ?

– C'est plutôt une ruine du XIIIᵉ siècle, et il n'y a vraiment rien à voir. En plus, c'est dangereux. Mais il n'y a pas que le château ! Louis XIV, Napoléon, la Pompadour, Voltaire, ils sont tous passés ici !

– Pour déjeuner dans une auberge qui n'existe plus et repartir aussitôt !

– Pour que les gens viennent nous voir, il faut qu'ils en aient envie ! Il faut leur dire que…

– … leur dire … mais l'information, la communication, ça coûte toujours très cher. Enfin, nous voulons gagner de l'argent, pas en dépenser !

– J'ai une idée : pourquoi est-ce qu'on ne se servirait pas de la publicité des autres ? Chambord parle de François Iᵉʳ, hop, on parle de lui aussi, et on en rajoute un peu : il suffit d'affirmer qu'il venait souvent ici pour discuter avec le grand Léonard de Vinci.

– Ce n'est pas un peu… exagéré ?

– L'essentiel, c'est que les gens soient contents. Découvrir l'endroit exact où François Iᵉʳ ou Louis XIII rencontraient leurs amis, c'est quand même génial, non ?

– C'est ce que je me dis aussi : c'est fou le nombre d'artistes, d'hommes politiques, de rois même, qui doivent leur succès à notre chère petite ville. Et dire que personne ne le sait !

– Et vous, vous n'avez rien à nous proposer ?

– Moi, je suis la majorité silencieuse : je me suis installé ici pour être au calme. Alors, les touristes, ils peuvent bien rester où ils sont !

Le Portfolio est à la fin du *Carnet de route*.

MÉMENTO GRAMMATICAL

Le *mémento grammatical* contient seulement ce qui a été vu dans *Forum 2*. Des renvois au *mémento grammatical* de *Forum 1* permettent cependant de retrouver tout ce qui a été traité dans le niveau 1.

A La phrase	**G L'expression du temps**
B Le nom et le groupe nominal	**H Les relations logiques**
C L'adjectif qualificatif	**I La condition**
D Les déterminants	**J Le discours indirect**
E Les pronoms	**K La conjugaison**
F Le groupe verbal	**L Tableaux de conjugaison**

A La phrase (voir *Forum 1*, § A)

A 1 L'ordre des mots ◆ U2 (voir aussi *Forum 1*, § A1)
La mise en relief permet de mettre en valeur un élément de la phrase (sujet, complément…) :
- en le déplaçant et en le mettant en tête de phrase : ***Pour avoir ce qu'il veut***, il est prêt à tout.
- en le reprenant par un pronom : *L'eau, **c'est** rafraîchissant.*
- avec la construction **c'est… qui** pour le sujet : *Pierre joue dans une pièce de théâtre. **C'est** lui **qui** a le premier rôle.*
- avec la construction **c'est… que** pour les compléments : *Tu verras ton professeur. **C'est** à lui **que** tu enverras ton devoir.*

> **Remarque**
> Si l'élément mis en relief est un pronom, on emploie la forme tonique (voir le § E3).

A 2 Le passif ◆ U4
Quand on transforme une phrase active en phrase passive, le sujet devient un complément d'agent introduit par la préposition **par** et le complément d'objet direct (COD) devient le sujet (seuls les verbes avec un COD peuvent être mis au passif). Le verbe au passif est formé de l'auxiliaire **être** au temps du verbe actif et du participe passé du verbe.
Le participe s'accorde avec le sujet. On emploie la construction passive :
- pour mettre le COD de la phrase active en valeur :
  La police contrôle les automobilistes. ➜ *Les automobilistes **sont contrôlés** par la police.*
- pour ne pas insister sur le sujet de l'action, quand on ne le connaît pas ou pour mettre l'action/son résultat en valeur :
  *Le président **a été nommé** il y a deux ans.*
  Quand l'auteur d'une action n'est pas précisé, on peut choisir entre une phrase active avec **on** comme sujet du verbe et une phrase passive sans complément d'agent : ***On** a prévu un itinéraire.* ➜ *Un itinéraire différent a été prévu.*
  L'emploi de la forme pronominale avec un sens passif est fréquent avec certains verbes de perception ou les verbes qui ont un sens passif à la forme pronominale. Le sujet est généralement une chose et il n'y a pas de complément d'agent :
  *Les magazines **se lisent** plus (= sont plus lus) que les journaux.*

A 3 La phrase négative ◆ U4 (voir aussi *Forum 1*, § A3)
Les différentes formes de négation permettent de nier un fait, de refuser quelque chose ou de s'opposer à une opinion.

Négation totale : elle porte sur toute la phrase		**Négation qui porte sur un sujet ou un complément**	
non	– *Est-ce que tu sors avec nous ?*	ne… rien	– *Tu prends quelque chose ?*
	– ***Non**, j'ai du travail.*	rien ne…	– *Non, je **ne** veux **rien**.*
Négation qui porte sur le verbe			– *Quelque chose s'est passé hier ?*
ne… pas	– *Tu veux un peu de tarte ?*		– *Non, **rien** de spécial **ne** s'est passé.*
	– *Non, je **n'**ai **pas** faim.*	ne… personne	– *Tu as rencontré quelqu'un ?*
ne… plus	– *Tu fumes toujours ?*		– *Non, je **n'**ai vu **personne**.*
	– *Non, je **ne** fume **plus**.*	personne ne	– *Quelqu'un est venu ?*
ne… jamais	– *Tu vas souvent au théâtre ?*		– *Non, **personne n'**est venu.*
	– *Non, je **ne** vais **jamais** au théâtre*	ne… aucun(e)	– *On a reçu des réponses ?*
ne… pas encore	– *Tu as déjà vu son dernier film ?*	aucun(e) ne	– *Non, on **n'**a reçu **aucune** réponse.*
	– *Non, Je **n'**ai **pas encore** vu ce film.*		– *Parmi les lettres reçues, **aucune***
Restriction			***n'**était pour vous.*
ne… que	*Elle **n'**arrive **que** (= seulement) ce soir.*		

A 4 La phrase interrogative ◆ U1 (voir aussi *Forum 1*, § A4)

L'interrogation avec inversion du sujet s'emploie pour l'interrogation totale et l'interrogation partielle. On l'utilise surtout dans la langue écrite ou pour des questions très courtes dans la langue parlée. Il y a toujours un trait d'union entre le verbe et le pronom personnel qui suit : *M'accompagnes-tu au cinéma ? Avez-vous noté ma nouvelle adresse ? Qui as-tu vu ? Avec qui veux-tu dîner ? Combien de temps restes-tu ? De ces deux photos, laquelle préfères-tu ?*

> **Remarques**
> * Si le verbe se termine par une voyelle et que le pronom sujet commence par une voyelle, on ajoute **t** :
>   *Fera-**t**-il beau ? Dîne-**t**-on au restaurant ?*
> * Si le sujet est un nom, il reste devant le verbe et il est repris après le verbe sous forme de pronom :
>   *Ton amie arrive-t-**elle** avant le déjeuner ? Hacène est-**il** comédien professionnel ?*

A 5 La phrase nominale ◆ U4

Elle ne contient pas de verbe conjugué. L'action (ou son résultat) est exprimée par un nom.
On vole de nombreux portables dans la rue. ➜ ***Vol** de nombreux portables dans la rue.*

B Le nom et le groupe nominal (voir *Forum 1*, § B)

La nominalisation ◆ U5 et 6 (*S'exprimer, Formation des mots*)

C L'adjectif qualificatif (voir *Forum 1*, § C)

Le comparatif et le superlatif de l'adjectif qualificatif (voir *Forum 1*, § c3)

D Les déterminants (voir *Forum 1*, § D)

E Les pronoms (voir *Forum 1*, § E)

E 1 Les pronoms personnels (voir *Forum 1*, § E1a et b)

E 2 Les pronoms *en* et *y* ◆ U5 (voir aussi *Forum 1*, § E2)

* **Le pronom *en*** remplace le complément d'un verbe introduit par la préposition **de**, un nom précédé par un article partitif ou par une expression de quantité contenant **de**, des expressions de lieu introduites par la préposition **de** (elles indiquent l'origine, l'endroit d'où on vient) : *– Tu veux du pain ? – Oui, j'**en** veux.*
  ! *– Tu parles de ton ami ? – Oui, je parle **de lui**.*
* **Le pronom *y*** remplace le complément d'un verbe introduit par la préposition **à** ou des expressions de lieu introduites par la préposition **à** (elles indiquent l'endroit où on est ou l'endroit où on va. **Y** remplace aussi les expressions de même sens introduites par les prépositions **dans, sur**, etc.) : *– Tu penses à tes vacances ? – Oui, j'**y** pense.*
  ! *– Tu penses à ton amie ? – Oui, je pense **à elle**.*

E 3 La place des pronoms personnels compléments dans la phrase ◆ U5

* Ils sont placés devant le verbe conjugué ou devant l'infinitif dans l'ordre suivant :

me/m'	le				
te/t'	la	lui			
se/s'	l'	leur	y	en	verbe (temps simple ou auxiliaire à un temps composé)
nous	les				
vous					

*Je ne **lui en** ai pas donné. Je ne **m'y** intéresse pas.*   *Ne **me le** dis pas. Ne **m'en** parle pas !*
*Je **lui en** ai parlé. Je **vous le** prête jusqu'à demain.*   *Je peux **vous le** prêter. Il veut **le lui** donner.*

* À l'impératif affirmatif, on a l'ordre suivant : verbe + COD + COI, sauf avec le pronom **en** qui se place toujours à la fin. **Me** et **te** deviennent **moi** et **toi** (sauf devant **en**) : *Laisse-le-**moi** ! Laisse-**m'**en !*

* **Exemples de verbes se construisant avec deux compléments**

demander quelque chose à quelqu'un	s'occuper de quelqu'un/quelque chose
dire quelque chose à quelqu'un	promettre quelque chose à quelqu'un
donner quelque chose à quelqu'un	rappeler quelque chose à quelqu'un
emprunter quelque chose à quelqu'un	reprocher quelque chose à quelqu'un

E 4 Les pronoms démonstratifs (voir *Forum 1*, § E3)

E 5 Les pronoms possessifs ◆ U7
Ils remplacent un nom précédé d'un adjectif possessif : *Prête-moi ton stylo,* **le mien** *ne marche pas.*

	Masculin singulier	Féminin singulier	Masculin pluriel	Féminin pluriel
1re pers. sing.	le mien	la mienne	les miens	les miennes
2e pers. sing.	le tien	la tienne	les tiens	les tiennes
3e pers. sing.	le sien	la sienne	les siens	les siennes
1re pers. plur.	le nôtre	la nôtre	les nôtres	
2e pers. plur.	le vôtre	la vôtre	les vôtres	
3e pers. plur.	le leur	la leur	les leurs	

E 6 Les pronoms relatifs (voir *Forum 1*, § E4)

a *Qui, que (qu'), dont, où* (voir *Forum 1*, § E4)

b *Ce qui, ce que, ce dont* ◆ U2 (voir aussi le § A1)
Ce qui, ce que/qu', ce dont sont employés quand le pronom relatif ne remplace pas un nom précis.
Voilà **ce qui** *me plaît. Je ne sais pas c***e qu'***il veut. C'est* **ce dont** *j'ai besoin…*

c Les pronoms relatifs précédés d'une préposition ◆ U9
Quand le pronom relatif est précédé d'une préposition et qu'il désigne une chose, il faut employer le pronom relatif composé **lequel**. Quand il désigne une personne, on peut choisir entre **lequel** et **qui**.

Préposition + **lequel**	lequel, laquelle, lesquels, lesquelles	*Le magasin* **dans lequel** *je fais les courses ferme à 20 heures.*
À + **lequel**	auquel, à laquelle, auxquel(le)s	*C'est l'homme* **auquel** *tu peux t'adresser.*
De + **lequel**	duquel, de laquelle, desquel(le)s	*Les livres près* **desquels** *tu as rangé ton sac.*
Préposition + **qui** (pour une personne)	avec qui chez qui	*L'enfant* **avec qui** *tu m'as vu est mon fils.* *La dame* **chez qui** *nous habitons va déménager.*

E 7 Les indéfinis ◆ U4
Les indéfinis peuvent s'utiliser comme déterminants (suivis d'un nom) ou comme pronoms.

	Adjectifs indéfinis + noms	Pronoms indéfinis
Quantité	quelques, certain(e)s, plusieurs	quelques-un(e)s, certain(e)s, plusieurs
Ressemblance	le, la même, les mêmes	le, la même, les mêmes
Différence	un(e) autre, d'autres	un(e) autre, (d'autres)
Individualité	chaque	chacun(e)
Totalité	tout, toute, tous, toutes	tout, tous, toutes
Insistance sur le caractère indéterminé	n'importe quel(le)(s)	quelqu'un (personne), quelque chose (chose) n'importe qui (personne), n'importe quoi (chose)
Négation	*voir le § A3*	*voir le § A3*

(Voir U4 p. 75 pour l'indéfini **tout**.)
J'ai **plusieurs** *copains qui ne sont pas français.* **Certains** *viennent des États-Unis,* **d'autres** *d'Espagne,* **quelques-uns** *aussi de Turquie. Ils ont* **tous** *un point commun, ils parlent* **la même** *langue : le français.*
Il n'est pas question de faire **n'importe quoi***, on ne peut pas proposer* **n'importe quelle** *idée.* **Chacun** *proposera* **quelque chose** *qui lui plaît.*

F Le groupe verbal (voir *Forum 1*, § F)

F 1 Les principales constructions verbales (voir *Forum 1*, § F1)

F 2 Les modes et les temps

a L'indicatif (voir *Forum 1*, § F3)

- **Le présent** (voir *Forum 1*, § F3a)
- **L'imparfait** (voir *Forum 1*, § F3a)

  Pour l'emploi de l'imparfait dans la condition, voir le § I.
- **Le passé composé** (voir *Forum 1*, § F3a)
- **Le passé simple** ◆ U6

  Il s'emploie dans la langue écrite, surtout à la troisième personne du singulier. On peut toujours le remplacer par le passé composé : *Quand il **vint** nous voir, personne ne le **regarda**.*
- **Le plus-que-parfait** ◆ U1

  – Il exprime l'antériorité d'un événement par rapport à un autre événement déjà au passé (passé composé, imparfait, passé simple) : *Quand il est arrivé, tout le monde **avait commencé** à dîner.*

  – Autres emplois : voir les § I et J3.
- **Le futur simple** (voir *Forum 1*, § F3a)
- **Le futur proche** (voir *Forum 1*, § F3a)
- **Le futur antérieur** ◆ U9

  – Il exprime l'antériorité d'une action, d'une situation par rapport à une autre action ou situation future :
  *Quand il **aura fini**, il me téléphonera.*

  – Il permet de présenter un fait futur comme déjà accompli : *Les ouvriers **auront terminé** les travaux demain.*

  – Il permet de faire des suppositions sur une action passée : *Elle **aura raté** son train.*

b L'impératif (voir *Forum 1*, § F3d)

c Le conditionnel présent et passé ◆ U3

- Il exprime :

  – un fait imaginaire : *On **aurait** six mois de vacances par an.*

  – un désir, un souhait : *Je **voudrais** bien faire plus de sport.*
- Il a une valeur d'atténuation : forme de politesse (conditionnel présent) : ***Auriez**-vous l'heure, s'il vous plaît ?*
- Il permet de donner une information non confirmée : *Il **serait** absent. Il **aurait été** malade.*
- Il permet d'exprimer un regret, un reproche (conditionnel passé) : *Je n'**aurais** pas **dû** venir. Tu **aurais pu** me le dire.*
- Autres emplois : voir les § I et J3.

d Le subjonctif ◆ U2, U3, U7

- Il s'emploie obligatoirement après certains connecteurs dans des propositions subordonnées introduites par **que** et après des verbes introducteurs exprimant :

  – le doute, la possibilité : *Il est possible qu'elle **soit** là.*

  – la certitude et l'opinion à la forme interrogative et négative : *Je ne pense pas que ce **soit** lui.*

  – la nécessité, l'obligation, un jugement impersonnel (verbes et expressions impersonnels) : *Il faut que vous **veniez**.*

  – le souhait, la volonté : *Je souhaite que vous **alliez** mieux.*

  ! **Espérer** + indicatif : *J'espère qu'il **viendra**.*

  – les sentiments, les appréciations, les jugements subjectifs : *J'ai peur que ce **soit** trop difficile.*

  > **Remarques**
  > - Le subjonctif est remplacé par l'infinitif si le sujet de la subordonnée est le même que celui de la principale : *Nous regrettons de ne pas **pouvoir** assister à la réunion.*
  > - Il s'utilise également après certaines conjonctions (voir les § G2, H1, H4) : *Nous attendrons **jusqu'**à ce que le train **parte**.*
  > - Après les verbes exprimant un doute ou une certitude, le subjonctif s'emploie pour exprimer le doute, l'indicatif pour exprimer la certitude : *Je doute qu'il **vienne**. Je ne doute pas qu'il **viendra**.*

e L'infinitif (voir *Forum 1*, § F3e) ◆ U2, U3, U7, U8, U9

(voir aussi § F2d, H1, H2, H3, H4)

- **L'infinitif passé** ◆ U9

  Il exprime une action qui a eu lieu avant l'action exprimée par le verbe principal : *Je suis sûr de l'**avoir** déjà **rencontré**.*

  Pour + infinitif passé exprime la cause : *Il a été licencié **pour avoir volé** de l'argent dans la caisse.*

Remarque

Après est toujours suivi de l'infinitif passé, **avant de** de l'infinitif présent.
Après avoir dîné, il s'est couché. *Avant de venir*, appelle-moi.

f Le participe

- **Le participe passé** (Voir *Forum 1*, § F3f)
- **Le participe présent** ◆ U5

  Il est invariable. Il sert à décrire et à caractériser et peut être remplacé par une proposition relative introduite par **qui** :
  *Nous sommes dans une chambre **donnant** (= qui donne) sur la cour.*

  Dans une proposition participiale, il peut exprimer une cause et remplacer une proposition qui commence par **comme**, **étant donné que** ou **puisque** : *Le temps **devenant** pluvieux, ils ne sont pas partis se promener.*

- **Le gérondif** ◆ U5

  Il a le même sujet que le verbe de la proposition principale. Il peut exprimer :
  – la simultanéité : *Il prend son petit déjeuner **en écoutant** les informations.*
  – la cause : *Il a pris froid **en sortant** sans manteau.*
  – la manière : *Elle est arrivée **en courant**.*
  – la condition : *__En partant__ à sept heures, tu arriveras à temps.*

G L'expression du temps

G 1 Situation d'un événement dans le temps, expression de la durée ◆ U1

Certaines expressions ou certains mots permettent d'introduire différentes notions temporelles.

à	donne une heure, un mois, une saison, une période historique	**À** 9 heures, **au** mois de juillet, **au** printemps, **au** XIXᵉ siècle. **!** Mais : **en** + mois : **en** juillet et **en** hiver et **en** été.
depuis	exprime une durée en indiquant son origine	*Elle habite ici **depuis** douze ans.*
il y a... que, ça fait... que	remplace *depuis* en début de phrase	*__Il y a__ trois ans **qu'**il est parti.* *__Ça fait__ des années **qu'**elle ne vient plus.*
pendant	exprime une durée limitée	*Ils sont partis à la neige **pendant** les vacances.*
en	exprime la durée pour l'accomplissement, la réalisation d'une action	*Il a appris le français **en** six mois.*
pour	indique une durée prévue (construit souvent avec les verbes *partir, être, rester*)	*Ils sont partis **pour** six mois.*
de... à	marque le point de départ et d'arrivée en indiquant la durée	*Les bureaux sont fermés **du** 22 juillet **au** 26 août.*
dès, à partir de	marque un point de départ	*__Dès__ ton arrivée, appelle-moi.* *Le bureau ouvre **à partir de** 9 heures.*
jusqu'à	marque un point d'arrivée	*Nous serons là **jusqu'au** dix.*
il y a + passé	exprime un moment ponctuel du passé	*Ils ont déménagé **il y a** trois ans.*
dans + présent/futur	indique un moment dans le futur	*Ils rentreront **dans** une heure.*
(tout) d'abord, ensuite, puis, enfin	indiquent une succession	*__D'abord__ nous avons écouté de la musique, **ensuite** nous avons dîné, **puis** nous avons dansé, **enfin** nous avons discuté.*

Autres structures temporelles : *24 heures sur 24, sept jours sur sept, trois fois par jour, deux fois par semaine.*

G2 Les expressions temporelles reliant des propositions ◆ U1

- **Expressions suivies d'un verbe à l'indicatif**

  Quand, lorsque : *__Quand tu partiras__, n'oublie pas ce sac.*
  Dès que, aussitôt que : *__Dès que tu arrives__, appelle-nous.*
  Depuis que : *__Depuis qu'il est revenu__, il fume beaucoup.*
  Pendant que : *__Pendant qu'il est__ en vacances, nous pouvons tout ranger.*
  Après (que) : *__Après que tu auras travaillé__, nous sortirons.*

- **Expressions suivies d'un verbe au subjonctif**
  Jusqu'à ce que : *Je resterai **jusqu'à ce que tu rentres**.*
  Avant (que) : ***Avant que nous allions** au cinéma, douche-toi.*
- On utilise aussi **l'infinitif** après **après** et **avant** quand les deux propositions ont le même sujet.
  ***Après avoir fini** les courses, je rentrerai.* (**Après** + infinitif passé.)
  *Nous dînerons **avant de partir**.*

H Les relations logiques

Certains mots ou expressions permettent de mettre en relation des éléments dans une phrase ou des phrases entre elles. Ils peuvent indiquer le but, la cause, la conséquence, l'opposition et la condition (voir le § I).

H 1 Expression du but ◆ U7

Conjonction + subjonctif	pour que, afin que, de peur que, de crainte que	*La vitesse est limitée **pour que** le nombre d'accidents **diminue**.* *Elle ne parle pas **de peur qu'**on **se moque** d'elle.*
Préposition + nom	pour, de peur de, de crainte de, par peur de	*Nous cherchons une maison **pour notre retraite**.* *Il ne se déplace pas en voiture **par peur des embouteillages**.*
Préposition + infinitif	pour, afin de, de peur de	*Elle fait du sport **pour rester** en forme.* *Elle ne mange pas **de peur de grossir**.*

H 2 Expression de la cause ◆ U8

Cause exprimée par	Introduite par	Nuance apportée	
un verbe conjugué à l'indicatif	parce que	sans nuance particulière	*Il n'est pas venu **parce qu'**il **avait** déjà **vu** le film.*
	comme puisque	cause connue	***Comme** il a du travail, il reste chez lui.* ***Puisque** l'ascenseur **est** en panne, montons à pied.*
	étant donné que du fait que, vu que	introduisent des faits qu'on ne peut pas remettre en question	***Étant donné que** vous ne **venez** pas, la réunion est reportée.* ***Du fait que/vu que** vous **avez** dix-huit ans, vous pouvez demander votre carte d'électeur.*
	sous prétexte que	la cause ne correspond pas à la réalité	***Sous prétexte qu'**il y **avait** la grève, il n'est pas venu.*
un nom/ un pronom	à cause de en raison de	sans nuance particulière	***À cause de la grève**, ils ont raté leur train.* ***En raison de problèmes techniques**, le vol est retardé.*
	grâce à	nuance positive	***Grâce à toi**, j'ai réussi.*
	étant donné vu	introduisent des faits qu'on ne peut pas remettre en question	***Étant donné son âge**, il ne pourra pas venir.* ***Vu son état**, elle a été hospitalisée.*
	sous prétexte de	la cause ne correspond pas à la réalité	***Sous prétexte d'une grève**, elle était en retard.*
un verbe à l'infinitif	pour	sans nuance particulière	*Il a été arrêté **pour avoir vendu** des bijoux volés.*
	à force de	idée d'intensité	***À force de protester**, il a tout perdu.*
	sous prétexte de	la cause ne correspond pas à la réalité	*Sous prétexte **d'avoir un train** à prendre, il est parti à 5 heures.*
un participe ou un gérondif			*L'association n'**étant** pas riche, elle ne restera pas ici.*

> **Remarque**
> On utilise un verbe à l'infinitif quand les deux propositions ont le même sujet.

H 3 Expression de la conséquence ◆ U8

Conséquence exprimée par	Introduite par	Nuance apportée	
un verbe conjugué à l'indicatif	donc, alors	sans nuance particulière	*Il est malade **donc** il ne **viendra** pas.*
	par conséquent, c'est pourquoi	conséquence logique	*Mardi est férié, **par conséquent** lundi nous **sommes fermés**.*
	si bien que, de sorte que	insiste sur le résultat	*Mon réveil n'a pas sonné **si bien que** je **me suis réveillé** tard.*
	de telle manière que, de telle sorte que	insiste sur la manière	*La voiture a été réparée **de telle manière qu'**il **pourra** la prendre pour partir.*
	au point que, si/tellement + adj + que	donne une idée d'intensité/de quantité	*La réparation a été **si** chère **qu'**il **a demandé** à payer en deux fois.*
	tellement/tant de + nom + que	donne une idée d'intensité/de quantité	*Ils avaient **tellement de travail qu'**ils **sont rentrés** vers 22 heures.*
un verbe à l'infinitif	assez/trop + adj + pour/au point de	donne une idée d'intensité/de quantité	*Je suis arrivé **trop tard pour prendre** le train.*
	de manière à		*Il s'entraîne longtemps **de manière à réussir**.*

> **Remarque**
> On utilise un verbe à l'infinitif quand les deux propositions ont le même sujet.

H 4 Expression de l'opposition ◆ U8

Mais	*Je viendrai, **mais** pas avant 21 heures.*
Par contre/en revanche	*Je viendrai. **Par contre**, ne m'attendez pas pour l'apéritif.*
Cependant, pourtant	*Ils se sont promenés, **pourtant** il faisait très froid.*
Au lieu de + nom/infinitif	***Au lieu de venir** à 15 heures, ils sont arrivés à 17 heures.*
Sans + nom/infinitif	*Elle est sortie **sans argent**.*
Alors que/tandis que	*Elle est restée calme **alors qu'**elle **est** très nerveuse.*
Même si + indicatif	***Même si** vous n'**êtes** pas d'accord, ne dites rien.*
Bien que quoique	***Bien qu'**il **soit** tard, je ne suis pas fatigué.*
Sans que + subjonctif	*Il est venu **sans qu'**on l'**attende**.*
Avoir beau	*Elle **a** eu **beau** m'expliquer, je n'ai rien compris.*
Quand même	*Vous auriez **quand même** pu me prévenir.*

> **Remarque**
> On utilise **au lieu de/sans** + infinitif quand les deux propositions ont le même sujet.

H 5 Autres articulateurs logiques/connecteurs logiques

Ils permettent de relier des éléments de même valeur (voir aussi les § G2, H1, H2, H3, H4).

Coordonner des éléments de même valeur	ou, ou bien, et	*Tu restes **ou** tu viens avec nous ?*
Chronologie	(tout) d'abord, puis, ensuite, enfin	***Tout d'abord**, nous commencerons par visiter des galeries de peinture, **ensuite** nous nous reposerons dans un bar à vins, et **enfin** nous visiterons le Louvre.*
Ajouter une idée	de plus, en plus	*Il n'est pas venu, **de plus** il ne s'est pas excusé.*
Explication	c'est-à-dire, soit	*Il a perdu son portefeuille, **soit** 200 euros.*
Exemple	par exemple, à savoir	*J'aurais aimé être chanteuse, **par exemple** chanteuse de rock.*
Résumer	pour résumer, bref, finalement, en définitive	***En définitive**, nous sommes rentrés plus tôt que prévu.*
Conclusion	en conclusion, pour conclure	***Pour conclure**, monsieur Y va réinterpréter…*

H 6 La comparaison (voir *Forum 1*, § C3) ◆ U2

cent quatre-vingt-sept

I La condition ◆ U3

Les hypothèses faites sur le futur sont considérées comme réalisables ou possibles. Les hypothèses faites sur le présent ou le passé ne sont pas réalisables. Celles faites sur le passé peuvent exprimer un reproche et un regret.

		Conséquence au	
Hypothèse faite sur le futur	si + présent	présent	*Si tu **rentres** tôt, nous **allons** au cinéma.*
		futur	*Si tu **rentres** trop tard, nous **irons** au restaurant.*
Hypothèse faite sur le présent	si + imparfait	conditionnel présent	*Si j'**étais** en vacances, nous **partirions** à Londres.*
Hypothèse faite sur le passé	si + plus-que-parfait	conditionnel passé	*Si j'**avais su**, je ne **serais** pas **venu**.*

J Le discours indirect

J 1 Le discours indirect ◆ U6

- Il permet de rapporter des paroles, des pensées.
  Il est introduit par des verbes introducteurs suivis de **que** : *dire, expliquer, répondre…* Il **dit qu'**il voudrait venir avec nous.
- Le passage du discours direct (du dialogue) au discours indirect entraîne des changements au niveau :
  – des personnes (pronoms personnels, adjectifs et pronoms possessifs) : *Il dit : « **Je** suis avec **mon** ami. »* ➔ *Il dit qu'**il** est avec **son** ami.*
  – des indications de temps et de lieu.
  – des modes et des temps si le verbe introducteur est au passé. (Mais il n'y a pas de changement de mode et de temps si le verbe introducteur est au présent ou au futur.)

J 2 L'interrogation indirecte ◆ U6

Elle permet de rapporter une question et est introduite par un verbe comme : *demander, vouloir savoir,* etc. Dans le passage de l'interrogation directe à l'interrogation indirecte, les éléments suivants disparaissent : inversion du sujet, forme **est-ce que**, point d'interrogation et guillemets.

« Pourquoi n'es-tu pas venu ? »/« Pourquoi est-ce que tu n'es pas venu ? » ➔ *Il a cherché à savoir pourquoi je n'étais pas venu.*

Interrogation directe	➔ Interrogation indirecte
Interrogation totale *« Dînes-tu avec nous ? »*	➔ introduite par **si** *Elle m'a demandé **si** je dînais avec vous.*
Interrogation partielle que/qu'est-ce que *« **Qu'est-ce que** tu fais ? »*	➔ **ce que, ce qu'** *Il m'a demandé **ce que** je faisais.*
qu'est-ce qui *« **Qu'est-ce qui** est arrivé ? »*	➔ **ce qui** *Il m'a demandé **ce qui** était arrivé.*
qui est-ce qui *« **Qui est-ce qui** a téléphoné ? »*	➔ **qui** *Il a demandé **qui** avait téléphoné.*
qui est-ce que *« **Qui est-ce que** tu as vu ? »*	➔ **qui** *Il a voulu savoir **qui** j'avais vu.*
comment, pourquoi, où *« **Comment** vas-tu ? »*	➔ reprise du mot interrogatif *Il m'a demandé **comment** j'allais.*

J 3 La concordance des temps au discours indirect et dans l'interrogation indirecte ◆ U6

Discours direct	➔ Discours indirect introduit par un verbe au passé *Il m'a expliqué…*
Présent *« Je **suis** malade. »*	➔ Imparfait *qu'il **était** malade.*
Passé composé *« J'**ai pris** un bain. »*	➔ Plus-que-parfait *qu'il **avait pris** un bain.*
Futur *« J'**irai** au travail demain. »*	➔ Conditionnel *qu'il **irait** au travail le lendemain.*

Discours direct	→	**Discours indirect introduit par un verbe au passé** ◆ U9
		Il m'a expliqué…
Futur antérieur	→	Conditionnel passé
*« Je **serai levé** avant 8 heures. »*		*qu'il **serait levé** avant 8 heures.*

Les verbes à l'imparfait, au plus-que-parfait et au conditionnel ne changent pas dans le discours indirect.

> **Remarque**
>
> L'impératif est remplacé par le verbe introducteur + **de** + infinitif :
>
> *Il m'a demandé : « Ferme la fenêtre, s'il te plaît ! »* → *Il **m'a demandé de fermer** la fenêtre.*

K La conjugaison (voir *Forum 1*, § G)

K 1 Les verbes réguliers en *-er* et en *-ir (-issons)* (voir *Forum 1*, § G1, G2 et G3)

K 2 Le passé simple ◆ U6

Verbes réguliers		Verbes irréguliers		
en *-er*	en *-ir (-issons)*	se conjuguent sur l'un de ces modèles		
aimer	**finir**	**prendre**	**pouvoir**	**venir**
j'aimai	je finis	je pris	je pus	je vins
tu aimas	tu finis	tu pris	tu pus	tu vins
il aima	**il finit**	**il prit**	**il put**	**il vint**
nous aimâmes	nous finîmes	nous prîmes	nous pûmes	nous vînmes
vous aimâtes	vous finîtes	vous prîtes	vous pûtes	vous vîntes
ils aimèrent	**ils finirent**	**ils prirent**	**ils purent**	**ils vinrent**

K 3 Les terminaisons

		INDICATIF				CONDITIONNEL	SUBJONCTIF	IMPÉRATIF
		présent		**imparfait**	**futur**	**présent**	**présent**	**présent**
Singulier	1re pers.	-e	-s	-ais	-rai	-rais	-e	
	2e pers.	-es	-s	-ais	-ras	-rais	-es	-e/-s
	3e pers.	-e	-t/-d	-ait	-ra	-rait	-e	
Pluriel	1re pers.	-ons		-ions	-rons	-rions	-ions	-ons
	2e pers.	-ez		-iez	-rez	-riez	-iez	-ez
	3e pers.	-ent		-aient	-ront	-raient	-ent	

K 4 Formation des modes et des temps

Temps/modes	Construction	
Imparfait	à partir de la 1re personne du pluriel du présent de l'indicatif	*Je **venais**.*
Participe présent	à partir de la 1re pers. du pluriel du présent de l'indicatif + **-ant**	***Arrivant** tard, je prendrai un taxi.*
Conditionnel	comme le futur + terminaisons de l'imparfait	*Je **chanterais** ; tu **essaierais***
Impératif	à partir du présent de l'indicatif	***Viens** et **déjeune** avec nous !*

a Les temps composés du passé

Ils sont construits avec l'auxiliaire **avoir/être**, suivi du participe passé du verbe :

– au présent pour le passé composé ;
– à l'imparfait pour le plus-que-parfait ;
– au futur simple pour le futur antérieur ;
– au conditionnel présent pour le conditionnel passé ;
– à l'infinitif pour l'infinitif passé.

b Choix de l'auxiliaire

• On utilise l'auxiliaire **être** : avec les verbes qui n'ont pas de COD et qui indiquent un changement de lieu ou d'état (*aller, venir, tomber, entrer, naître, mourir, arriver, partir* et leur composés) : *Je **suis** tombé ;* avec les verbes pronominaux : *Je me **suis** relevé ;* avec le verbe *rester*.

• On utilise **avoir** pour tous les autres verbes.

c Accord du participe passé (voir *Forum 1*, § Ff)

L Tableaux de conjugaison

	INFINITIF	INDICATIF				SUBJONCTIF	IMPÉRATIF	PARTICIPE
		présent	passé composé	imparfait	futur	présent	présent	présent
L 1 Auxiliaires	**avoir**	j'ai tu as il/elle a nous avons vous avez ils/elles ont	j'ai eu tu as eu il/elle a eu nous avons eu vous avez eu ils/elles ont eu	j'avais tu avais il/elle avait nous avions vous aviez ils/elles avaient	j'aurai tu auras il/elle aura nous aurons vous aurez ils/elles auront	que j'aie que tu aies qu'il/elle ait que nous ayons que vous ayez qu'ils/elles aient	aie ayons ayez	ayant
	être	je suis tu es il/elle est nous sommes vous êtes ils/elles sont	j'ai été tu as été il/elle a été nous avons été vous avez été ils/elles ont été	j'étais tu étais il/elle était nous étions vous étiez ils/elles étaient	je serai tu seras il/elle sera nous serons vous serez ils/elles seront	que je sois que tu sois qu'il/elle soit que nous soyons que vous soyez qu'ils/elles soient	sois soyons soyez	étant
L 2 Verbes réguliers	**aimer**	j'aime tu aimes il/elle aime nous aimons vous aimez ils/elles aiment	j'ai aimé tu as aimé il/elle a aimé nous avons aimé vous avez aimé ils/elles ont aimé	j'aimais tu aimais il/elle aimait nous aimions vous aimiez ils/elles aimaient	j'aimerai tu aimeras il/elle aimera nous aimerons vous aimerez ils/elles aimeront	que j'aime que tu aimes qu'il/elle aime que nous aimions que vous aimiez qu'ils/elles aiment	aime aimons aimez	aimant
	finir	je finis tu finis il/elle finit nous finissons vous finissez ils/elles finissent	j'ai fini tu as fini il/elle a fini nous avons fini vous avez fini ils/elles ont fini	je finissais tu finissais il/elle finissait nous finissions vous finissiez ils/elles finissaient	je finirai tu finiras il/elle finira nous finirons vous finirez ils/elles finiront	que je finisse que tu finisses qu'il/elle finisse que nous finissions que vous finissiez qu'ils/elles finissent	finis finissons finissez	finissant
L 3 Verbes très irréguliers	**aller**	je vais tu vas il/elle va nous allons vous allez ils/elles vont	je suis allé(e) tu es allé(e) il/elle est allé(e) nous sommes allé(e)s vous êtes allé(e)s ils/elles sont allé(e)s	j'allais tu allais il/elle allait nous allions vous alliez ils/elles allaient	j'irai tu iras il/elle ira nous irons vous irez ils/elles iront	que j'aille que tu ailles qu'il/elle aille que nous allions que vous alliez qu'ils/elles aillent	va allons allez	allant
	faire	je fais tu fais il/elle fait nous faisons [fə] vous faites ils/elles font	j'ai fait tu as fait il/elle a fait nous avons fait vous avez fait ils/elles ont fait	je faisais [fə] tu faisais il/elle faisait nous faisions vous faisiez ils/elles faisaient	je ferai tu feras il/elle fera nous ferons vous ferez ils/elles feront	que je fasse que tu fasses qu'il/elle fasse que nous fassions que vous fassiez qu'ils/elles fassent	fais faisons [fə] faites	faisant
	venir **revenir** **devenir**	je viens tu viens il/elle vient nous venons vous venez ils/elles viennent	je suis venu(e) tu es venu(e) il/elle est venu(e) nous sommes venu(e)s vous êtes venu(e)s ils/elles sont venu(e)s	je venais tu venais il/elle venait nous venions vous veniez ils/elles venaient	je viendrai tu viendras il/elle viendra nous viendrons vous viendrez ils/elles viendront	que je vienne que tu viennes qu'il/elle vienne que nous venions que vous veniez qu'ils/elles viennent	viens venons venez	venant
	savoir	je sais tu sais il/elle sait nous savons vous savez ils/elles savent	j'ai su tu as su il/elle a su nous avons su vous avez su ils/elles ont su	je savais tu savais il/elle savait nous savions vous saviez ils/elles savaient	je saurai tu sauras il/elle saura nous saurons vous saurez ils/elles sauront	que je sache que tu saches qu'il/elle sache que nous sachions que vous sachiez qu'ils/elles sachent	sache sachons sachez	sachant
	vouloir	je veux tu veux il/elle veut nous voulons vous voulez ils/elles veulent	j'ai voulu tu as voulu il/elle a voulu nous avons voulu vous avez voulu ils/elles ont voulu	je voulais tu voulais il/elle voulait nous voulions vous vouliez ils/elles voulaient	je voudrai tu voudras il/elle voudra nous voudrons vous voudrez ils/elles voudront	que je veuille que tu veuilles qu'il/elle veuille que nous voulions que vous vouliez qu'ils/elles veuillent	veux/veuille voulons voulez/veuillez	voulant
	pouvoir	je peux tu peux il/elle peut nous pouvons vous pouvez ils/elles peuvent	j'ai pu tu as pu il/elle a pu nous avons pu vous avez pu ils/elles ont pu	je pouvais tu pouvais il/elle pouvait nous pouvions vous pouviez ils/elles pouvaient	je pourrai tu pourras il/elle pourra nous pourrons vous pourrez ils/elles pourront	que je puisse que tu puisses qu'il/elle puisse que nous puissions que vous puissiez qu'ils/elles puissent	*Pas d'impératif*	pouvant

Pour la plupart des verbes, il suffit de connaître les formes suivantes pour retrouver toutes les autres :

- la 1re personne du singulier du présent → le singulier du présent et de l'impératif
- les 1re et 3e personnes du pluriel du présent → le pluriel du présent, de l'impératif, tout l'imparfait, le participe présent et le gérondif
- la 1re personne du singulier du futur simple → tout le futur simple et tout le conditionnel présent
- la 1re personne du singulier du passé composé → choix de l'auxiliaire et participe passé pour retrouver tous les temps composés du passé
- la 1re personne du subjonctif → tout le subjonctif

L 4 Verbes irréguliers et exceptions

À partir des formes suivantes, il est possible de retrouver toute la conjugaison des verbes.

Infinitif	Indicatif présent	passé composé	futur	Subjonctif présent
Apercevoir	j'aperçois, nous apercevons, ils aperçoivent	j'ai aperçu	j'apercevrai	que j'aperçoive
Appeler	j'appelle, nous appelons, ils appellent	j'ai appelé	j'appellerai	que j'appelle
Apprendre	j'apprends, nous apprenons, ils apprennent	j'ai appris	j'apprendrai	que j'apprenne
S'asseoir	je m'assois, nous nous asseyons, ils s'assoient	je me suis assis(e)	je m'assiérai	que je m'asseye
Attendre	j'attends, nous attendons, ils attendent	j'ai attendu	j'attendrai	que j'attende
Battre	je bats, nous battons, ils battent	j'ai battu	je battrai	que je batte
Boire	je bois, nous buvons, ils boivent	j'ai bu	je boirai	que je boive
Comprendre	je comprends, nous comprenons, ils comprennent	j'ai compris	je comprendrai	que je comprenne
Conclure	je conclus, nous concluons, ils concluent	j'ai conclu	je conclurai	que je conclue
Conduire	je conduis, nous conduisons, ils conduisent	j'ai conduit	je conduirai	que je conduise
Connaître	je connais, il connaît, nous connaissons, ils connaissent	j'ai connu	je connaîtrai	que je connaisse
Construire	je construis, nous construisons, ils construisent	j'ai construit	je construirai	que je construise
Convenir	je conviens, nous convenons, ils conviennent	j'ai convenu	je conviendrai	que je convienne
Craindre	je crains, nous craignons, ils craignent	j'ai craint	je craindrai	que je craigne
Croire	je crois, nous croyons, ils croient	j'ai cru	je croirai	que je croie
Découvrir	je découvre, nous découvrons, ils découvrent	j'ai découvert	je découvrirai	que je découvre
Détruire	je détruis, nous détruisons, ils détruisent	j'ai détruit	je détruirai	que je détruise
Devoir	je dois, nous devons, ils doivent	j'ai dû	je devrai	que je doive
Dire	je dis, nous disons, vous dites, ils disent	j'ai dit	je dirai	que je dise
Dormir	je dors, nous dormons, ils dorment	j'ai dormi	je dormirai	que je dorme
Écrire	j'écris, nous écrivons, ils écrivent	j'ai écrit	j'écrirai	que j'écrive
Entendre	j'entends, nous entendons, ils entendent	j'ai entendu	j'entendrai	que j'entende
Envoyer	j'envoie, nous envoyons, ils envoient	j'ai envoyé	j'enverrai	que j'envoie
Faire	je fais, nous faisons, vous faites, ils font	j'ai fait	je ferai	que je fasse
Falloir	il faut	il a fallu	il faudra	qu'il faille
Inscrire	j'inscris, nous inscrivons, ils inscrivent	j'ai inscrit	j'inscrirai	que j'inscrive
Interdire	j'interdis, nous interdisons, ils interdisent	j'ai interdit	j'interdirai	que j'interdise
Introduire	j'introduis, nous introduisons, ils introduisent	j'ai introduit	j'introduirai	que j'introduise
Lire	je lis, nous lisons, ils lisent	j'ai lu	je lirai	que je lise
Mettre	je mets, nous mettons, ils mettent	j'ai mis	je mettrai	que je mette
Mourir	je meurs, nous mourons, ils meurent	je suis mort(e)	je mourrai	que je meure
Naître	je nais, nous naissons, ils naissent	je suis né(e)	je naîtrai	que je naisse
Obtenir	j'obtiens, nous obtenons, ils obtiennent	j'ai obtenu	j'obtiendrai	que j'obtienne
Ouvrir	j'ouvre, nous ouvrons, ils ouvrent	j'ai ouvert	j'ouvrirai	que j'ouvre
Partir	je pars, nous partons, ils partent	je suis parti(e)	je partirai	que je parte
Perdre	je perds, nous perdons, ils perdent	j'ai perdu	je perdrai	que je perde
Permettre	je permets, nous permettons, ils permettent	j'ai permis	je permettrai	que je permette
Plaire	je plais, il plaît, nous plaisons, ils plaisent	j'ai plu	je plairai	que je plaise
Pleuvoir	il pleut	il a plu	il pleuvra	qu'il pleuve
Prendre	je prends, nous prenons, ils prennent	j'ai pris	je prendrai	que je prenne
Prévoir	je prévois, nous prévoyons, ils prévoient	j'ai prévu	je prévoirai	que je prévoie
Recevoir	je reçois, nous recevons, ils reçoivent	j'ai reçu	je recevrai	que je reçoive
Rendre	je rends, nous rendons, ils rendent	j'ai rendu	je rendrai	que je rende
Répondre	je réponds, nous répondons, ils répondent	j'ai répondu	je répondrai	que je réponde
Servir	je sers, nous servons, ils servent	j'ai servi	je servirai	que je serve
Sortir	je sors, nous sortons, ils sortent	je suis sorti(e)	je sortirai	que je sorte
Suivre	je suis, nous suivons, ils suivent	j'ai suivi	je suivrai	que je suive
Tenir	je tiens, nous tenons, ils tiennent	j'ai tenu	je tiendrai	que je tienne
Traduire	je traduis, nous traduisons, ils traduisent	j'ai traduit	je traduirai	que je traduise
Vendre	je vends, nous vendons, ils vendent	j'ai vendu	je vendrai	que je vende
Vivre	je vis, nous vivons, ils vivent	j'ai vécu	je vivrai	que je vive
Voir	je vois, nous voyons, ils voient	j'ai vu	je verrai	que je voie

cent quatre-vingt-onze

TABLE DES MATIÈRES

TABLEAU DES CONTENUS
CARTE DE FRANCE ADMINISTRATIVE

Imprimé en Italie par Rotolito Lombarda
Dépôt légal n° 47491 - 06/2004 - Collection n° 50 - Edition n° 04
15/5132/4